19세기 성결운동가들의 재림론

재 림

19세기 성결운동가들의 재림론

재 림

2016년 1월 10일 초판 1쇄 인쇄
2016년 1월 15일 초판 1쇄 발행

엮은이 | 서울신학대학교 글로벌사중복음연구소
편집인 | 최인식
발행인 | 김영호
발행처 | 도서출판 동연
등 록 | 제1-1383호(1992. 6. 12)
주 소 | (우 03962) 서울시 마포구 월드컵로 163-3
전 화 | (02) 335-2630
팩 스 | (02) 335-2640
이메일 | yh4321@gmail.com

ISBN 978-89-6447-296-5 93200

gift 사중복음 논총시리즈 2

19세기 성결운동가들의 재림론

재 림

서울신학대학교 글로벌사중복음연구소 편

동연

본서는
서울신학대학교 개교 100주년을 기념하기 위해
서울신학대학교로부터 연구비를 지원받아
성결신학연구 프로젝트의 일환으로 제작되었습니다.

19세기 말 성결-오순절 재림신앙의 재발견과
21세기 한국교회

최인식 교수
글로벌사중복음연구소장

재림신앙과 성결

본서는 19세기 말 미국에서 일어난 성결-오순절 운동의 효시를 이룬 영적 지도자들의 재림사상을 고찰한 논문들이다. 이를 통해서 성결교회를 비롯한 한국의 복음주의 교회들이 고백하고 있는 재림신앙의 전천년주의적 특징과 그 전통의 주요한 한 흐름을 확인할 수 있게 된다. 후천년주의에 대립하고 있는 전천년주의적 재림신앙이 성결-오순절 운동의 신학적 축이었다는 것이 본서의 주요 논지를 차지하고 있지만, 핵심 사항은 '전천년이냐, 후천년이냐?'가 아니라, 기독교 교리의 종말론을 가능케 하는 '재림' 신앙의 특징을 밝히는 것이다.

하나님의 백성들의 생명은 무엇보다도 '성결'에 있다. 거룩하지 않은 자들을 하나님의 백성이라 부르기 어렵기 때문이다. 비록 하나님의 자녀로 거듭 태어나는 놀라운 '중생'의 체험이 있었다고 하더라도, 성령의 불세례를 받기 전까지는 내 속에 남아 있는 원죄 때문에, 사탄과 싸워

이기기보다는 오히려 말씀에 불순종케 하는 유혹과 '타협'함으로써 죄 짓는 삶을 반복하게 된다. 결국 성결한 삶을 이루지 못한다. 그러나 주 님의 약속대로 믿고 기다리는 가운데 '성령세례'를 받은 자들에게는 그 들 내부에 남아있던 원죄의 쓴 뿌리가 믿음으로 제거되었기 때문에 하 나님의 말씀에 불순종케 하여 죄짓게 하는 사탄과 타협하는 것을 거부 하고 그에 '대적'하여 싸우는 자로 변화된다. 이 싸움은 실로 치열하다. 때로는 사탄과 싸워 넘어지기도 하지만 결코 하나님의 뜻을 저버리지 않는다.

이처럼 세상의 왕 노릇하는 암흑의 세력과 싸우는 성도들의 삶은 말 로 다 할 수 없는 고난의 연속이다. 그러나 하나님의 뜻대로 순종함으 로써 거룩함을 지키고자 하여 고난을 당하는 이 땅의 성도들에게는 최 후의 승리를 약속하는 큰 희망이 하나 있다. 의로운 재판관이 곧 와서 공의로 심판하실 것이라는 약속, 곧 그리스도의 재림이다. 재림은 진리 가 승리한다는 공의의 복음이요, 희망의 복음이다. 19세기말 성결-오 순절 지도자들이 외친 이 재림의 복음이 사중복음의 메시지와 함께 20 세기 초 혹독한 고난과 시련 가운데 있던 조선 땅에까지 울려 퍼진 지 가 어언 한 세기가 넘는다. 그 결과 중생, 성결, 신유, 재림의 복음으로 이 땅위에 성결교회가 태어났고, 사중복음의 능력으로 온갖 박해 가운 데서도 민족 구원으로부터 시작해서 세계 복음화의 사역을 감당해 오 고 있다.

교회의 타락과 재림

오늘날 21세기 초 한국교회는 한 세기 전 20세기 초의 교회와 달리 여러모로 비난의 대상이 되고 있다. 도처에 흩어져 있는 교회 공동체들이 몸살을 앓고 있다. '교회가 타락했다!' '교회가 병들었다!' '교회가 썩었다!'고 무차별적으로 비난의 화살을 맞고 있기 때문이다. 이러한 현실을 피해갈 수 있는 현대 교회는 없어 보인다. 표현이야 어찌 되었든 간에 분명한 것은, 교회가 교회의 본 모습을 드러내주지 못하고 있음을 반증하는 것이겠다. 이러한 교회의 안타까운 현실을 보고 가장 마음 아파할 자가 누구일까? 물론 교회의 거룩성을 끝까지 지키고자 하는 성결한 성도들일 것이다. 그러나 그보다 앞서 교회의 머리 되신 그리스도 예수일 것이다.

이즈음에 원론적인 물음이 새롭게 제기된다. 누가 그리스도인의 공동체인 교회를 비난하는가? 교회는 그리스도를 머리로 하는 그의 몸이다. 세상에서 가장 존귀한 것이 있다면, 금이겠는가, 권력이겠는가? 교회가 보배로운 것은 '그리스도의 몸'이기 때문이다. 그렇다면 교회는 비난 받아서는 안 된다. 그런데 교회가 비난 받고 있다. 누가, 왜 비난하는가? 교회가 어떤 존재인지 아는 자는 결코 교회를 비난하지 못한다. 모르기 때문에 비난하는 것이다. 사과나무에 벌레가 끼어 썩은 사과가 맺혔다고, 열매가 부실하다고 사과나무를 비난하는 사람은 없다. 판단은 오직 주인의 몫이다!

종말론적 재림신앙

사람들이 '종말'을 말하곤 한다. 특히 세상이 어지러울 때 그렇다. 그러나 아담의 타락 이후 세상이 평온할 때가 과연 얼마나 있어왔는가? 하나님을 떠난 인간이 스스로 왕이 되어 다스리는 세상이 어지럽지 않을 수 있다는 게 오히려 이상한 일일 터다. 결코 새로운 일이 아니다. 문제는 세상이 아니라 교회다. 그리스도가 왕이 되어 다스린다는 교회가 타락하고, 병들고, 썩어 어지럽게 되어 있는 교회의 현실이 문제다. 교회만큼은 그러지 말아야 할 성별(聖別)된 존재이기 때문이다.

왜 세계 도처에 종말론적인 표징이 될 수 있는 지진, 전쟁, 기근, 질병, 가난이 난무하는가? 하나님 없이 사는 세상 때문이 아니라, 하나님의 나라를 말하는 교회가 세상을 향해 빛을 발하지 못하고 소금같이 맛을 내지 못하고 있기 때문이라고 말해야 할 것이다. 그러기에 종말을 야기하는 하나님의 심판은 세상이 아니라 먼저 교회를 향해 시작된다.

그리스도인의 메시아 성육신 신앙, 십자가와 부활 신앙, 승천과 재림의 신앙은 그 자체로서 이미 종말론적이다. 복음을 듣는 순간부터 신앙의 정도에 따라 구원과 멸망 사이에서 순간순간을 결단하면서 살아가는 존재가 되었기 때문이다. 그리스도인의 이러한 종말론적인 삶은 부활 승천하신 예수께서 약속하신 대로 재림하실 때까지 계속된다. 그 때와 시기는 하나님 외에 아무도 알 수 없지만, 모든 신실한 그리스도인들은 예수 그리스도가 신랑으로 다시 오실 때 거룩함으로 준비된 신부로 인정받음으로써 멸망의 심판으로부터 이끌려 올라가게 될 소망 가운데 사는 것이다.

19세기 말 성결-오순절 재림신앙의 재발견

예수께서 예루살렘을 보면서 안타까이 눈물을 흘리신 적이 있었다. 유대인의 왕으로 오신 하나님의 아들을 몰라보고 평화의 도시 예루살렘과 그 성전을 불법과 도둑의 소굴로 변질시켰던 제도와 지도자들을 향하여 '회개'할 것을 외치셨으나, 아무도 듣지 않고 자기 뜻대로 갔기 때문이다. 이 천 여년이 지난 오늘날은 어떤가? 예수께서 "인자가 올 때에 세상에서 믿음을 보겠느냐"(눅 18:8)고 하신 말씀은 바로 우리들의 현재 모습을 내다보고 하신 말씀인 것 같다.

오늘날 많은 사람들이 시대를 한탄하며 '종말'에 대해서는 말하면서도 '재림' 신앙으로써 분발하는 성도나 교회를 만나보기가 쉽지 않은 현실이다. 본서는 19세기 말 미국의 만국성결교회와 부흥운동을 주도해 나갔던 선각자들이 어떠한 재림신앙으로 무장되었었는지를 보여주는 귀한 연구 결과물이다. 이들의 재림신학은 이들이 처해 있었던 교회의 현실이 얼마나 영적으로 침체되어 있었는지를 보여주기 때문에, "하나님의 말씀을 너희에게 이르고 너희를 인도하던 자들을 생각하며 저희 행실의 종말을 주의하여 보고 저희 믿음을 본받으라"(히 13:7)는 말씀과 같이, 우리들은 그들의 믿음을 본받고 한 걸음 더 나가서 사중복음 재림신학의 초석을 다지는 데 크게 도움을 받게 될 것이다.

본서는 서울신학대학교 유석성 총장의 물적 인적 지원 하에서 이루어진 글로벌사중복음 신학 프로젝트의 결과물이다. 이에 총장님과 프로젝트에 참여해 주신 남태욱 박사, 문우일 박사, 박문수 박사, 장혜선 박사, 홍용표 박사의 노고에 깊이 감사드리는 바이다. 특히 본서가 나오기까지 전 편집 과정에 필요한 일들을 감당해 주신 연구원 장혜선 박사의 수고에 감사드린다. 본서를 통해 19세기 말 성결-오순절 재림 신앙이 재발견됨으로써 21세기 한국교회에 올바른 재림관이 보다 확고히 세워질 날이 올 것을 확신한다. 마라나타!

"내가 진실로 속히 오리라"
"아멘 주 예수여 오시옵소서"(계 22:20)

|차례|

윌리엄 갓비의 재림론

A Study on the Holiness Premillennialism of W. B. Godbey

장 혜 선

(글로벌사중복음연구소)

윌리엄 갓비의 재림론

Ⅰ. 서론

신약성경의 마지막 책인 요한계시록은 주 예수께서 속히 오시리라는 약속으로 끝맺는다. 따라서 기독교는 그 시작부터 예수의 재림을 대망하는 공동체로서 종말론적인 차원을 배제하고서는 존립할 수 없다고 해도 과언이 아니다.

그럼에도 '종말론'이라는 단어를 사용한 것이 1844년이었을 만큼 신학적인 종말론 논의는 그리 오래되지 않았다.[1] 신학적인 종말론의 발전은 바이스(Johannes Weiss, 1863-1916)와 슈바이처(Albert Schweitzer, 1875-1965)에 의해 이루어졌는데, 이들은 예수의 삶과 메시지와 신약성서 전반을 이해하는 기본적인 해석의 틀이 종말론적인 관점임을 보여주었다. 따라서 종말론은 신학의 모든 주제들을 규정하는 지평으로서 대두되었고, 이후 바르트(K. Barth), 불트만(R. Bultmann), 도드(C. H. Dod) 등의 신학자들은 종말론적 관점으로 신학 주제들을 다루게 되었다.[2]

종말론에는 인간의 죽음과 부활, 예수 그리스도의 재림, 천년왕국, 최후의 심판, 천국과 지옥, 하나님 나라의 완성이라는 주제들이 포함된다. 이들 중 가장 핵심적인 주제는 무엇보다도 '재림'과 '천년왕국'이다. 종말론은 이 둘의 성격과 관계를 설정하는 방식에 따라 후천년설, 무천년설, 전천년설로 구분할 수 있다. 예수 그리스도의 재림이 천년왕국 후에 이루어진다고 보는 것이 후천년설, 즉 천년 이후 예수 재림설이며, 천년왕국 이전에 그리스도의 재림이 있을 것이라고 보는 것이 천년왕국 이전 재림설인 전천년설이다. 무천년설은 천년왕국 시대를 교회 시대라고 보거나 예수 그리스도의 초림 이후 이미 이루어졌다고 보는 관점이다.

신학적 종말론이 계몽주의 이후 낙관적 역사관에 기초한 천년왕국의 비전이 팽배하여 미래적 차원을 상실하고 있던 시기에 19세기 미국에서는 경건주의와 청교도운동의 영향으로 종교적 대부흥기를 맞이하였다. 이러한 대각성 운동(Great Awakenning) 이후에 미국에는 전천년설에 기반을 둔 천년왕국운동들이 일어나게 되었다. 대표적으로는 몰몬교와 밀러(W. Miller)의 천년왕국운동이 있었다.[3]

이후 전천년설적인 종말론은 영국에서 일어난 프리머스 형제단(Plymouth Brethren)의 지도자인 존 다비(John N. Darby, 1800-1882)의 세대주의[4]가 1860년경 미국에 전해지면서 새로운 국면을 맞이하게 된다. 당시 미국에 영향을 주었던 청교도주의와 경건주의는 후천년적 경향을 갖고 있었으나, 칼빈주의자들을 중심으로 세대주의적 전천년설이 수용되기 시작했다. 감리교내의 성결운동 그룹 내에서도 전천년종말론 수용 여부가 커다란 논쟁을 불러일으켜 결국 수많은 분파들이 생겨나는 원인을 제공하였다.[5]

특히, 19세기 급진적 성결운동은 전천년재림을 지지한 이들이다. 그러나 이들의 강조점은 천년왕국보다는 '재림'으로 바뀌었다. 이들은 예수의 인격적 재림에 초점을 맞추었다.[6] 예수의 임박한 재림과, 예수의 오심에 집중하도록 환기한 것은 19세기 급진적 성결운동의 신학적 의의라고 볼 수 있다.[7]

본 논문은 19세기 미국에서 급진적 성결운동가로 활동하였던 윌리엄 박스터 갓비(W. B. Godbey, 1833-1920)의 종말론을 살펴보고자 한다. 갓비는 수많은 부흥사역을 통해 복음을 전하며, 성경을 가르치고 저술활동을 하여 성결운동에 지대한 영향을 주었다. 그는 냅(M. Knapp)의 만국성결연맹(National Holiness Association & Prayer League)에 참여하여 저술과 성경공부, 부흥회를 통해 급진적 성결운동의 기수가 되었고, 특별히 전천년재림을 주장하며 후천년론자들과의 논쟁에 앞장섰다.[8] 또한 그는 주님의 임박한 재림을 확신하였고, 노년까지 열정적으로 전 세계를 다니며 성결의 복음과 더불어 주님의 재림을 선포하며 성도와 교회를 준비시키는 데 헌신하였다.[9] 이러한 갓비의 역할로 인하여 성결운동은 전천년재림론에 대한 성경적인 근거를 제공받을 뿐 아니라, 당시의 시대 상황 속에서 성결운동의 존재 이유를 종말론적인 세계관으로 해석해 내었다.

갓비의 재림론은 세대주의적 전천년설의 영향 속에서도 분명한 성결운동적인 특징을 보여준다. '성결 체험'과 더불어 재림하시는 '주님을 대망하며 준비하는 삶'은 갓비의 삶과 사역의 핵심이었다. 그는 성결운동을 재림과 연결 짓고 성화론과 종말론이 불가분의 관계임을 주장하며, 종말론적 지평을 확대시키고 있다. 갓비는 주의 재림을 우주적인 차원으로 바라보며, 성결 역시 지상과 우주적으로 실현될 것을 기대하였다. 갓비에게 주의 재림은 범우주적인 스케일의 천년왕국과 하나님의 나라의 완전한 회복 그리고 성결론과 교회론, 선교와 연합운동을 한데 아우르는 정점이 된다.

본 연구는 첫째로, 성결운동 당시의 종말론을 개괄적으로 살펴보고, 둘째, 갓비의 종말론인 '성결전천년설'을 그의 저술을 중심하여 집중하여 살펴보고자 한다. 마지막으로는 갓비 재림론의 의의와 한계와 더불어 19세기 전천년재림론의 신학적 의의를 짚어 볼 것이다. 이러한 연구를 통해 진정한 '재림의 복음'에 다시금 우리의 초점을 맞추고, 그 관점에서 21세기 종말론적 공동체인 오늘의 교회 현실을 비춰볼 수 있기를 바란다.

갓비의 재림에 대한 저술은 대부분 냅의 출판사에서 출판하였다. 갓비가 전천년설을 받아들이고 설교한 것은 그보다 더 오래되었지만, 본격적으로 재림을 주제로 책을 집필한 것은 62세 첫 세계 여행을 마친 이후였다. 그는 자신이 성지와 이스라엘을 직접 다녀오고 세계의 곳곳에서 직접 주님의 재림의 사인을 확인한 이후 확신을 갖고 더 많은 책을 저술한 것으로 보인다. 갓비의 재림에 대한 책들 중 중요한 것을 중심으로 집중하여 살펴볼 것이다.[10]

II. 19세기 성결운동의 종말론

교회의 역사를 살펴볼 때, 대체로 신약성서 시대로부터 200년경까지는 기독교회가 임박한 하나님의 나라를 바라보며 종말론적 긴장을 갖고 살았다. 그러나 교회의 직제와 제도를 강조하는 키프리아누스

(200-258 AD) 이래로 종말론적 긴장이 이완되었음을 볼 수 있다.[11] 그럼에도 2세기경 몬타누스(Montanus)[12]의 임박한 재림 운동이 출현한 것을 기점으로, 역사 가운데는 종말론적 긴장이 사라지면 언제나 새로운 종말 기대 운동이 펼쳐지곤 하였다.

18세기 이후 유럽은 인간의 능력과 역사의 진보에 대한 믿음으로 미래적 종말론에는 관심을 갖지 않은 분위기였다. 더욱이 19세기는 18세기 계몽주의의 유산을 물려받아 인간의 가능성과 역사에 대한 진보의 신앙을 더욱 강화시켰다. 이러한 유럽의 세속화는 과학과 산업혁명, 역사학의 발전, 인간의 내적 도덕성에 대한 확신, 자유주의, 마르크스주의 등으로 인한 결과였다. 결국 구약과 신약을 아우르는 구속사와 초월적이고 미래 지향적인 종말론은 설 자리가 없게 되었다.

기독교 세기로 불린 19세기는 기독교 세계의 메시아니즘과 기독교 시대의 천년왕국설이 가장 팽창했던 시기이다. 이에 대해 몰트만(J. Moltmann)은 다음과 같이 지적한다.

> 이와 같은 놀라운 진보와 낙관주의적 진보신앙에 도취한 사람들에게 기독교의 천년왕국이 세계사적 해석의 틀로 나타난 것은 쉽게 이해할 수 있는 일이다: 역사의 마지막 시대가 시작되었다. 우리의 시대는 기독교적 시대로 될 것이다. … 하나님 나라는 너무도 가까웠다. 그래서 이제 그것은 도덕의 최고의 선이 되었으며 역사의 발전의 목적이 되었다. 인류는 그 자신이 노력함으로써 영원한 평화에 도달할 수 있다고 생각되었다. … 칸트의 윤리와 헤겔의 역사철학은 문화 프로테스탄티즘의 틀을 만들었고 그것을 확립시켰다.[13]

이와 같은 분위기 속에서 19세기 미국에서의 종말론 역시 후천년설적인 경향이 지배적이었다. 그러나 이러한 상황이 전환되어 미국의 부흥운동과 성결운동이 전천년설을 받아들이게 된 것은 1860년경 미국에 전파된 다비의 세대주의 전천년설의 영향 때문이었다.

1. 다비의 세대주의 전천년설

영국의 프리머스 형제단(Plymouth Brethren)[14]의 지도자인 존 다비(John N. Darby, 1800-1882)는 근대 세대주의신학의 아버지로 불린다. 그는 문자적이며 미래적인 예언 해석에 근거해서 인류 역사를 여러 세대로 나누고, 하나님의 활동 양태가 각 세대마다 다르다고 주장하였다. 따라서 이를 세대주의라고 부른다.[15] 다비는 하나님의 구원의 역사를 해석하며 교회와 이스라엘을 구분하고, 예수 그리스도의 전천년적 재림, 성도의 환란 전 휴거, 유대적 천년왕국설 등의 신학적 개념들을 제시하였다.

그의 성서 예언 해석 방법은 당시 미국 교회 중에서도 특히 칼빈주의적 배경을 가진 목사들에게 호응을 받았다. 1870년대와 80년대에 걸친 성경대회와 예언대회 운동, 문서 출판, 대중매체 활용, 성서학원 설립 등을 통해 그의 사상이 미국 전역에 널리 확산되었다.[16] 특히 블랙스턴(W. E. Blackstone, 1841-1935)이 저술한『예수의 재림』을 통해 세대주의적 전천년설이 대중적으로 알려졌다.[17] 또한 1909년 출판된 스코필드 관주성경은 세대주의 개념 형성과 전파에 크게 공헌했다. 이러한 세대주의의 종말론은 전천년주의적 종말론으로서, 20세기 중반 후천년을 압도하고 미국 근본주의와 복음주의 기독교인들의 가장 일반적인 종말론이 되었다.[18]

종말론에 있어서의 다비의 신학적 업적은 무엇보다도 그리스도 재림 시에 교회가 환란 전에 휴거된다는 전천년설의 창시자라는 점이다. 이러한 다비의 종말론은 교회론과 함께 이해해야 한다. 다비에게 교회는 천상의 그리스도와 한 몸으로 연합된 이 세상에 존재하는 그리스도의 비밀이다. 교회는 그리스도의 신부로서 그리스도를 신랑으로 사랑하고, 그리스도는 장차 재림하여 혼인식을 치룰 때까지 교회를 사랑하고 양육하며 보호한다(엡 5:22-33). 다비는 그리스도의 재림이야말로 언제라도 교회의 복된 소망임을 강조하고 또한 확신했다. 특별히 다비는 교회의 환란 전 휴거를 확신했는데 이것이 바로 "환란전 휴거설"(pretribulationism)이다. 교회의 휴거는 7년 대환란, 즉 다니엘 9:24-27의 마지막 이레가 오기 전에 이루어진다는 것이다.

교회사가 라일리(Charles C. Ryrie)에 따르면, 역사적으로 기독교회는 전천년주의를 따랐으며, 니케아 공의회 이전까지 속사도들과 교부들은 전천년주의를 믿었다.[19] 다비 역시 초대교회부터 있어 왔던 전천년설과 맥락을 같이 하지만, 하나님의 백성들이 대환란을 통과하느냐의 문제에 있어서는 교부들의 종말론과는 다르다. 니케아 교부들은 하나님의 백성들이 환란을 통과한다고 보았고, 자신들이 그렇게 환란을 통과한 것으로 믿었던 것이다. 그러나 다비가 보기에 이들은 구약성서의 빛을 통해 종말을 이해하고, 교회와 이스라엘이 서로 다른 운명과 정체성을 갖고 있음을 인식하지 못했다. 다비는 이스라엘은 땅에 속하였고, 교회는 하늘의 영광에 속한 그리스도의 영광에 참여하는 존재이다. 따라서 그리스도께서 아버지의 영광 가운데 다시 오실 때 교회는 그 영광의 부활에 동참할 것이다. 이것이 그리스도의 공중재림 시에 일어나는 일이다. 이것이 그리스도의 재림의 첫 번째 국면이다. 반면에 그리스도께서 이스라엘에 나타나실 때는 "의로운 해처럼"(말 4:2) 나타나실 것이다. 이것은 모든 민족을 심판하기 위해 오시는 그리스도 재림의 두 번째 국면으로 그리스도의 지상재림이라고 부른다. 이것은 7년 대환란을 사이에 두고 그리스도의 공중재림과 지상재림이 일어나게 된다.

> 교회의 휴거 이후에, 주님은 이스라엘과의 관계를 재개하실 것이며, 이 땅에는 대환란이 시작될 것이다. 대환란은 교회가 아닌(교회는 이미 휴거되었기에) 유대인에게 적용되는 것이다.[20]

그리스도는 대환란 이후에 천년왕국을 세우실 것이고, 천년 동안 교회는 그리스도와 더불어 땅에 속한 백성들을 다스릴 것이다. 교회와 미래 이스라엘은 천년왕국에서 다른 운명과 지위를 누리게 된다. 환란 성도는 유대인 남은 자들과 환란기 동안 주님을 믿는 이방인들로 이루어지며, 이들은 대환란을 통과하게 될 것이고(계 7:9-17), 결국에는 천년왕국에서 하나님의 지상백성을 이루게 될 것이다. 계시록 7장에 언급되고 있는 십사만사천 명은 문자적으로 이스라엘 열두 지파에서 선택된 사람들이며, 이들은 대환란기 동안 그리스도의 지상재림과 천국 복음을 전파하도록 부르심을 받은 사람들이다. 그리고 "각 나라와 족속과 백성과 방언에서 아무라도 능히 셀 수 없는 큰 무리"는 큰 환란에서 나오는 사람들로, 이들은 유대인 전도자들의 천국 복음을 듣고 믿음을 갖게 된 이방인들이다(계 7:9-17).

미래 이스라엘은 문자적으로 천년왕국에서 땅을 기업으로 얻게 될 것이다. 구약성서에서 언급한 천년왕국과 관련된 이스라엘의 미래에 대한 모든 예언들은 문자적으로 이루어질 것이다. 그는 "구약성서의 예언들은 현 세대가 시작되는 초기에(사도행전에서) 일부 성취되었긴 했지만, 대부분 천년왕국의 영광에 대한 것이다. 구약성경에서 교회에 대한 예언은 찾을 수 없다. 교회는 감추어진 비밀이었다"[21]고 한다.

교회는 천년왕국이 시작되기 전에 휴거되어서, 그리스도의 심판대에서 상급과 그에 비례한 영광을 받은 후에, 신부로서 어린양의 혼인잔치에 들어가게 된다(계 19:7-8). 교회는 어린양의 아내가 되어 영원히 그리스도와 함께 하며, 천년왕국 동안 하늘에 떠 있으면서 땅에 있는 사람들과 왕래를 가질 것이다. 따라서 하나님은 천년왕국동안 두 백성, 곧 하늘에 속한 백성과 땅에 속한 백성을 소유하실 것이며, 그리스도 안에서 하늘에 있는 자들과 땅에 있는 자들을 하나로, 하나의 머리 아래 통일시키실 것이다(엡 1:10).

천년왕국에 대한 예언과 증거에는 두 개의 거대한 주제가 흐르고 있다. 하나는 그리스도 안에 있는 교회와 교회의 영광에 대한 것이며, 다른 하나는 그리스도 안에서 유대인과 구속받은 백성으로서 유대인의 영광에 대한 것이다. 하나는 하늘에 속한 백성에 대한 것이며, 다른 하나는 땅에 속한 백성에 대한 것이다.[22]

천년왕국 이후에 이들은 영원한 천국에서 하나님의 하나된 백성으로 통합될 것이며, 세세토록 하나님을 섬길 것이다(계 22:1-5).

그리스도의 인격적인 재림이 교회의 복된 소망이며, 이 복된 소망은 바로 환란 전 휴거설에 터 잡고 있다고 밝힌다. 다비에게 있어서 주의 재림은 단지 신학적인 논제나 입장이 아니라 신앙에 활력을 주는 생생하고 실제적인 소망이었다는 것이다. 다비는 휴거를 그리스도인 개개

인과 교회의 복된 소망으로 이해하였다.[23)]

이처럼 세대주의의 가장 기본적인 교리는 이스라엘과 교회를 엄격히 구분하는 교회론과 전천년주의 종말론이다. 이러한 세대주의 종말론의 특징은 첫째, 문자주의적, 미래주의적 예언 해석으로서, 성경 해석의 원리가 된다. 둘째, 환란 전 휴거 또는 그리스도의 이중 재림이다. 이들은 데살로니가전서 4:16-17과 이스라엘과 교회를 분리하는 교회관으로, 교회는 환란을 통과하지 않는다. 그러나 세대주의가 근거한 성서 근거 구절들에 대한 주석적 문제점과 더불어, 문자적 해석 원리 또한 항상 적용되는 것은 아니라는 점 등으로 반대자들의 비판을 받아왔다.[24)]

이러한 세대주의적 종말론은 근본주의 태동에 영향을 미쳤으며, 성경의 문자적 해석을 강조함으로 성경 연구, 복음 전도, 세계 선교를 촉진하였다. 또한 자유주의 신학의 확산을 저지하고, 그리스도의 인격적 재림과 천년왕국에 대한 관심을 불러 일으켰다. 대부분의 전천년주의자들은 세대주의의 영향 아래 있다고 해도 과언이 아니다. 환란 전 휴거와 이중재림설은 세대주의로부터 시작되었기 때문이다.[25)]

2. 종말론의 전환

19세기 성결운동가들이 활동하던 당시 미국의 종말론적 분위기는 후천년왕국설이 지배적이었다. 우선, 미국에 영향을 주었던 청교도주의와 경건주의의 종말론도 후천년왕국설에 가까웠다. 미국에 일어난 부흥운동은 천년왕국에 대한 문자적인 기대를 불러 일으켜서 미국 종말론의 분기점이 되었다. 이후 미국에 도착한 감리교는 천년왕국의 교리에 강화되어 더욱 후천년설적인 기대를 발전시켰다. 또한 부흥운동과 감리교가 종합된 오벌린 완전주의는 교회가 천년왕국을 안내하는 역할을 해야 한다고 주장하였다.

이러한 상황 속에서, 감리교와 성결 전통은 종말론에 크게 관심을 갖지 않거나 전천년설에 반대되는 후천년설적 경향을 갖고 있었다. 이러한 경향은 당시 시대상과 맞물린 역사에 대한 낙관적 전망을 보여준다. 그들은 "후천년설이 '이 땅에서의' 종말론적 희망을 주어서 사회변혁과 그 밖의 보다 광범위한 문화 사업을 수행하게" 도울 수 있다고 생각하였다.[26]

그렇다면 감리교운동으로 미국에 큰 영향을 미쳤던 웨슬리(John Wesley)는 어떤 입장이었을까? 사실 웨슬리의 종말론에 대한 입장은 쉽게 결론짓기 어렵다. 전천년주의자와 후천년주의자 모두가 웨슬리의 계보를 따르고 있다고 주장하고 있는데, 이는 웨슬리 자신의 명확한 의견 제시가 없었기 때문이다.[27] 웨슬리의 초점은 철저히 구속론적이었으며, 이러한 구원론은 세상에서 경험한 구원과 아직 다가올 영광 사이의 연속성을 강조하는 일종의 실현된 종말론이었다. 결국 웨슬리는 구원을 천국과 연결시키기보다는 이 땅에서 얼마나 경험할 수 있는가 하는 문제에 진정한 관심을 갖고 있었던 것이다. 이러한 완전주의자의 구원론은 낙관적인 사회비전을 갖는 경향이 있었다. 데이튼(D. Dayton) 은 웨슬리의 종말론적 성향은 묵시적이기보다는 보다 후천년설적인 영향을 받았다고 본다. 결국 웨슬리 자신이 명확하게 자신의 입장을 밝히지 않은 종말론의 문제는 웨슬리 해석의 문제로 남게 되었다.[28]

그러나 웨슬리의 후계자였던 플레처(John William Fletcher, 1729-1785) 는 세대주의론을 받아들이고, 성부, 성자, 성령의 삼 세대로 각 개인의 영적 체험과 인류 역사의 진행을 해석하였다. 인류 역사에 있어서 각 세대는 세례요한과 오순절 사건에 의해 구분된다. 그리고 개인의 영적인 진전에 있어서는 회심(구원)과 온전한 성화, 곧 성령을 특별히 받는 것이다. 플레처는 각 세대마다 약속이 있는데, 성부의 세대에는 성자가 나타날 것에 대해, 성자의 세대에는 성령이 충만하게 나타날 것에 대한 소망이다. 이것은 오순절에 성취되었다. 지금은 성령의 시대이며, '그리스도의 재림의 약속'을 가지고 있다. 따라서 성령의 시대에 살고 있는 사람들은 그리스도의 재림을 간절히 기대하고 있으며, 지속적으로 "하나님의 날이 올 것을 대망하고 재촉하고 있다." 이러한 체계와 오순절적 강조는 웨슬리의 사상의 범주를 넘어선 것이다.

웨슬리의 패턴은 감리교와 그 영향 아래 있는 운동들을 한 세기동안 지배했지만, 플래처의 오순절적 체계는 19세기 말에 더욱 두드러지게 나타나고, 그의 세대론이 선두에 서게 되었다. 데이튼은 바로 이러한 플레처의 용어가 19세기 전환점 바로 직전에 세대주의와 연결하는 다리가 되었음이 분명하다고 본다.[29]

이런 분위기 속에서 미국의 종말론에서 전천년설로 과격하게 입장을 바꾸어 그리스도의 재림을 주장하는 사람들이 생겨났다. 이런 변화의 원인은 무엇보다도 변화하는 시대 속에서 후천년설적인 낙관적 역사관과 천년왕국의 비전이 그들이 경험하는 시대 상황을 제대로 설명하지 못한 것이다. 데이턴의 분석에 따르면, 윤리적이며 역사내적 성취를 선포하던 예언자적 종말론이 현실 상황의 악화로 인해 묵시적 종말론으로 돌아서게 된 것이다.[30]

결국 남북전쟁(1861-65) 이후 부흥자들의 후천년주의는 타격을 입기 시작하여 전천년설이 다시 등장하게 되었다. 전쟁의 폐허로 인해 낙관적인 역사관에 심각한 의심을 갖게 되었으며, 역사가 발전하는 것이 아니라 퇴보한다는 생각이 설득력을 갖게 된 것이다. 세대주의적 전천 년설은 전쟁의 폐허 위에 힘을 얻어 빠르게 전파되었다. 다비는 1860 년대 미국에서 "성서연구를 위한 신자의 모임"(Believer's Meeting for the Bible Study)을 시작하고, 1883년부터는 15년간 "나이아가라 성서대회" 를 열었다. 이 모임으로 인해 미국에는 세대주의적인 전천년설이 효 과적으로 전파된 것으로 보인다. 매년 여름 휴가철에 장로교와 침례 교 목사들이 모였는데, 대표적인 사람이 웨스트(Nathaniel West), 브룩스 (James H. Brooks), 어더만(W. J. Eerderman), 고든(A. J. Gordon), 피어선(A. T. Pierson), 블랙스톤(William Blackstone) 등이 있었다.[31]

1878년 뉴욕에서 전천년설을 옹호하는 예언자 회의가 시작된 이래 실제로 많은 사람들이 후천년설에서 전환하였다. 무디성서학원의 포 프 목사(Howard W. Pope), 피니와 무디 등이 전천년설로 전환하는 등 복 음적 부흥운동가들 사이에서 발생한 이러한 급진적 변화는 19세기 종 교 상황에서 가장 놀라운 발전들 중 하나이다. 무디(D. L. moody, 1837- 1899)는 다음과 같이 선언한다.

> 전천년재림이란 말은 그리스도가 천년왕국 이전에 재림하신다는 것을 의미한다. 그가 오시기까지 천년왕국은 없을 것이다. 그것은 성서에 분 명하게 기록되어 있다. … 성서는 그리스도가 먼저 오실 것이라고 말하 고 있다. 그리스도는 그의 천년동안의 통치 이전에 오셔야만 한다. 그가 오심으로 천년왕국의 문을 여는 것이다.[32]

이러한 새로운 종말론적 비전은 19세기 말의 보수적인 부흥운동 세계를 휩쓸고, 지배적인 입장이 되었다. 무디를 선두로 하여 심슨(A. B. Simpson)과 고든(A. J. Gordon)도 강력하게 옹호하였다.

3. 성결운동의 전천년설

위에서 살펴본 대로 세대주의적 전천년설이 미국의 복음적 부흥운동가들에게 호응을 받은 반면 감리교는 전천년설에 크게 영향 받지 않았다. 이는 세대주의와 성결운동의 세계관이 다르기 때문이다. 세대주의는 역사에 대한 비관주의에서 출발하지만, 웨슬리안은 역사에 대한 낙관주의를 견지하고 있었다. 웨슬리 역시 인간의 죄성을 인정하지만, 그것을 극복하는 그리스도의 은총을 더욱 강조한다. 이러한 은총의 낙관주의는 당시 미국적 상황에서 빠른 성장을 이룬 요인이었다. 실제로 다비는 인간 내면의 변화인 성결을 거부하고, 성결운동을 적극적으로 반대하였다.

그럼에도 웨슬리계통의 세대주의자들이 등장하기 시작한다. 이들 중 대표적인 인물이 영국의 타이어만(Luke Tyerman)인데, 그는 웨슬리를 전천년주의자로 간주한다. 장로교 목사로서는 웨스트가 대표적으로 웨슬리를 전천년주의자라고 주장하였다. 특히 웨슬리를 전천년주의자로 보는 감리교 평신도인 블랙스톤의 책『예수는 오신다』*Jesus is Coming*는 널리 읽혀졌다.[33] 성결운동가로서 세대주의적 견해를 가진 사람으로는 스틸(Daniel Steel)과 윌슨(George Wilson)이 대표적이다.

냅을 중심으로 하는 급진적 성결운동가들은 대부분 전천년설을 받아들였는데, 이들 중 대표적인 사람들이 피켓, 갓비, 왓슨, 셋 리스이다. 이들 중 피켓이 가장 먼저 전천년설을 받아들인 것으로 보인다. 그는 웨슬리가 전천년주의자라고 주장하며 성결운동과 전천년설을 조화시키려고 했다.[34] 이들은 냅의 출판사를 통해 책을 출판하였고,「하나님의 부흥자」정간지에 글을 실었다. 힐즈(A. M. Hills)는 냅이 갓비의 영향으로 전천년설로 입장을 바꾸었으리라 추정하고 있다. 냅은 정간지「부흥자」의 목적이 개인과 교회에서의 오순절 체험을 제시하는 것과 예수의 재림의 교리를 추구하는 것이라고 밝히고 있다.[35] 그리하여 1890년대 중반까지 감리교적 배경을 갖는 급진적 성결운동의 주요 지도자들은 전천년설의 옹호자가 되었다. 대표적으로 남부의 복음 전도자였던 왓슨(George D. Watson)은 후천년설이 합당하지 않음을 생각하면서 몇 년간 고민하던 중 1896년 초에 이 문제에 관해서 성령께서 마음을 열어 성경의 전천년설적인 진리를 보여주셨다고 고백하였다.[36]

세대주의적 전천년설은 전통적인 성결운동 그룹에서는 뜨거운 논쟁거리였는데, 전천년설은 신유와 함께 전국성결협회(National Holiness Association)의 지도부가 가장 많이 반대했던 문제 가운데 하나였다. 성결협회 지도부들은 성결운동의 목적인 성결 전파에 혼선을 일으킬 것을 염려하였던 것이다.

그렇다면 급진적 성결운동가들이 전천년설을 적극적으로 수용한 이유는 무엇이었을까? 이에 대하여는 두 가지의 커다란 이유를 제시할 수 있을 것이다.

첫째는, 냅을 중심으로 한 성결운동가들은 재림이 성결운동과 더불어 신약성서의 중요한 주제라고 믿었다. 이들에게는 전천년설이 후천년설보다 더 성경적이라는 사실이 중요했다. 실제로 이들은 "재림을 주장하면서 웨슬리에게 의존하기보다는 직접적으로 신약성서로 돌아가려고 했다"[37] 또한 이들은 사도적 신앙의 회복을 바라며 임박한 재림이 사도적 신앙임을 주장하였다.[38] 만국사도성결연맹(International Apostolic Holiness Union)이라는 명칭도 그러한 관점을 여실히 보여주고 있다. 이들의 성서적 신앙과 사도적 신앙의 회복에 대한 열망은 종교개혁적인 차원을 갖고 있다고 평가할 만하다. 이에 대해 박명수는 다음과 같이 통찰력 있게 지적하고 있다.

> 여기에서 재림과 더불어 신약성서 시대의 또 다른 특징인 신유가 성결운동에 들어올 가능성이 생기는 것이다. 신유와 재림은 웨슬리안보다 더 폭넓은 복음주의에 근거하고 있는 것이며, 더 나아가 신약성서로 돌아가자는 종교 개혁의 기본 정신에 뿌리를 두고 있는 것이다.[39]

따라서 급진적 성결운동에는 중생과 성결만이 아니라 재림과 신유의 복음이 온전한 복음으로 자리 잡게 된다. 이들의 성서적 복음주의는 웨슬리의 이차적이고 순간적인 은혜인 완전한 성화의 교리를 강력히 주장하면서도, 그 성결의 은혜가 지향하는바 하나님 나라의 회복을 향한 신약성서의 비전을 제시하고 있는 것이다.

둘째로는 전천년설이 급진적 성결운동가들과 성결인들에게 역사를 해석할 수 있는 세계관을 제공하였다는 것이다. 이들은 전천년설의 비전과 관점으로 세상에서의 자신들의 정체성과 사명을 새롭게 해석하게 된다. 왜 자신들이 세상의 변화 속에서 주변부에 속하는지를 해석할 수 있었으며, 성서에 대한 초자연적이고 문자적인 이해를 통해서 세상의 문명과 주류 개신교의 타락을 설명해 낼 수 있었다. 또한 이 모든 인간의 역사를 주관하는 하나님의 주권을 확신할 수 있도록 하는 관점이기 때문이다.

이러한 이유로 급진적 성결운동가들은 재림의 주제가 성결을 방해하는 것이 아니라 오히려 돕는 것임을 확신하였다. 이들은 하나님의 백성들이 완전 성화를 추구하여 재림을 기대하도록, '결혼예복을 입도록 준비하도록' 전하였다. 이를 위해 그들은 기꺼이 합력하여 온전한 구원의 복음, 재림을 전하며 선교의 사명을 위해 연합하였다. 재림의 역사적 구도 아래 성결을 강조하는 '성결전천년설'은 부흥주의를 경험한 교회들에서는 매우 효과적으로 작동하였다. 전천년설은 "위기의 구원론"(Rickey's 용어)과 잘 어울리는 주제였고, 특히 '신부'의 '휴거'를 기대하는 분위기에서는 더욱 잘 맞는다.[40]

전천년설 재림론으로 전환한 급진적 성결운동가들 대부분은 결국 자신들이 속했던 교단이나 교파에서 자의든 타의든 떠나게 된다. 오순절 신학자인 사이난(Synan)은 1893년부터 1900년 사이 23개의 성결 교파들이 생겨났음을 지적하면서, 미국 역사상 최단기간 최대 교파들이 발흥한 한 시기로서, 종교적 반란으로까지 평가된다고 하였다.[41] 이후 성결파의 주요 교단인 나사렛교회와 필그림 성결교회는 전천년설을 교단적 종말론으로 채택하였다. 따라서 갓비는 성결운동이 주로 전천년설적이라고 주장하였고, 마틴 냅은 전천년설이 '성결운동을 연합시키는 끈'이라고 하였다.[42] 하지만 갓비는 자신이 속한 감리교를 떠나지 않았음에도 자유롭게 연합 사역에 협력하였다.[43]

이러한 급진적 성결운동가들의 재림론에는 몇 가지 공통점과 차이점을 발견할 수 있는데 목창균은 이를 다음과 같이 정리하였다.[44] 우선, 이들은 모두 종말론적 관점의 변화를 겪었다. 후천년주의로부터 전천년주의로 전환한 것이다. 둘째는, 인류 역사를 여러 세대로 구분하는 세대 개념을 수용했다. 이들은 모두 당시 미국에서 큰 영향을 미친 세대주의의 영향을 받았고, 성서 예언과 문자적 해석과 미래주의적 해석을 받아들였다. 셋째, 말세에 일어날 사건들의 순서에 대해 동일한 관점을 유지했다. 요한계시록의 문자적 해석을 중심으로 말세의 사건들을 배열하였다. 그것은 예수의 공중재림, 성도의 휴거, 대환란, 지상재림과 천년왕국, 대심판, 새 하늘과 새 땅의 순서이다. 넷째, 이들의 재림론은 세대주의의 재림론과 유사한 구조를 가졌지만, 그럼에도 세대주의를 언급하지 않는다. 특히 미래주의적 전천년설, 환란전 휴거설, 그리스도의 이중 재림은 세대주의가 주장한 특징적인 내용이다. 이들의 구조는 거의 그대로 이들의 재림 이해에 수용되어 있음을 볼 수 있다.

그러나 이들의 재림론이 전체적인 구조에서는 큰 차이점이 없지만 그 내용에 있어서는 조금씩 다르다. 우선, 냅은 7세대를 말하고, 왓슨은 4세대를 주장한다. 갓비는 때에 따라 세대를 다르게 설정한다. 둘째, 성서 해석 방법에 있어서 그 강조점이 차이가 있다. 갓비는 영적 해석과 상징적 해석 방법을 사용하였다. 그러나 왓슨은 영적 해석을 신뢰하지 않고 문자적 해석과 유형론적 해석을 강조하였다. 셋째, 휴거와 대환란의 기간에 차이가 난다. 이 부분에서는 세대주의의 7년 대환란을 받아들이지 않았고, 갓비는 45년을, 왓슨은 40년을 주장한다. 그러나 냅은 기간을 밝히지 않았다. 넷째, 휴거 대상자에 대한 해석이 달랐는데, 갓비는 온전히 성화된 자들만이 휴거된다고 보았다. 그런 면에서 휴거는 성화자의 특권이었다. 그러나 냅은 하나님의 거룩한 백성이라고 보았고, 왓슨은 오히려 모든 그리스도인들이 휴거될 것이라고 하였다.[45]

III. 갓비의 재림이해

성결운동에서 전천년재림론을 설교하고 전파한 사람들 중 갓비는 가장 선두에 선 사람이었다. 전천년재림을 주제로 한 갓비의 설교는 「부흥자」Revivalist에 수없이 실렸고, 또한 이 주제에 대한 글을 쓴 분량도 독보적이다. 그러나 갓비가 전천년주의자로 전환한 명확한 시기는 어디에도 기록되어 있지 않다. 몇 가지 단서를 근거로 본다면 갓비는 1894년 이전에 전천년주의자가 된 것은 확실하다. 아마도 갓비가 전천년설을 수용하는데 가장 영향을 미친 사람은 나타나엘 웨스트일 것이라고 추정된다.[46]

갓비는 1868년 완전 성화의 체험 이후 자신의 교파적 한계를 버렸다고 고백한다. 또한 그는 1890년대에 셋 리스와 함께 저술한 재림에 관한 책에서 자신이 지난 20년간 주님이 오신다는 사실을 선포해왔다고 밝히고 있다.[47] 그렇다면, 갓비는 오랜 기간 자신이 속한 감리교의 입장과는 달리 전천년재림설에 동조했을 가능성이 크다고 하겠다.

특별히 갓비는 전천년설이 성경적인 재림론임을 적극적으로 밝히고 있다. 그는 An Appeal to Postmillenialists(후천년자들에게 호소함)이라는 제목의 소책자에서 전천년설의 성경적 근거를 네 가지로 제시하고 있다. 첫째, 누가복음 19장의 귀인의 비유이다. 여기에서 왕위를 받아오려고 먼 나라로 떠난 귀인은 예수이며, 먼 나라는 하늘나라이고 왕위는 천년왕국 통치를 의미한다. 따라서 예수가 천년왕국 통치권을 가지고 임하시는 것이므로, 우리가 이 땅에서 천년왕국을 이루어 재림주에게 드린다는 후천년적인 견해는 성서와 일치하지 않는다는 것이다.

둘째, 누가복음 18장의 과부와 재판관의 비유이다. 그는 이 비유에서 과부는 교회를 의미한다고 보았다. 교회는 홀로 남아 다시 오리라고 약속하고 떠난 신랑 예수를 기다리고 있다. 재판관은 성부 하나님을, 원수는 사탄을 상징한다. 교회의 참된 태도는 주님의 재림을 끊임없이 기대하고 갈망하는 것이다. 따라서 이런 말씀을 근거로 볼 때 주의 재림을 1000년 연기한 후천년설과 일치하지 않는다는 것이다.

셋째, 본문은 마태복음 24장에서 그려지는 말세의 상태에 대한 내용이다(24:37-41). 세상이 종말에 이를 때, 사람들은 대홍수 이전처럼 또한 소돔 사람들처럼 악해질 것이다. 하지만 후천년설은 영광스러운 의로운 통치에 들어갈 때까지 세상이 점점 좋아지며 진보할 것이라고 한다. 이러한 후천년적인 낙관주의와 진보주의적 관점은 말세에 대한 성서의 증언과 모순된다.

넷째, 마가복음 13장의 타국에 간 주인의 깨어있으라는 경고이다(13:35-37). 본문에서 주님의 재림이 언제인지 알지 못하기 때문에 종들은 항상 주의하고 깨어 있으라고 교훈하고 있다. 결론적으로 갓비는 "후천년설이 단지 신학에 불과하며, 성경과 상반될 뿐 아니라 예수의 명백한 설교와도 일치하지 않는다"고 반박하고 있다.[48]

이러한 갓비의 성서 해석은 문자적인 해석만이 아니라, 필요에 따라 상징적이고 영적인 해석을 취하고 있음을 볼 수 있다. 그가 전천년설을 지지하는 이유는 성경에 더욱 부합된 재림론이라는 확고한 믿음 때문이었다. 교리나 교파의 전통보다 더 성서에 충실하고자 했던 갓비의 재림에 대한 이해를 재림의 순서에 따라 살펴볼 것이다.

1. 재림의 순서와 내용들

1) 재림의 징조들과 임박한 재림

갓비는 주의 재림이 임박했으며, 매시간 그분의 오심을 발꿈치를 들고 기다려야 한다고 주장한다. 지금은 단지 '이방인의 시대'이며, 세대의 바로 끝이다.[49] 이방인의 시대란 예수 그리스도의 복음이 이방인에게 전해져서 온 세상에 전파되는 시기를 말한다. 그는 세 번의 세계여행을 통해서 전 세계 어느 종교의 문화권에서나 재림의 징조가 범람하고 있음을 느꼈다. 그는 주의 재림의 징조를 개신교의 타락과 배교, 유대인의 회복 그리고 성결운동을 통한 신부의 준비라고 제시하고 있다.

우선, 개신교의 배교의 모습이다. 그는 한때 위대했던 개신교 모든 교파들의 공공연한 배교를 보면서 디모데후서 3장에 기록된 말세의 예언이 성취됨을 보았다. 이 말씀이 세상의 사람들이 아니라 종교적인 공언자들에게 적용되는 것은 그들이 경건의 모양은 있지만 능력이 없어 전혀 쓸모없기 때문이다.

> 현 시대에 이 예언이 성취된 슬픈 징후는 고통스럽고 끔찍하기까지 하다. 오십년 전에, 정통 개신교 교회(Orthodox Protestant Churches)들은 모두 일상적인 모임에서 아름다운 간증으로 울렸고 승리의 외침이 울려 퍼졌으며, 특히 부흥 운동들에서 더욱 그러했다. … 이 모든 것이 실제로는 복음이 결여된 생명 없는 의식주의(ritualism)와 얽어붙은 형식(ceremony)으로 넘어갔다.[50]

그는 교회에서 영적인 것과 복음적인 것이 박탈당하는 방식으로 사탄이 만연해서 결과적으로 복음의 능력을 잃어버린 현실을 끔찍해 하였다. 하나님이 말씀하신 복음(롬 1:16)의 정의는 "구원하시는 하나님의 다이너마이트"(The dynamite of God)이기 때문이다.[51]

또 하나의 커다란 사인은 전 지구상의 모든 민족 가운데 퍼져있는 아브라함의 자녀들 사이에서 눈에 띄게 나타나는 현상이다. 예루살렘이 함락된 이후 유대인들이 성전에 들어갈 수 없었는데 예루살렘 거주자가 점차 늘어나고 있다는 사실이다. 이는 포로의 귀환을 예언한 예레미야의 예언이 성취되었음을 알리는 것이다(렘 16:14-17). 언젠가 유대 민족은 회개하고 그리스도를 영접할 것이다.

그는 주님 오심의 수많은 징조 가운데, 주님 오심을 전파하는 선구자인 성결운동을 떠오르는 새벽별을 섬기는 사역으로 해석하고 있다. 그는 이 운동이 하나님의 섭리로 1874년부터 파급되어졌다고 한다. 자신은 60년 전에 구름을 보고 비를 예고하였고, 현재는 세계 도처의 수많은 나라에서 성결인(Holy people)이 증가하고 있다는 것이다.[52]

하나님의 섭리로, 위대한 성결운동은 지금 그러한 새벽별(morning star)의 역할을 섬기고 있다. 온전한 구원에 대한 간증과 또한 "보라, 우리의 왕이 오신다"고 외침으로써, 지구를 둘러싸는 것이다.

다니엘이 그 마지막 장에서 예언했듯이, 성결한 사람들의 불이 널리 전파되는 그 때, 주님은 오실 것이다. 따라서 지금 교회는 예복을 입는 기간(robing-time)을 살고 있다.

2) 휴거와 어린양의 혼인 잔치

주님의 재림은 우선 공중에서 이루어진다. 이때 잠자는 성도들과 지상의 성도들은 공중으로 끌려 올라가는 휴거가 일어난다. 휴거되는 성도는 완전 성화된 자들이다.[53) 휴거가 일어남과 동시에 지상에는 대환란이 시작될 것이다. 이후에 그리스도가 성도들과 함께 지상에 재림하시면, 이후로 천년왕국이 시작된다. 따라서 그리스도의 재림은 두 가지 국면이 있는데, 성도들이 환란 직전에 공중재림하여 성도들을 공중으로 휴거시키기 위한 것과, 환란 이후에 천년왕국의 통치를 위해 오시는 지상재림이다.

휴거의 시기와 때는 아무도 정확히 모른다. 갓비는 휴거의 정확한 날짜를 지정하는 것은 광신적인 것이라고 믿었다. 그럼에도 주님의 진정한 백성은 그 날을 예측할 수 있으리라 생각하였다.[54) 지상에서 환란이 시작되기 전에 주님은 지상에 강림하셔서 자신의 신부를 데려가시고, 어린 양의 혼인잔치에 참여하신다(마 25장).[55)

그러면 교회의 모든 성도들이 휴거되는가? 여기에서 갓비는 휴거되는 성도들은 완전 성화된 성도들이라고 주장한다.[56) 왜냐하면, 주님의 신부로 어린양의 잔치에 참여할 자들은 단순히 하나님의 백성들이 아니다. 신부란 성인이라는 뜻이며, 어린아이들은 신부가 될 수 없기 때문이다. 이러한 이유로 그는 교회와 신부를 동일시하는 관점에 반대한다. 중생으로 하나님 나라의 시민이 되고 그리스도의 몸의 구성원이 되어 교회의 멤버가 되는 것은 확실하다. 그러나 신부란 결혼생활을 전제하는 것이고, 이는 신랑이 항상 존재한다는 의미이다.

교회가 신부라고 하는 것은 실수이다. 중생은 왕국의 시민으로 만들고

(요 3:3), 그리스도의 몸과 일치시켜 교회의 구성원으로 만든다. 그러나 확실히 신부의 구성원이 되게 하지 않는다. 신부의 출중한 의미는 결혼 생활이라는 개념이다. 모든 신부들은 결혼하였고 명칭상의 배우자가 그가 존재하든지 부재하든지, 항상 존재함을 의미한다. 하나님 나라에로 태어난 경험이 있는 사람과 왕의 아들과 결혼한 사람과는 완전히 다른 사람이다. 어린이들은 결혼할 수 없기 때문에 신부는 당연히 성인임을 의미한다. 우리 주님은 이 세상에 그분의 신부만을 위하여 다시 오시고 계시다.[57]

주님은 어린 아이들을 영적, 육적으로 보살피시지만, 다시 오시는 것은 신부를 취하기 위해서 오시는 것이다.

다른 전천년주의자들과 마찬가지로 갓비는 다니엘과 계시록의 환상에 근거를 두었다. 휴거는 언제나 일어날 수 있기에 휴거에 가장 좋은 시간은 '항상'이다. 주님은 도둑같이 오실 것이다(계 16:15).[58] 또한 성결운동은 '휴거'가 근접했다는 사인이다. 성결운동의 빠른 성장은 하나님이 '휴거'를 위해 '신부'인 성도들을 빠르게 준비시키는 것이다.[59]

3) 대환란 - 천년왕국 준비기

예수 그리스도께서 공중에 강림하시고 성도들이 공중에서 혼인잔치를 누릴 때 세상에는 엄청난 환란이 시작된다. 세대주의자들은 이 대환란의 기간이 7년이라고 보았지만, 갓비는 다니엘서 12:11-12를 근거로 45년이라고 주장한다.[60]

대환란 기간은 영적인 정화의 의미를 갖는 중요한 기간이다. 대환란의 목적은 구원을 거절한 세상을 제거하는 것이다. 계시록 7장에 보면,

"대환란 기간"은 "천년의 신정통치"를 위한 준비로 지상을 깨끗케 할 것이다.[61] 천년왕국을 수립하기 위해서 구원받을 수 없는 자들을 제거하여 세상이 정화되는 것이다. 대환란기에 "구원받을 수 없는 자들"이 하나님의 진노로 죽게 될 것이다. 대환란을 통과하면서 오직 구원받을 수 없는 자들과 고칠 수 없는 자들만 제거될 것이다.[62] 따라서 "지옥은 분명히 우주 왕국 가운데 교정될 수 없는 대상들을 감금하기 위한 하나님의 교도소이다."[63]

휴거 때 남아있는 모든 그리스도인들은 완전 성화되지 않은 자, 즉 '신부'에 속하지 못한 자들로서 "대환란" 속에서 순교를 당하게 될 것이다.[64] 하나님이 완전 성화되지 않은 신자들을 구원하시는 방법은 오히려 죽음을 통해 그들의 영혼을 데려가시는 것이다.

그리스도인이 아니지만, 성령의 회개시키는 능력에 저항하지 않는 자들은 "대환란기"에 살아남아서 천년왕국 동안에 구원받게 될 것이다. 이것을 대환란 부흥이라고 부르며, 구원받지 못한 자들 가운데 부흥이 일어날 것을 말한다.[65] "대환란 기간"의 목적은 구원을 거절한 자들을 세상에서 완전히 제거하는 것이다.[66] 계시록 7장에 보여지는 것처럼, "대환란 기간"은 "천년왕국의 통치"에 대한 준비로 지상을 깨끗하게 할 것이다. 대환란의 끝에, 아버지께서 수많은 멸망의 천사들을 데리고 내려오셔서 지상에 있는 정치와 교회의 모든 통치자를 흔들어 떨어뜨려서 지상의 왕국이 비어진다.

계시록 17장에는 적그리스도가 나타난다. 적그리스도는 구원의 헛된 대치물을 만들어 전파하는 자다. 갓비는 이러한 적그리스도가 요한의 시대뿐만 아니라 당시에도 많다고 지적한다. 그 적들은 헛된 대치물들로 그리스도라고 속이며 성결운동에 침투한다. 또한 갓비는 계시록에 나타나는 용을 이교도로, 짐승은 교황 제도, 거짓선지자는 모하메드 종교라고 하며, 그들의 숫자는 각각 천만 명, 3백 5십만 명 그리고 2백만 명이라고 명시하였다.[67] 그러나 이 대환란기에 나타나는 적그리스도는 가톨릭의 교황이다. 따라서 계시록 18장의 바벨론의 멸망은 로마의 완전한 파괴를 의미한다. 바벨론의 뜻은 '혼돈'으로, 백성들을 환상으로 혼란스럽게 하여 지옥에 가게 한다. 개신교의 신자들은 영적인 바벨론, 실제로는 사탄에 의해 지배되는 영적 바벨론으로 마지막 6년간 들어가게 된다. 이때 서방에서는 교황이, 동방에서는 모하메드가 다스릴 것이다. 그곳에서 모든 백성들이 영적인 바벨론의 포로가 되어 섬기게 된다.[68]

4) 성서적 종교의 회복과 복음교회

갓비는 "짐승"의 머리와 뿔을 논하면서 일곱 번째는 교황이고, 여덟 번째 머리는 적그리스도라고 한다. 이는 19세기 당시 개신교의 반가톨릭 정서와 부합된 해석으로 '시대의 표적'을 '휴거'의 전조로 이해하도록 하기 위한 것이었다.[69] "대환란 기간"에 "지상의 왕들"이 정치권력으로부터 제거될 때, 교황은 이 권력을 취하여 독재적으로 세상을 다스릴 것이다. 교황은 "타락한 교회들"을 통해 통치할 것이고, 이들은 "성령의 종교"를 옹호하지 않는다.[70]

계시록 18장에 나타난 "바벨론의 멸망"은 인류를 속인 거짓 종교의 파멸을 의미한다. 그리스도를 대신한다고 주장하는 종교가 파멸하는 것이다. 영적인 바벨론이 멸망할 때, 하나님의 진정한 백성들은 성서와 성령만을 따르고, 지옥에서 구출될 것이다. 천년의 "어두운 시대"에 사탄은 성경 대신에 자신의 권위를 끼워 넣고, 로마의 교황과 모하메드를 통해 일하였다. 한편, 하나님의 참된 백성들은 세상에서 진정한 종교를 회복하는데, 이것이 천년동안에 완성된다.

대환란의 끝에는 아마겟돈 전쟁이 있을 것이다(계 19장). 하나님은 온 세상에 참된 성서적 성령의 종교를 회복시키려고 거룩한 산에 서신다. 이 종교는 영광스러운 천년왕국동안 영원히 빛나며 이 땅을 채울 것이다. 하나님이 타락한 교회에서 자신의 백성들을 불러내신다. 성결인들은 타락한 모든 교회에서 나와서 온 세상에 복음을 전하게 된다.[71] 결국 참된 복음교회인 성서적 종교가 회복되는 것이다.

5) 천년왕국 – 성화된 지상에 대한 비전

그리스도께서 그의 성도들과 함께 지상에 돌아오신 후에 "천년의 신정통치"가 회복될 것이다. 계시록 20:6에 보여지듯, 천년왕국에서 성도들은 주님과 더불어 세상을 다스리게 될 것이다. "지극히 높으신 이의 성도들이 나라를 얻으리니 그 누림이 영원하고 영원하리라"(단 7:18). 변화된 성도들은 대환란 시기 중에 살아남은 자들에게 복음전도의 사역을 수행하게 될 것이다.[72] 천년왕국 기간 동안에 모든 세상은 복음화 되어 모두가 구원받고 성화될 것이다. 따라서 이시기에 성도들의 가장 위대한 사역은 전 세계와 모든 피조물에게 복음을 전하는 것이다.[73] 결국 세상에는 죄가 전혀 없고, 모든 사람들의 마음이 하나님을 향하게 되고, 거룩함을 향하게 될 것이다. 갓비에게 천년왕국은 이러한 성화된 지상에 대한 비전이었다.

> 복음은 변화된 성도들에 의해 전파될 것이다. 그들은 무게도 없으며, 천사 같은 속도로 의지대로 움직일 수 있을 것이다.[74]

천년왕국에서의 복음전파는 개인의 복음전파에 대한 노력이나 성결운동의 노력으로 전하는 것이 아니다. 따라서 갓비는 주님 오시기 전에 모든 나라들을 기독교로 전환시킨다는 생각이 틀렸다고 지적한다. 사도행전 15장에서 보듯이 교회의 사명은 단순히 모든 민족에게 복음을 전하는 것이다. 오히려 모든 사람들을 구원하는 그 사명은 변화된 성도들의 사명이다. 성도들이 복음전파의 영광스러운 임무를 수행할 수 있는 것은 이미 성도들의 몸이 천사처럼 변화되어서, 종횡무진 빠르게 공간을 이동할 수 있기 때문이다. 갓비는 상상하기를 동틀 때 오하이오에서 복음을 전하면 저녁에 뉴욕의 뉴스에서 오하이오의 모든 사람들이 하나님께 드려졌다는 소식이 전해질 것이라고 하였다.[75]

갓비는 하루아침에 한 나라가 생길 수 있다고 설명한다. 이는 변화된 성도들의 복음전파에 의한 것이다. 변화된 성도들은 천사의 속도로 움직일 수 있고 머물 집이나 이동을 위한 차표가 필요 없다. 죽는 음식을 더 이상 먹을 필요도 없으며 잠잘 필요도 없을 것이다. 변화된 몸은 더 이상 병과 죽음에 매이지 않는다.[76] 갓비는 이러한 천년왕국에 대한 소망을 강렬하게 기대하며 회중이 기대하도록 자주 전파하였다.

6) 최후의 전투와 성화된 땅

사탄은 천년왕국의 끝에 자신의 모든 부하들을 집결시켜, 마지막 전투를 위해 예루살렘을 에워쌀 것이다. 그때 하나님은 '불과 유황'비를 내리시고, 사탄의 군대는 파멸될 것이다. 사탄은 최종적으로 패배하고, 지구는 "천상의 왕국"(Clerestial Kingdom)을 회복할 것이다. 세상의 모든 남은 죄들은 불로 추방될 것이며, 태초의 정결함이 회복될 것이다. 모든 대양과 극(pole)이 불타버리고, 천년왕국 동안 "칭의"를 누리던 땅이 그 다음은 "거룩하게 될"것이다. 불을 통과한 땅은 회복되어진다. "이러한 불은 대양과 바다를 태우고 극점을 녹게 할 것이며 땅의 영광스러운 회복을 성취할 것이다. 처음에는 천상화되고, 그 다음에는 사탄이 깨뜨리기 전에 있던 모습으로 천상의 제국으로 병합되어 회복된다."[77]

죄의 모든 흔적조차 소멸되어 지상은 완전히 성화된다. 즉 성결운동이 인간의 영혼에서 완전 성화의 경험을 구체화시킨 것과 마찬가지로, 지상에서 이루어질 완전 성화에 대해서도 구체적으로 묘사하고 있다.

그는 창조된 본래의 모습으로 회복된 찬란한 에덴의 모습을 매우 구체적으로 상상하였다. 불 속에서 대양이 사라지면, 엄청난 크기의 땅이 생겨나서 사람들이 필요로 하는 모든 농작물을 공급할 수 있게 될 것이다. 계시록 21장에 '바다도 다시 있지 않더라'는 것을 문자적으로 적용한 것이다. 병도 죽음도, 전쟁도 없기에 천년왕국 시기 동안에 인간은 불멸하는 상태일 것이다. 따라서 마지막에 땅이 성화될 때 지구상에는 엄청난 인구가 생존하게 될 것이다.

갓비의 완전한 우주는 하나님의 창조에 대한 그분의 통치의 회복과 모든 악의 흔적을 제거함으로 이루어진다. 그의 전천년설적인 비전은 사람들이 완전 성화를 추구하고, 이러한 재림의 임박한 성취에 대해 준비하도록 동기를 부여하였다. 그는 대환란기를 통과하는 그리스도인들은 순교하게 될 것이라고 경고하면서, 더욱 서둘러 성화된 신부로 준비되어 주님과의 결혼식을 갖도록 해야 한다. 완전 성화된 성도들은 끔찍한 대환란을 피하게 될 것이기 때문이다.[78]

2. 갓비 재림론의 특징

1) 세대주의 전천년설의 창조적 수용 - 성결전천년설

이미 살펴본 대로 급진적 성결운동가들은 세대주의적 전천년설의 영향을 받았다. 갓비 역시 세대주의적 전천년설을 대부분 수용하고 있다. 특히 다니엘서의 성서 해석 방법과 환란 전 휴거, 그리스도의 이중 재림 등 세대주의적 전천년설의 특징이 그의 재림론에서도 그대로 드러나고 있다.[79]

그러나 갓비는 세대주의적 전천년설을 창조적으로 수용하고 있다. 철저한 문자주의적인 세대주의의 성서 해석과는 달리 갓비는 필요에 따라 상징적 해석과 영적인 해석을 취한다. 세대 개념에 있어서도 갓비는 세대의 수나 구분에 얽매이지는 않았다. 그는 『후천년주의자들에 대한 호소』에서는 대홍수 전 시대, 홍수 이후 시대, 모세 시대, 이방인 시대로 구분하였다. 또한 신약성서 주석의 『요한계시록』에서는 족장, 모세, 선지자, 사도 세대로 구분한다.[80] 그리고 『천년왕국』에서는 성부, 성자, 성령 세대로 구분한다.[81]

또한 갓비는 세대주의와 성결의 메시지를 연결시킨 사람이다. 세대주의와 성결운동이 만나는 지점은 휴거하여 그리스도와의 공중혼인잔치에 참여한다는 사상이다. 휴거는 세대주의적 전천년설의 가장 중요한 특징이다. 그러면 누가 휴거될 수 있는가? 참된 신자인 그리스도의 신부가 휴거되는 것이다. 즉 그리스도의 신부는 성결한 신자라는 것이 성결운동가들 특히 갓비의 주장이다. 성결이란 그리스도의 보혈에 의한 정결과 성령의 능력에 의한 성령 세례이다. 성결한 사람들만이 그리스도의 공중 재림 때 들림 받아서 예수와의 혼인잔치에 참여한다.[82]

이와 같이 급진적 성결운동가들은 세대주의와 성결의 메시지를 연결시키고자 노력하였다.[83]

따라서 갓비의 재림론은 '성결전천년설'이라고 부를 수 있을 것이다. 이는 부흥운동과 완전주의 그리고 천년왕국론의 흐름을 성결운동에 조화시키고 연합시키는 해석이다. 이렇게 하여 19세기말의 혼란과 위기에서 하나님의 섭리가 여전히 활동하고 계심을 보여주었던 것이다. 인간이 실패한 역사 한 가운데서 하나님의 간섭하시는 섭리가 자신의 시대 가운데 발생할 것이라는 해석이다.

이러한 성결전천년설의 성경적 근거는 열 처녀의 비유와 히브리서 12장 14절이다. 그는 열 처녀의 비유를 통해 완전 성화된 자들만이 "휴거"될 것이라고 주장하였다. 열 처녀들 중 지혜로운 처녀들은 등불을 켰고, 또한 잔에 기름을 가득 채웠는데, 여기서 등불을 켠 것은 중생한 것이며, 기름을 채운 것은 성령으로 마음을 채운 것이다. 따라서 신부의 조건은 은혜의 두 번째 사역으로 거룩한 혼인에 들어가는 것이다. 단지 중생한 사람은 아직 영적으로 어린아이고 성령으로 성화 되어야만 주님과 결혼할 수 있다.[84]

또한 갓비가 가장 많이 사용하는 본문은 히브리서 12장 14절이다. "모든 사람과 더불어 화평함과 거룩함을 따르라. 이것이 없이는 아무도 주를 보지 못하리라." 갓비는 자신이 번역한 신약성경에서 거룩함(Holiness)을 성화(sanctification)로 번역하였고,[85] 이 구절은 성결전천년설을 뒷받침하였다.

2) 성결운동의 정체성과 사명감 고취하는 역사관 제공

성결전천년설은 성결인들에게 세계의 역사와 자신들의 정체성을 해석하게 하는 세계관과 역사관을 제공하였다.[86] 성결전천년설은 주의 재림에 집중되어 있는 갓비의 계시록 주석에 잘 나타나 있다. 갓비는 이 계시록의 주석을 통해 성서적 우주론을 교리적이고 역사적인 논의와 연결시켜서 성결 부흥운동의 개인적인 구원론을 우주적인 드라마로 변화시켰다. 그는 세속적인 역사와 성서의 역사를 일치시키면서 역사를 해석하였다. 하나님은 성결부흥운동을 도구로 삼으셔서 효과적으로 그 시대에 구원의 목적을 달성하신다.

또한 임박한 주의 재림에 대한 준비를 촉구한다. 휴거는 언제 일어날지 알 수 없기 때문에, 휴거를 위한 준비인 완전 성화를 지금 경험해야 하는 것이다. 이러한 구도 안에서 성결운동의 사명은 명확하다. 성결운동은 '전 세계를 회심시키는 것이 아니라 신부를 준비시키는 것'이다. 전 세계가 회심할 것이라는 것은 후천년설적인 가정이다. 주님은 전 세계에 복음을 전하라고 하셨지 전 세계를 회심시키라고 하시지 않았다. 전 세계가 회심하는 것은 천년왕국에서 실제로 일어날 것이다. 전천년설은 신부를 준비시키는 것이다.[87]

하나님은 성결운동을 사용하셔서 전 세계에 참된 성서적 성령의 종교를 회복하실 것이다. 이 참된 종교가 영광스러운 천년동안 지상에서 빛날 것이다.[88] 따라서 성결운동이 일어나고 있음이 주의 재림이 임박했음을 알리는 신호가 된다. 성결인들은 마지막 때에 하나님의 우주적 구원계획을 위해 사용하시기 위해 부르심 받은 것이다. 따라서 이들은 사명감을 갖고 교파의 교리의 한계를 벗어나서 자유로이 연합적인 사역을 감당해야 하는 것이다. 그는 성서적 종교의 회복과 온전한 구원의 복음을 전하며 신부를 준비시키는 성결운동의 연합 사역을 매우 중요하게 여겼다. 따라서 성결전천년설은 성결인들에게 선교지향적이고

에큐메니칼적인 세계관과 역사관을 제시하고 있다고 볼 수 있다.

이러한 성결전천년설은 전천년설의 폐단인 현재의 삶을 유기한다는 도덕 폐기론자들과의 차별성을 유지한다. 또한 후천년설이 공격하는 현실도피적인 삶이 아니라, 책임적인 삶을 살아갈 수 있도록 독려하고 이를 개인적으로가 아니라 교회적으로, 공동체적인 목표로 지향하도록 촉구하였다는 데 의의가 있다. 또한 그럼으로써 전천년설과 후천년설의 장점을 모두 취할 수 있는 근거를 마련한다.

3) 우주적 종말의 비전인 하나님 나라의 회복

19세기 성결운동이 개인적인 성화와 구원의 경험을 추구했다면, 갓비의 종말론적 비전은 온 세계와 우주를 포함한 비전이었다. 그는 개인의 성결만이 아니라 온 우주적 성결의 이상을 완성시키시는 하나님의 구원의 드라마를 생생하게 묘사하고 있다. 신자가 이중의 은혜를 경험하는 것과 마찬가지로, 이 지상도 이중으로 칭의와 성화의 두 단계를 거친다. 예수 그리스도의 오심으로 이루어지는 천년왕국은 땅이 거룩해지는 칭의에 해당한다. 천년왕국 이후 지상 최후의 전투에서 하나님이 불로 사탄을 완전히 멸하시고 난 이후에 천상화된 땅은 완전 성화되는 것이다. 이제 온 세계와 우주가 거룩하여지고 태초에 에덴의 정결함으로 회복된다.

이러한 종말론적인 비전은 온 우주를 포함하는 하나님 나라의 회복을 보여주고 있다. 이때 성결함, 온전한 성화는 인류의 죄된 상태로부터의 정결함만이 아니라, 모든 것의 회복이며 하나님 나라의 주된 특징으로 나타난다. 갓비의 성결전천년설은 성결의 이상을 우주적으로 확대시킨 종말론으로, 하나님 나라에 대한 비전을 보여준다.

IV. 결론

1. 갓비의 재림론 평가

갓비는 19세기 성결운동가들의 전천년재림론이라는 맥락에서 일치하고 있으며, 성결운동적인 재림론을 선두에서 외친 부흥자이며, 영향력 있는 저술가였다. 이제 갓비의 재림론의 한계와 과제, 의의를 논하기 위해, 당시 성결운동에 대한 웨슬리안의 비판과 또한 오순절운동 계열의 비판을 소개하고 갓비의 입장을 정리할 것이다.

당시의 웨슬리안의 비판은 세 가지로, 전천년재림론이 역사에 대한 비관적 관점을 갖는다는 점, 교회의 역할을 무시한다는 점 그리고 문자주의적 성서해석이라는 점이다. 이러한 비판은 감리교 내에서 논쟁되었던 이슈들로서, 갓비 역시 이러한 비판에서 자유롭지 못하다.

우선 갓비는 성결운동의 역사관이 비관적이라는 점을 부인하지 않았다. 다만, 그는 자신이 죄에 대해서는 분명히 비관주의자가 맞지만, '하나님에 대해서는 낙관주의자'라고 말한다. 세상의 구원은 오직 그리스도의 재림 외에는 어떤 가능성도 없다. 세상에 대한 비관주의는 하나님께 모든 소망을 두게 하며 하나님께 영광을 돌리게 한다.[89] '하나님에 대한 낙관주의자'라는 표현으로 갓비는 하나님 절대주의 주권을 인정하는 하나님 중심주의를 선언하고 있다. 따라서 비관주의적 역사관은 세상과 인간의 죄성에 대한 깊은 자각과 그 역사의 깊이를 보는 통찰력으로서, 역사의 주권과 주인이 하나님임을 인식하는 더 큰 역사 긍정이라는 차원 안에 포함되는 것이다.

또한 문자주의적 성서 해석의 문제이다. 전천년재림론이 성서의 문자적 해석에 기반한 것이 사실이다. 특히 세대주의적 전천년설의 경우 그들의 문자적 성서 해석은 미국 근본주의의 토대를 놓았다. 비록 성결운동가들이 세대주의적 문자주의를 그대로 따르지는 않았지만, 그들의 성서 해석 역시 문자주의에 기초를 두었다. 이점에서는 전천년재림론을 주장하는 성경 본문들에 대한 성서신학적 접근과 연구를 통해 그 적합성을 검증받아야 하는 과제를 남기고 있다. 물론 성서 해석 역시 아무런 전제 없이 행해지는 것이 아니다. 이런 면에서 갓비는 신약성서를 제외한 기독교 세계(Christendom)의 모든 신조들을 거부한다. 이것은 성결운동가들의 신학적 입장이라고 볼 수 있는데, 이들은 신학을 넘어서 성서와 초대교회에 집중하고자하는 원초주의(primitivism)를 표방하고 있다고 볼 수 있다.[90] 이러한 비전으로, 성결운동은 믿음의 기준으로서 성서만을 인정하는 것이 신자들 가운데서 기독교의 연합을 회복시킬 것이라고 믿었다. 이들의 주장인 '성서로 돌아가자'(Back to the Bible)는 모토는 루터와 웨슬리가 당시의 교권주의와 교회주의에 대항하는 원초적 동력이었다. 그럼에도 이러한 성서중심주의는 성서문자주의와 동일시할 수 없기 때문에 성서 해석학적 작업이 요청됨을 지적할 필요가 있다.

갓비는 교회를 근본적으로 제도로 보지 않는다. 그는 교회를 레위 지파에 비유하여, 모든 지파를 섬기기 위해 모든 지파 속에 퍼져 있었던 것과 같이, 성결한 신자인 참된 교회는 독자적인 교회를 형성하는 것이 아니라, 다른 교회들 속에서 그들을 섬기며 성결의 복음을 전해야 한다고 말한다.[91] 이것이 아마도 그가 성결운동에 앞장선 기수로서의 사명을 감당하면서도 끝까지 감리교를 떠나지 않았던 이유였을 것이다. 그는 교파와 제도를 뛰어넘어 그리스도의 재림을 준비하는 성결한 신자들의 모임을 양성하는 것을 성결운동의 사명이라고 여겼다. 그는 제도적 교회의 타락한 현실과 교권주의에 대해 공격하였지만, 이것이 교회의 진정한 역할을 부정하기 때문이 아니었다. 오히려 교회의 본질적 사명과 역할에 충실한 교회 개혁과 회복을 위한 열망을 갖고 있었음을 보여준다. 그는 '성서적 성령 종교'(Bible Holy Ghost religion)가 지구적인 연대를 하도록 선전하였다. 이렇게 성결운동이 스스로를 '주님의 백성'으로 구분하는 것에 대해 해밀턴은 섹트 타입의 교회론이라고 지적한다.[92] 사실 교회사 가운데 종교개혁적 운동은 언제나 기존 교회로부터 교회를 분리시키거나, 부정하는 이들이라는 비난을 받아왔다. 특히 전천년재림을 선포하는 성결운동가들은 교회의 세속화, 교권주의, 인본주의, 물질주의에 대해 강력하게 저항하였다. 이러한 저항은 언제나 성령운동이며 종말운동적인 성격을 갖는데, 이는 오순절 성령의 세례가 주님 오심을 대망하는 종말론적인 공동체를 창조하였기 때문이다. 성령의 충만한 현존은 항상 교회의 세속화와 마성화를 심판하신다. 갓비의 교회론은 성령의 종말론적인 공동체로서의 급진적 교회론을 표방하고 있다고 볼 수 있다.

한편 오순절 운동 계통의 학자인 빈슨 사이난(Vinson Synan)은 갓비와 성결운동가들의 사회 변화에 대한 입장을 '부정적 사회복음'이라고 비판하였다. 성결파 사람들이 사회의 변화와 회심에 대한 부정적 시각과 태도를 갖는다는 것이다. 성결운동이 활동하던 당시 '기독교 사회주의'는 개인의 죄와 마찬가지로 나쁜 "사회적인 죄악들"을 지적하며 미국의 "사회적 회심"을 주장하였으며, 미국의 주요 교회들, 특히 감리교에 큰 영향을 미쳤다. 성결운동은 당시 출현했던 '기독교 사회주의'를 가장 비난하였는데, 이는 성결의 가치체계 내에서 가장 심각한 "사회적 죄악"은 가난이나 불평등이나 부의 불균등한 분배가 아니라 "오히려 극장, 구기 운동, 춤, 립스틱, 담배, 그리고 술이 초래하는 부정적 결과들"이었기 때문이다. 성결운동가들은 '사회의 완전이 오직 그리스도의 재림과 천년왕국을 통해서만 가능'하다고 믿었다. 따라서 이들은 사회를 개혁하려고 하기 보다는 그 사회 자체를 부정해버렸다는 것이다.[93]

분명 성결운동이 인간의 죄성에 집중하고, 성결한 삶의 경계도 개인적인 차원에 편향되어 보이는 것이 사실이다. 그러나 이러한 경향은 당시 후천년주의와의 대결 구도적인 상황을 전제하고, 그 맥락 가운데 읽어내야 한다. 성결운동이 개인과 사회, 하나님 중심주의와 인본주의의 첨예한 대립을 강조한 것은 다른 한쪽을 무시해서라기보다는 우선순위의 문제를 명확하게 하려는 의도였다. 그러므로 양자의 대결구도를 넘어선 하나님 나라의 회복이라는 주제가 성결운동가들의 사상과 실천에 분명히 드러나고 있음을 간과해서는 안 된다. 성결운동가들이 섬긴 주된 대상은 사회적 약자와 소외된 이들이었다. 그럼에도 죄에 대한 인간의 내면적 차원에 대한 강조는 사회적, 구조적, 제도적 차원의 더 복잡한 죄의 구조망에 대한 다차원적 인식에는 한계를 드러낸다는 점을 지적할 수 있겠다.

2. 갓비 재림론의 의의

이제 갓비 재림론의 의의를 요약해보자. 갓비의 재림론은 하나님 중심주의를 천명하는 종교개혁 정신의 계승, 종말론 신학의 지평을 확대함, 종말론적 교회론 전개 및 연합운동의 사명 고취, 종말론적 세계관과 재림의 영성을 제시함, 중생, 성결, 신유, 재림의 온전한 구원으로서의 하나님 나라의 비전을 제시함에 그 의의가 있다.

우선 갓비의 성결전천년설은 삼위일체 하나님 중심주의를 표방한다. 이는 구원을 완성하시는 하나님의 절대 주권에 대한 강력한 긍정으로서, 종교개혁의 정신과 공명한다고 볼 수 있다. 구원의 섭리 아래 성령 세례, 주의 재림, 천년왕국, 그리고 하나님 나라를 이루시고 완성하시는 분은 오직 하나님이시다. 인간의 하나님 나라를 세우지도 못하며, 하나님의 의의 통치를 대치하지도 못함을 분명히 선언하는 전천년설이 갖는 신학적 함의는 무엇보다도 역사에 대한 하나님의 주권을 강조하는 데 있다.[94]

둘째로, 갓비의 재림론은 종말론의 신학적 지평을 확대시켰다. 성결전천년설은 모든 교리와 교파의 한계를 뛰어넘는 창조적 종합의 신학적 기획으로 평가될 수 있다. 성결전천년설은 감리교의 부흥운동과 칼빈의 복음주의의, 즉 감리교의 완전주의와 칼빈의 종말론의 연합으로 형성된 것이다.[95] 그렇다면, 갓비의 종말론 신학은 알미니우스주의(arminianism)와 칼빈주의를 넘어서서 복음주의의 넓은 지평에 터한다고 하겠다. 성결전천년설은 전천년설과 후천년설의 장점을 고루 취하며 포월할 수 있는 종말론이다.

셋째, 갓비의 종말론은 교회론과 성결연합운동을 연결시키는 핵심이다. 그는 교회의 선교적인 사명과 연합운동의 필요성을 강조하고 있다. 성결전천년설은 임박한 재림의 중요성을 환기하고, 교회의 거룩함이라는 본질을 추구하도록 한다. 구원의 복음을 널리 알리는 구원의 기관으로서 교회는 내적으로는 성결하고, 외적으로는 선교의 사명을 감당하도록 한다.[96]

넷째, 성결전천년설은 재림의 영성으로 영적 성장을 추구하도록 한다. 신자들이 구원의 완성을 향한 여정에서 주의 재림에 초점을 맞추고 주님과의 연합에 강조점을 갖게 한다. 그 연합은 성령 세례로 인해 이루어지며, 성결과 사랑과 능력의 삶을 살아가는 것이다. 이 땅에서 주님을 대망하며 살아가는 신앙인의 구체적인 삶은 성령 안에서 예수 그리스도의 분량까지 성장하는 것이다.

다섯째, 성결전천년설은 온전한 구원의 복음인 하나님 나라의 비전을 제시한다. 재림론을 통하여 개인적 차원의 구원을 넘어선 우주의 구원까지 포함한 하나님 나라를 제시한다. 이러한 복음을 선포하는 교회는 하나님 나라를 향해 나아가는 데 있어서 전천년설과 기독자 완전이라는 두 개의 추동력을 갖는 것이다. 이를 갓비는 교회라는 "배를 저어가는 두 개의 노"(Two Oars of the boat)에 해당한다고 밝히고 있다.[97] 갓비는 중생, 성결의 복음에 재림과 신유의 복음까지 포함한 온전한 구원을 선포하였다.[98]

이러한 재림론은 역사에 대한 책임을 명확히 인식하고, 현재 여기에서 성결한 삶과 하나님 나라를 준비하는 삶을 살도록 요청한다. 19세기 성결운동가들과 갓비는 인간이 해야 할 일과 하나님만이 할 수 있는 일에 대한 명확한 구분을 통해 이 땅에서 자신들이 할 일에 대해 헌신적으로 목숨을 걸고 최선을 다했던 부흥사요, 복음전도자들이었다.

성결운동가들은 웨슬리의 중생의 복음이라는 귀중한 유산에만 안주하지 않았다. 이들은 복음 자체로 눈을 돌려 하나님 나라의 그 우주적인 비전을 바라본 사람들이었다. 결국 이들이 주장한 온전한 복음은 주의 재림이라는 깃발로서 그 방향을 세웠던 것이다.

종말에 있어서의 재림 기대는 오늘날에도 미래의 희망으로써 제시되어야 한다. 더불어 이미 그리스도가 오심으로 영원한 시대가 시작되었다. 19세기 성결운동가들처럼 그리스도를 믿으며 '미래 세계의 힘'으로 이 세계의 세력들과 대항하여 싸우는 이들이 있다면, 이 세계의 종말은 멀지 않다.[99] 우리가 진정으로 바라고 희망하는 '하나님 나라'를 성취하실 한분, 예수 그리스도께서 오고 계시다.

1) A. T. Hanson: "Eschatology", *Dictionary of Christian Theology*, ed. by Alan Richardson. 신학적으로 종말론이 활발하게 논의되기 시작한 것은 트뢸치(Ernst Troeltsch, 1865-1923) 이후라고 볼 수 있다.

2) 이형기,『역사속의 종말론』(서울: 대한기독교서회, 2004), 223-226.

3) 밀러주의라고도하는 밀러교의 주요기관지는 *Sign of the Times*(시대의 징조) (보스턴), *Midnight Cry*(한밤중의 외침) (뉴욕)이었다. 종말을 예고했던 1843년이 지나가자, 다시 1844년 10월 22일로 정하였으나 실패로 끝났다. 몰몬교는 1830년대 조셉 스미스(Joeseph Smith, 1805-1844)에 의해 일어난 천년왕국운동으로 기독교계에서 이단으로 몰렸다. 또한 밀러(William Miller, 1782-1849)는 그리스도의 육체적 재림이 임박했다는 믿으며, 다니엘서를 근거로 세계가 1844년경에 끝날 것이라고 믿었지만 결국 재림은 일어나지 않았다.

4) 목창균,『종말론 논쟁』, 144. 세대주의는 19세기 말과 20세기 초에 개신교 복음주의와 근본주의 영역에서 초교파적으로 확산된 성경 해석 운동이다. 세대(dispensation)란 말은 시대와 경륜을 의미하며, 신학적으로는 시간적 측면과 하나님의 구원 경륜의 측면 모두를 포함한다.

5) 데이튼, 조종남 역,『오순절운동의 신학적 뿌리』(서울:대한기독교서회, 1992), 182.

6) 노만 콘, 김승환 역,『천년왕국운동사』(서울: 한국신학연구소, 1993).

7) 박명수,『근대복음주의의 주요 흐름』(서울: 대한기독교서회, 1998), 179.

8) William Boxter Godbey, *An Appeal to Postmillenialists* (Nashville. TN: Pentecostal Mission Publishing),『후천년주의자들에게 호소함』이라는 제목의 책에서 갓비는 후천년주의자들이 주님의 재림을 기다릴 수 없게 하는 논리로 현재 주님의 재림을 기다리지 않는다는 사실에 집중하여 논하고 있다.

9) 갓비의 생애와 사상은 필자의 "윌리엄 갓비의 생애와 사상",『19세기 급진적 성결운동가들의 생애와 사상』(서울: 도서출판 사랑마루, 2014)을 참조하라.

10) 갓비가 저술한 재림에 관한 주요 책들을 다음과 같다, 자세한 서지 사항은 참고문헌에 표기하였다. *Second Comming*(재림), *The Millennium*(천년왕국), *Prophecies fulfilled*(성취된 예언), *Apostasy*(배교), *Gentile Tribulation*(이방인 대환란), *The*

Great Harvest(대추수), *An Appeal to Postmillennialists*(후천년주의자에게 호소함), *Commentary on the New Testament*(요한계시록 주석이방인 대환란), *1 Revelation, Tribulation Revivals*(대환란 부흥), *Millennial Restoration of Israel's Lost Tribes*(이스라엘이 잃어버린 족속의 천년왕국에서의 회복), *Bible Theology*(성경신학), *Apocalyptic Angel*(계시록의 천사), *Heaven, The Home of God's Saints*(천국, 하나님의 성도들의 고향), 또한 1899년 셋 리스(Seth C. Rees)와 공동 저술한 *The Return of Jesus*(예수의 재림)이 있다.

11) 이형기,『역사속의 종말론』(서울: 대한기독교서회, 2004), 19-20.

12) 몬타누스에 대한 기록은 4세기경 교회사가 가이사리아의 유세비우스가 기록한 내용을 J. P. 미뉴가 편집한 총서 *Patrologia Graeca* (그리스 교부학), (1866) 19~20권에 실려 있다.

13) 위르겐 몰트만, 김균진 역,『오시는 하나님』(서울: 대한기독교서회, 1998), 25-27.

14) 플리머스 형제단은 1831년 잉글랜드 데번 플리머스에서 처음 조직되었고, 본래는 그 이전에 아일랜드와 잉글랜드에서 기도와 교제를 위해 모인 그리스도인들의 모임으로 시작되었다. 이들은 영국성공회의 지나친 교파주의와 형식적인 신앙생활에 환멸을 느껴 모든 성직 조직을 철폐하고, 성서적인 예언과 그리스도의 재림을 강조하였다 (출처: 브리태니커).

15) 목창균,『종말론 논쟁』, 144. 세대주의는 19세기 말과 20세기 초에 개신교 복음주의와 근본주의 영역에서 초교파적으로 확산된 성경해석운동이다. 세대 (dispensation)란 말은 시대와 경륜을 의미하며, 신학적으로는 시간적 측면과 하나님의 구원 경륜의 측면 모두를 포함한다.

16) 같은 책.

17) W. E. 블랙스톤, 박명수, 박도술 공역,『예수의 재림』(서울: 은성, 1999). 17-24. 박명수는 블랙스톤이 근대 복음주의에 미친 가장 큰 공헌 중 하나가『예수의 재림』*Jesus is Comming*의 출판이라고 한다. 또한 동양성교회와도 밀접한 관련이 있던 블랙스톤은 동경성서학원에서 강연을 하기도 하였으며, 그의 책이 일본어로 번역되어 배포되었다. 한국성결교회 초기 지도자들도 이 책을 구해서 재림론을 공부하였다고 한다. 또한 1913년 장로교 선교사 게일이 블랙스톤의『재림』을 번역하여 조선예수교서회에서 출판하였다. 박명수는 이 책이 "최초로 출판된 재림에 대한 책일 것이다. 따라서 이 책은 한국교회의 종말론에 지대한 영향을 미쳤다

고 말할 수 있다"고 주장한다.

18) 미국에는 다비의 영향을 받은 학교들이 많은데 그중 대표적으로 미국의 달라스
신학대학원, 그레이스 신학대학원, 리버티 신학대학원, 밥 존스 신학대학교가 있
다. 또한 캐나다의 리젠트 칼리지의 신학의 근간을 이루고 있다. 이종수,『신학자
존 넬슨 다비 평전』(서울: 형제들의 집, 2012), 72.

19) Charles C. Ryrie, *The Basis of the Premillennial Faith* (Dubuque, Iowa: ECS
Ministries, 2005), 17-30.

20) Collected Writings, "What the Saints will be in the Tribulation," in *Prophetic*
No. 4, vol. 11, 113. 이종수,『신학자 존 넬슨 다비 평전』, 82. 재인용.

21) Collected Writings, "The Dispensation of the Fullness of Times," in *Critical*
No. 1, vol. 13, 165.

22) Collected Writings, "Divine Mercy in the Church and towards Israel," in
Prophetic No. 1, vol. 2, 122.

23) 이종수,『신학자 존 넬슨 다비 평전』, 90.

24) 목창균,『종말론 논쟁』, 148-149.

25) 같은 책, 150-156. 목창균은 세대주의 종말론의 문제점을 세 가지로 지적하는데,
첫째는 성경에 대한 극단적인 문자적 해석, 둘째, 이스라엘과 교회의 철저한 분리
와 구분, 셋째, 근거가 빈약한 유대적 천년왕국 개념이다.

26) 도널드 W 데이턴, 조종남 역,『오순절운동의 신학적 뿌리』(서울:대한기독교서회,
1992), 159.

27) John Wesley, "Notes of the Revelation of Jesus Christ" in the Explanatory
Notes (various edition) 서문. 실제로 웨슬리가 재림에 대해 언급한 내용이 들
어 있는『신약성서주석』은 벵겔의 책을 그대로 요약한 축소판이었으며, 계시록에
대한 주해도 마찬가지였다. 웨슬리는 종말에 관한 벵겔의 주석을 소개하면서 벵
겔의 모든 부분에 대해서 책임지지 않겠다고 밝혔다.

28) 웨슬레가 후천년주의를 따른다는 대표적인 주장은 1920년대에는 롤(Harris
Franklin Rall)의 *Was Wesley a Premillennialist?* (New York: Methodist Book
House, 1921), 반대로 전천년설적인 입장은 웨스트(Nathaniel West)의 *John
Wealey and Premillennialism* (Cincinnati: God's Revivalist, 1894)가 대표적이다.
이러한 웨슬리 종말론의 해석사는 브라운(Kenneth O Brown)의 논문을 참조
하라. "John Wesley: Post or Premillennialist?," *Methodist History Journal*, 28:

1(October 1989), 33-41.

29) 이에 대해 데이튼은 Arnold Ehlert의 소책자 *A Bibliographic History of Dispensationalism.* (Grand Rapid: Baker, 1965)의 책의 41-42를 예로 들고 있다.

30) 도널드 W 데이턴, 조종남 역,『오순절운동의 신학적 뿌리』, 175-176. 이에 대해 데이튼은 몇 가지 분석을 제시하고 있다. 첫째는 웨슬리의 실현된 종말론과 부흥 전통의 천년왕국론의 종합인 오벌린 완전주의의 지나친 낙관주의적 천년왕국설 의 기대가 시대적 현실과 맞지 않자 재림을 앞당기는 것으로 해결하고자 했기 때문이라는 것이다. 즉, 회복을 완수하는 책임을 하나님께로 돌리는 것이다. 이에 대해 데이튼은 구약에서 예언자들의 종말론적 비전이 현실과 맞지 않을 경우 묵시적인 종말론으로 바뀌었던 과정을 분석한 요한슨의 이론을 그 강력한 근거로 들고 있다.

31) Kranus, *Dispensationalism in America: Its Rise and Development* (Richmond: John Knox, 1958), 71-80.

32) *D. L. Moody at Home* (London: Morga and Scott, [1910]), 163. 도널드 W 데이턴, 조종남 역,『오순절운동의 신학적 뿌리』, 180 재인용.

33) 박명수,『근대복음주의의 주요 흐름』, 196.

34) L. L. Pickett, *The Blessed Hope of His Glorious Appearing* (Loisville: Pentecostal Publishing Co, 1901)

35) A. M. Hills, *A Hero of Faith and Prayer: or Life of Martin Wells Knapp* (Noblesville, In:Newby Book Room, 1973), 154-156.

36) George D. Watson, *Steps to the God's Throne* (Cincinnati: Revivalist, 1898), 5.

37) 박명수,『근대복음주의의 주요 흐름』, 204.

38) W. B. Godbey, *An Appeal to Postmillennialists*, 5.

39) 박명수,『근대복음주의의 주요 흐름』, 209.

40) Barry W. Hamilton, *Willam Baxter Godbey: Itinerant Apostle of the Ho;eness Movement*, Studies in American religion; v. 72. (Lewiston-Queenston-Lampeter; The Edwin Mellen Press, 2000), 286.

41) 빈슨 사이난, 이영훈, 박명수 역,『세계오순절-성결운동의 역사』(서울: 서울말씀사, 1997), 63-64.

42) 마틴 냅,『하나님의 오순절 번갯불』(서울: 사랑마루, 2015), 200.

43) 사이난, 같은 책. 64. 그는 Goddis의 글을 인용하면서, 1887년도 미국 감리교

인들의 숫자가 약 사백오십만 명으로 추산할 때, 19세기 미국 감리교인들 중 1/3~1/2 정도가 성화를 제2의 은총의 역사로 보는 것에 동조했으리라 본다. 적어도 2백만 명 이상의 감리교인이 그 교리를 추종하였음에도 결국 성결운동 분파가 된 사람들은 10만 명 정도였다는 것이다. 이에 대해 사이난은 감리교인들이 조직에 대한 충성도가 성결 교리에 대한 충성도보다 더 강력했다고 해석하였다. 그러나 이것은 사이나의 일방적인 해석으로 보인다. 갓비의 경우 감리교에 남아있었던 것은 조직에 대해 충성하기 위함이 아니라, 오히려 감리교에 남아서 성결운동을 전개하는 것이 사명이라고 여겼기 때문이다. 이는 뒤에 논의에서도 간단히 다룰 것이다.

44) 목창균,『종말론 논쟁』. 173-174

45) 같은 책.

46) Barry W. Hamilton, *Willam Baxter Godbey: Itinerant Apostle of the Ho;eness Movement*, Studies in American religion; v. 72. (Lewiston-Queenston-Lampeter; The Edwin Mellen Press, 2000), 200. 또한 해밀턴은 갓비가 헌튼의 기부금으로 성지 여행을 떠나기 전, 즉 웨스트의 팜플렛이 출판되는 1894년 이전에 전천년주의자가 되었을 것이라고 본다. 재림의 징조를 직접 눈으로 확인하는 것이 갓비의 성지 여행의 목적 중 하나였기 때문이다.

47) W. B. Godbey & Seth Rees, *Jesus is Coming*, 서문.

48) Godbey, *An Appeal to Postmillenialists*, 43.

49) Godbey, *Signs of His Comming*.

50) Godbey, *Bible Theology* (Cincinnati, OH: God's Revivalist Office, 1911), 257.

51) "내가 복음을 부끄러워하지 아니하노니, 이 복음은 모든 믿는 자에게 구원을 주시는 하나님의 능력이 됨이라. 먼저는 유대인에게요 그리고 헬라인에게로다"(롬 1:16). 갓비는 여기서 헬라어의 능력이라는 단어를 그대로 '다이너마이트'라고 사용하고 있다. 같은 책, 258.

52) 같은 책, 275-276.

53) Godbey, *Revelation*, 254.

54) Godbey, *Commentary on the New Testament*, I: 18.

55) Godbey, *Autobiography of W. B. Godbey* (Cincinnati, OH: God's Revivalist Office, 1909). 423-431.

56) Godbey, *Church-Bride-Kingdom* (Cincinnati, OH: God's Revivalist Office, n.d.)

57) Godbey *Autobiography of W. B. Godbey*. 415.

58) Godbey, Bible Theology, 233. "보라 내가 도둑 같이 오리니 누구든지 깨어 자기 옷을 지켜 벌거벗고 다니지 아니하며 자기의 부끄러움을 보이지 아니하는 자는 복이 있도다"(계16:15).

59) Godbey, *Commentary on the New Testament*, I: 70.

60) Godbey, *Second Comming*, 26-27. W. B. Godbey, Revelation, 49. W. B. Godbey and Seth C. Rees, The Return of Jesus, 21. "매일 드리는 제사를 폐하며 멸망케 할 미운 물건을 세울 때부터 일천이백구십 일을 지낼 것이요 기다려서 일천삼백삼십오 일까지 이르는 그 사람은 복이 있으리라"(단 12:11-12).

61) Godbey, *Tribulation Revivals*, 8-10.

62) Godbey, *Purgation of the Celesuats*. 12.

63) Godbey, *Doom of the Damned* (Greensboro, NC: Apostolic Messenger Office, n.d.), 12.

64) Godbey, *The MiJiennium*, 12.

65) Godbey, *Tribulation Revivals*, 8-10.

66) Godbey, *Bible Theology*, 230.

67) 같은 책, 236.

68) 같은 책, 239.

69) 같은 책, 237.

70) 같은 책, 239.

71) 같은 책, 240.

72) Godbey, *Bible Theology*, 247; Tribulation Revivals, 12-15;

73) Godbey, *Second Coming*, 23.

74) Godbey, *Bible Theology*, 249.

75) Godbey, *Great Harvest*, 44.

76) Godbey, *Bible Theology*, 252-253.

77) Godbey, *Sanctified Earth* (Greensboro, NC: Apostolic Messenger Office, n.d.), 22-24.

78) Godbey, *The Bridehood* (Zarephath, NJ: Pillar of Fire, 1918), 27.

79) Godbey, *Revelation, 8.* 그는 "구약성서 예언자들은 모두 그리스도의 초림에서 정점에 이르지만, 다니엘은 예외이고, 그의 예언들은 모두 재림에서 정점에 이른다"고 기록하고 있다.

80) Godbey, *Commentary on the New Testament, Vol. 1. Revelation* (Cincinnati: Revivalist Office, 1898), 7.

81) Godbey, *The Millenium* (Nashville: Pentecostal Mission Publishing Company, n. d.) 26.

82) Godbey, *Church-Bride-Kingdom* (Cincinnati: God's Revivalist Office, 1905).

83) 블랙스톤, 『재림』. 블랙스톤 역시 전천년설의 희망을 갖는 사람은 그리스도처럼 자신을 순결하게 할 것이라고 말하면서 이것이 실제적인 성결임을 역설하고 있다.

84) Godbey, *The Millennium* (Nashville, TN: Pentecostal Mission Publishing Company, n.d.), 11-12.

85) Godbey, *Translation of the New Testament from the Original Greek,* reprint of 1901 edition (Westminster, CO: Belleview College, 1991), 316.

86) Barry W. Hamilton, *William Baxter Godbey: Itinerant Apostle of the Holiness Movement*, Studies in American religion; v. 72. 285.

87) Godbey, *Regenerated Earth* (Greensboro, NC: Apostolic Messenger Office, n.d.), 12-15.

88) Godbey, *Bible Theology*, 240.

89) Godbey, *An Appeal to Postmillenialists*. 14-18.

90) Barry W. Hamilton, 같은 책, 266.

91) Godbey, *An Appeal to Postmillenialists*. 8.

92) Barry W. Hamilton, 같은 책, 287.

93) 빈슨 사이난, 이영훈, 박명수 역, 『세계오순절-성결운동의 역사』, 69.

94) 최인식, 『예수의 바람, 성령의 바람』, 144.

95) Barry W. Hamilton, 같은 책, 287. 갓비는 장로교 목사인 웨스트에게 많은 영향을 받았다.

96) 최인식, 『예수의 바람, 성령의 바람』, 448. 최인식은 현시대를 교회시대. 즉 이방인 시대로 구분하는 재림의 복음이 가진 의의는 교회가 이방인을 위한 구원의 기관이라는 것을 환기한다는데 있음을 지적한다.

97) Godbey, *An Appeal to Postmillenialists*, 53

98) Donald Dayton, "The Fourold Gospel in Global Theological Perspective." (Bucheon, Korea: STU "Global Institute for the Fourfold-Gospel Theology", 2014. 4. 28) 서울신대 글로벌사중복음연구소 창립행사 기념포럼에서 테이튼은 "세계 신학적 관점에서 사중복음"이라는 강연을 하였다. 여기에서 그는 급진적 성결운동가들의 사중복음이 21세기 복음주의를 재해석할 단서를 제공할 것이라고 하며 사중복음의 세계적 중요성을 강조하였다.

99) 몰트만,『오시는 하나님』(서울: 대한기독교서회), 1998. 340-341.

참고문헌

1. W. B. Godbey의 저서들

Godbey, W. B. *The Apocalyptic Angel*. Cincinnati, OH: God's Revivalist Office, 1914.

_____. *Apostasy*. Cincinnati, OB: God's Revivalist Office, n.d.

_____. *An Appeal to Postmillennialists*. Nashville, TN: Pentecostal Mission Publishing Company, n.d.

_____. *Autobiography of W. B. Godbey*. Cincinnati, OH: God's Revivalist . Office, 1909.

_____. *Bible Theology*. Cincinnati, OH: God's Revivalist Office, 1911.

_____. *The Bridehood*. Zarephath, NJ: Pillar of Fire, 1918.

_____. *Church-Bride-Kingdom*. Cincinnati, OH: God's Revivalist Office, n.d.

_____. *Commentary on the New Testament, Vol. 1. Revelation*, Cincinnati: Revivalist Office, 1898

_____. *Gentile Tribulation*. Cincinnati, OH: God's Revivalist Office, n.d.

_____. *The Great Harvest*. Nashville, TN: Pentecostal Mission Publishing Company, 1909.

_____. *The Millenium*(Nashville: Pentecostal Mission Publishing Company, n.d.) 26.

_____. *God's Triple Leadership*. Nashville, TN: Pentecostal Mission Publishing Company, n.d.

_____. *Prophecies Fuifilled*. Greensboro, NC: Apostolic Messenger Office, n.d.

_____. *Regenerated Earth*. Greensboro, NC: Apostolic Messenger Office, n.d.

_____. *The Return of Jesus*. Cincinnati, OR: God's Revivalist Office, 1898.

_____. *Sanctified Earth*. Greensboro, NC: Apostolic Messenger Publishing Company, n.d.

_____. *Second Coming*. Cincinnati, OR: God's Revivalist Office, n.d.

_____. *Signs of His Coming*. Nashville, TN: Pentecostal Mission Publishing

Company, n.d.

_____. *Translation of the New Testament.* Westminster, CO: Belleview College, 1991[1901].

_____. *Tribulation Revivals.* Greensboro, NC: Apostolic Messenger Office, n.d.

2. 그 외 저서 및 논문들

Marvin. Pate, C. 『요한복음을 이해하는 네 가지 견해』. 서울: 아가페, 1999.

글로벌사중복음연구소 편, 『19세기 급진적 성결운동가들의 생애와 사상』. 서울: 도서 출판 사랑마루, 2014.

노만 콘/김승환 역. 『천년왕국운동사』. 서울: 한국신학연구소, 1993.

다비. 존 넬슨/이종수 역 『요한계시록』. 서울: 형제들의 집, 2009.

도널드 W 데이턴/조종남 역. 『오순절운동의 신학적 뿌리』. 서울:대한기독교서회, 1992.

마틴 냅/남태욱외 3인 역. 『하나님의 오순절 번갯불』. 서울: 사랑마루, 2015.

목창균. "블랙스톤과 왓슨의 재림론 비교연구", 『성결교회 교리와 신학』. 서울: 대한기 독교서회, 2012.

_____. 『종말론 논쟁』. 서울: 두란노, 1998.

몰트만. 김균진 역. 『오시는 하나님』. 서울: 대한기독교서회, 2004.

박명수. 『근대복음주의의 주요 흐름』. 서울: 대한기독교서회, 1998.

보캄. 필찬 역. 『요한계시록 신학』. 서울: 한들출판사, 2013.

블랙스톤. 박명수, 박도술 역. 『재림』. 서울: 도서출판 은성, 1999.

빈슨 사이난. 이영훈, 박명수. 『세계 오순절성결운동의 역사』. 서울: 서울말씀사. 1997.

이무용 외 옮김, 『묵시문학의 기원』. 서울: 크리스찬다이제스트, 1996.

이형기, 『역사속의 종말론』. 서울: 대한기독교서회, 2004.

조지 마스든. 박용규 역. 『근본주의와 미국문화』. 서울: 생명의 말씀사, 1997.

최인식, 『예수의 바람, 성령의 바람』. 서울: 도서출판, 사랑마루, 2014.

폴 R. 에디, 그레고리 A. 보이드 저, 『복음주의신학 논쟁』 박찬호 역. 서울: 기독교문서 선교회(CLC), 2014.

한국조직신학회. 『종말론』. 서울: 대한기독교서회, 2012.

Blackstone. W. E. *Jesus is coming.* Fleming H. Revel Company, 1916.

Brown, Kenneth. O. "John Wesley: Post or Premillennialist?" *Methodist History Journal*, 28(October 1989).

Collected Writings, "Divine Mercy in the Church and towards Israel," in *Prophetic* No. 1. vol. 2, 122.

Collected Writings. "The Dispensation of the Fullness of Times," in *Critical* No. 1. vol.

Godbey. W. B. & Rees, Seth C. *The Return of Jesus*, Cincinnati, OH: Revivalist Office, 1898.

Hamilton, Barry W. *William Baxter Godbey: Itinerant Apostle of the Holiness Movement, Studies in American religion*. v. 72. Lewiston-Queenston- Lampeter; The Edwin Mellen Press, 2000.

Hanson, A. T. "Eschatology", *Dictionary of Christian Theology*, ed. Alan Richardson.

Hanson. Paul D. *The Dawn of Apocalyptic*. Philadelphia: Fortress, 1975.

Hills, A. M. *A Hero of Faith and Prayer: or Life of Martin Wells Knapp*. Noblesville, In: Newby Book Room, 1973.

Knapp, Martin Wells. *Lightening Bolts from the Pentecostal Skies*. Cincinnati: God's Bible School Book Room, 1898.

Marsden, George M. *Understanding Fundamentalism and Evangelicalism*. Michigan: W. M. Eederman Publishing, 1991.

Nathaniel, West. *John Wealey and Premillennialism*. Cincinnati: God's Revivalist, 1894)

Pickett, L. L. *The Blessed Hope of His Glorious Appearing*. Loisville: Pentecostal Publishing. Co, 1901.

Ryrie, Charles C. *The Basis of the Premillennial Faith*. Dubuque. Iowa: ECS Ministries, 2005.

Watson, George D. *Steps to the God's Throne*. Cincinnati: Revivalist, 1898.

윌리엄 갓비의 재림론

윌리엄 갓비(W. B. Godbey, 1833-1920)는 19세기 미국에서 활동한 급진적 성결운동가였다. 본 논문은 급진적 성결운동에서 전천년설의 기수로 활동했던 갓비의 재림론을 그의 저서를 중심으로 연구하였다.

갓비는 1868년 성령세례를 경험한 이후 교파적 한계를 초월하여 후천년설에서 전천년설로 그의 입장을 바꾸었다. 갓비는 수많은 부흥사역을 통해 복음을 전하며, 성경을 가르치고 저술 활동을 하여 성결운동에 지대한 영향을 주었다. 그는 냅(M. Knapp)이 창립한 만국성결연맹(National Holiness Association & Prayer League)에 참여하여 저술과 성경공부, 부흥회를 통해 전천년설을 이끄는 급진적 성결운동의 기수가 되었고, 특별히 후천년론자들과의 논쟁에 앞장섰다. 그는 주님의 임박한 재림을 확신하며, 노년까지 열정적으로 전 세계를 다니며 성결의 복음과 더불어 주님의 재림을 선포하며 성도와 교회를 준비시키는데 헌신하였다. 갓비는 성결운동에 전천년재림론에 대한 성경적인 근거를 제공하며, 성결연합운동과 선교의 중요성을 역설하였다.

갓비의 재림론은 세대주의적 전천년설의 영향 속에서도 분명한 성결운동적인 특징을 보여준다. '성결 체험'과 더불어 재림하시는 '주님을 대망하며 준비하는 삶'을 강조하는 갓비의 종말론은 '성결전천년설'이라 부를 수 있다. 그는 성결운동을 재림과 연결 짓고 성화론과 종말론이 불가분의 관계임을 주장하며, 종말론적 지평을 확대시키고 있다. 또한 그는 주의 재림을 우주적인 차원으로 바라보며, 성결 역시 지상에서도 또한 우주적으로도 실현될 것이라 기대하였다. 갓비에게 주의 재림은 범우주적인 스케일의 천년왕국과 하나님의 나라의 완전한 회복 그리고 성결론과 교회론, 선교와 연합운동을 한데 아우르는 정점이 된다.

갓비의 '성결전천년설'의 의의는 다섯 가지로 짚어 볼 수 있다. 첫째는 종교개혁의 정신을 잇는 삼위일체 하나님 중심주의를 표방한다. 둘째는 칼빈주의와 알미니우스주의의 연합으로서 종말론의 신학적 지평을 확대하였다. 셋째는 갓비의 종말론은 교회론과 성결연합운동을 연결시키는 핵심이다. 넷째는 구원의 여정에서 재림의 영성으로 성결을 체험하여 영적 성장을 추구하도록 한다. 다섯째, 그는 종말론이라는 주제아래 중생, 성결, 신유를 포함한 온전한 구원의 복음을 제시한다. 이는 하나님 나라의 온전한 복음(full Gospel)이다.

| 주제어 |

갓비의 재림론, 성결전천년설, 온전한 복음, 급진적 성결운동, 종말론

Abstract

A Study on the Holiness Premillennialism of W. B. Godbey

Chang, Hye-Sun

Researcher, Global Institute of the Four-fold Gospel Theology

W.B. Godbey(1833-1920) was a radical Holiness Movement crusader who was active in America in the 19th century. This paper did research on The Second Coming of Jesus Christ held by Godbey, who was a vanguard of Holiness premillennialism in a radical Holiness Movement, with focus on his book.

Godbey switched his position from postmillennialism to premillennialism rising above limitations of denomination after experiencing the baptism of the Holy Spirit in 1868. Godbey had a profound effect on Holiness Movement by spreading the gospel, teaching the Bible, and writing activity through numerous revival ministry.

Godbey became a vanguard of a radical Holiness Movement leading premillennialism through writing, Bible study and revival assembly by participating in the National Holiness Association & Prayer League(NHAPL) founded by

M. Knapp, especially taking the lead in argument against postmillennarians. He dedicated himself to getting holiness peaple and churches ready for Jesus'Advent, being convinced of Jesus' Second Coming, promulgating Jesus' Second Coming along with the gospel of Holiness, and going all over the world passionately until old age. Godbey put emphasis on the importance of holiness associated movement while providing biblical grounds for premillennialism to Holiness Movement.

Godbey's view of the Second Coming clearly shows the Holiness Movement-based characteristics even under the influence of dispensionalistic premillennialism. The Eschatology of Godbey, emphasizing 'preparation of Jesus Comming' and 'experience of holiness', can be called 'Holiness premillennialism.

Godbey is extending the apocalyptic horizon while linking Holiness Movement to the Second Coming, and arguing that Sanctification and Eschatology are in an inseparable relation, Also, he viewed Jesus' Second Coming from a cosmic level, and anticipated that Holiness would be realized also cosmically on the ground as well. To Godbey, Jesus' Second Coming culminated in perfect restoration of the Millennium and kingdom of God in a pan-cosmic scale, Holiness theory and Ecclesiology, and mission & association movement in one place.

It's possible to point Godbey-argued significance of Holiness premillennialism in five sorts. First, it claims to advocate the Trinitarian-God- Centrism inheriting the spirit of the Reformation. Second, it widened the theological horizon of Eschatology through association of Calvinism and Arminianism. Third, Godbey's eschatology is the core of the link between Ecclesiology and Holiness Association Movement.

Fourth, it makes it possible for saints to pursue spiritual growth by experiencing holiness from the itinerary of Salvation to spirituality of the Second Coming. Fifth, Godbey suggests the Full gospel of Salvation including Born-again, Holiness and Healing under the topic of Eschatology. It's a full Gospel of the kingdom of God.

| Keywords |

Godbey's Eschatology, Holiness premillennialism, Full Gospel, Radical Holiness Movement

앨버트 심프슨의
『사중복음』에 담긴 재림론

Christ's Second Coming in A. B. Simpson's Fourfold Gospel

문 우 일

(서울신학대학교)

앨버트 심프슨의 『사중복음』에 담긴 재림론

I. 서론

이 논문의 목적은 심프슨(Albert Benjamin Simpson, 1843-1919)의 『사중복음』四重福音, *The Fourfold Gospel* 가운데 네 번째 복음인 "재림"을 소개하는 것으로서, 필자의 선행연구인 "A. B. 심프슨과 아시아선교"를 보완하고 보충한다.[1] 심프슨은 "사중복음"이라는 용어를 창안하고, 『사중복음』*The Four-fold Gospel*이라는 책을 쓰고, 사중복음 신학을 정립하고, 그것을 전도표제로 하여 "신앙선교"(faith mission)를 독려하고, 19세기말의 오순절운동과 성결운동에 기여한 인물이다.[2] 심프슨의 사중복음은 성경에 뿌리박은 기독론적 인간 구원론으로써 인간의 본질을 직관하고 요약하여 구원의 방편을 기독론적으로 제시하는 실질적인 신학체계일 뿐 아니라, 세계 복음화 및 세계선교와 밀접한 연관이 있다. 심프슨의 재림론은 사중복음 4막 드라마의 대미를 장식하며, 그리스도가 인류 구원을 기필코 완성하리라는 확고한 신앙과 열망, 시대적 사명을 완수하려는 의지, 그리고 고통 중에 있는 인류에 대한 고양된 책임과 사랑이 절절이 묻어나는 신학 체계다. 심프슨의 사중복음은 비록 그 형성 과정에서 개인적 신비 체험이 주요 동기가 되었을지라도, 그 자체로는 특수 체험이나 교리가 아닌 인류 보편적 역사와 성경 본문에 호소하고 있다. 그가 비록 장로교 배경에서 자랐고 장로교에서 담임목회를 했더라도, 고난 받는 이웃을 품지 못하는 당시 장로교회의 한계를 발견하고 그로부터 독립했을 뿐 아니라, 장로교 교리에 얽매이지 않고 확신한 바에 따라 사상을 전개했으므로, 그의 글과 사상은 교파를 초월하여 확산되었다.[3] 데이튼(Donald W. Daton)에 따르면, 특별히 오순절운동은 심프슨에 빚지고 있으며, 오순절운동의 네 가지 특징(중생, 성결, 신유, 재림)을 요약하여 그 정점을 찍은 것이 바로 심프슨의 사중복음이라고 한다.[4] 오순절운동에 대한 심프슨의 영향이 컸으므로, 어떤 이들은 오순절운동을 심프슨의 "기독교연합선교회"(Christian and Missionary Alliance, 이하 C&MA)의 일부라고 생각했다.[5] 그러므로 심프슨의 사중복음은 오순절운동이 구가한 사상들을 집약한 첫 열매라 해도 과언은 아니다.

심프슨은 성결교회 형성과정에도 지대한 영향을 끼쳤다. 데이튼과 목창균에 따르면, "만국성결연합 및 기도연맹"(International Holiness Union and Prayer League)의 공동설립자 냅(Martin Wells Knapp)과 리스(Seth Rees)는 심프슨의 영향을 받았다.[6] 이 단체는 1897년에 냅의 집에서 시작하였고 리스가 초대 회장이었는데, 리스 부부는 심프슨의 열렬한 추종자로서 "기독교연맹"(Christian Alliance) 미시간 지부장과 총무직을 담당했다.[7] 또한 동양선교회의 공동설립자 카우만(C. E. Cowman)과 길보른(E. A. Kilbourne)도 심프슨에게 영향을 받았다. 카우만 부부는

1894년에 무디(Dwight L. Moody, 1837-1899)의 교회에서 심프슨의 설교를 듣고 신앙선교를 결심했으며, 카우만 여사는 심프슨의 말을 자주 인용했다.[8] 길보른은 심프슨을 위한 조의문에서 심프슨에게 배운 사실을 밝히고 그에 대한 각별한 존경심을 표했다.[9] 물론 사중복음의 내용 전체를 심프슨이 고안한 것은 아니고, 이후 사용된 사중복음의 내용이 심프슨의 사중복음과 완벽하게 일치하는 것도 아니다. 그러나 "사중복음"이라는 용어를 처음 사용한 것은 심프슨이고, 이후 발전한 사중복음의 사상들이 상당 부분 심프슨에 의존하므로 심프슨을 말하지 않고 사중복음을 논하기는 어렵다고 할 수 있다.

이처럼 오순절운동과 한국성결교회 형성에 심프슨이 끼친 영향이 지대했음에도 불구하고 목창균의 지적대로 심프슨에 대한 기존의 평가는 충분하지 못했다.[10] 그러므로 이 논문은 심프슨에게 주목할 필요성을 환기시키되, 지면의 한계로 심프슨의 생애와 사상 전체를 다루지는 못하고, 사중복음 가운데 "재림"에 집중하겠다. 심프슨의 재림론에 집중한 국내 선행연구는 성기호의 논문이 유일한데, 성기호는 사중복음이라는 거대 맥락에서 재림을 부수적으로 다루는 편이며, 심프슨의 재림 사상 자체를 소개하기보다는 자신의 의견을 중심으로 다루는 경향이 있다.[11] 따라서 이 논문은 무엇보다 심프슨의 글을 중심으로 그의 재림 사상 자체를 소개하는 데 집중하겠다. 이어서 심프슨의 재림 사상이 기독교대한성결교회 헌법이 명시하는 재림 조항과 어떤 관계에 있는가를 간략히 분석하겠다. 심프슨의 재림 사상이 한국 성결교회와 후대 기독교 사상에 어떤 영향을 끼쳤는가에 관한 더 자세한 논의들이 이어지기를 기대한다.

II. 심프슨의 생애

심프슨의 생애는 목창균(2012), 조귀삼(2004), 박명수와 박도술(1999) 등이 국내에 소개하였고, 필자도 전술한 논문에서 사윈(John Sawin)의 기록에 의존하여 비교적 자세하게 다루었다.[12] 그러므로 여기서는 필자가 수행한 심프슨에 관한 선행연구를 바탕으로 하되, 심프슨의 재림 사상을 소개하는 데 필요한 부분을 중심으로 간략하게 다루겠다.[13]

심프슨은 1843(또는 1844)년 12월 15일에 캐나다의 프린스 에드워드섬 베이뷰에서 태어났다. 장로교회의 장로였던 아버지와 신실한 신자였던 어머니의 9남매 중 넷째 자녀이자 셋째 아들이었다. 고등학교 입학 전까지 형과 함께 은퇴 목사들에게 라틴어와 헬라어 등을 배웠다. 1858년에는 회심을 경험했는데, 아일랜드인 기네스(Henry Grattan Guinness, 1835-1910)의 집회를 통해서였다. 17세에 심프슨은 장로교 사역자 소양 시험을 치렀고, 캐나다 녹스대학에 입학했다. 1865년에는 대학을 졸업하고 목사안수를 받았으며, 결혼 후에 해밀턴 녹스장로교회의 담임목사가 되어 교회를 부흥시켰다. 1874년 1월에는 녹스교회를 사임했고, 미국 루이빌의 체스닛 장로교회에 담임목사로 부임했다. 심프슨은 경제적으로 넉넉한 여건으로 사역했으나, 당시 남북전쟁의 후유증으로 교회는 영적 침체에 빠져 있었다. 1874년에 심프슨은 보드먼(William E. Boardman, 1810-1885)의 『고상한 그리스도인의 삶』 The Higher Christian Life(1858)을 읽고 성결을 체험했는데, 보드먼은 케직운동의 지도자였다.[14] 심프슨은 무디가 후원하는 집회에 참석하기 위하여 1,000마일을 여행하여 시카고에 간 적이 있으나 무디보다 예수가 중요함을 절실하게 깨닫고 되돌아 왔다고 한다. 후에 심프슨은 무디와 피어선(A. T. Pierson)을 비롯한 당대 최고의 부흥운동가들과 동역하며 순회 전도 집회를 이끌었다.

심프슨은 1877년에 와킨스 글렌(Watkins Glen)에서 열린 "신자대회"(The Believers' Conference)에 참석하고 시카고에 갔다가 환상을 보게 된다. 환상 속에서 심프슨은 큰 강당 안에 있었고, 많은 이방인들에게 둘러싸여 있었는데, 그 중 대부분은 중국인들 같았다. 환상을 동반한 성령 체험으로 말미암아 심프슨은 온몸이 떨렸고, 무릎을 꿇고 중국선교에 대한 부름에 헌신할 것을 결단했다.[15] 이 사건을 계기로 심프슨은 선교, 특히 중국선교에 매진했으나, 기네스의 경우처럼 중국선교사가 되지 않고 중국에 선교사를 파송하였으며, 중국을 여러 차례 방문했다.

1879년 11월에 심프슨은 뉴욕시 13가 장로교회에 부임하여 초교파 전도지 「온 땅을 위한 복음」 The Gospel in All Land을 창간했다. 그는 가난한 이민자들에게 전도했으나, 장로교회는 이민자들을 거부했다. 1881년에 심프슨은 심장병을 앓다가 컬리스(Charles Cullis)의 강연을 들은 이후에 성령을 통하여 신유를 체험했다. 이후에 그는 장로교회를 사임하고, "복음성막"(The Gospel Tabernacle)을 설립하여 초교파 활동을 시작했다. 1882년에는 선교 전문 잡지인 「말씀, 사역, 그리고 세계」 The Word, Work and World를 발행하였고, 1883년에는 나약대학(Nyack College)의 전신인 "뉴욕선교사훈련원"(New York Missionary Training Institute)을 설립했다. 1887년에는 "옛 과수원 대회"(Old Orchard Convention)에서 "그리스도 복음의 사중 신비"(Fourfold Mystery of the Gospel of Christ)를 설파하고, 『사중복음』이라는 책을 출판했다. 또한 두 개의 단체(The Christian Alliance; The Evangelical Missionary Alliance)를 창설했는데, 1897년에 그 두 단체를 "기독교연합선교회"(The Christian and

Missionary Alliance, 이후 C&MA)로 통합하였다.

III. 사중복음과 배경

1. 사중복음

심프슨의 사중복음은 다음과 같다:

그리스도 우리 구원자	Christ Our Saviour
그리스도 우리 성결자	Christ Our Sanctifier
그리스도 우리 치료자	Christ Our Healer
그리스도 우리 오시는 주님	Christ Our Coming Lord

사중복음의 각 복음은 모두 "그리스도"로 시작한다. 그 다음에 "우리"가 오고, 마지막에 인간과의 관계에서 그리스도를 정의하는데, 그리스도는 우리의 구원자, 성결자, 치료자 그리고 재림주가 되신다. 즉, 사중복음의 각 복음은 그리스도-인간-그리스도의 구조로 되어 있다. 사중복음은 심프슨이 일생을 통하여 성령을 체험한 순서와 삶을 반영하는데, 그것은 중생, 성결, 신유의 체험과, 재림하실 주님을 소망하며 복음전파에 매진한 삶이다.

2. 사중복음의 배경

1) 밴 더 월(Burnie van de Walle)의 입장

사중복음은 당대 복음주의 사조들을 요약하고 비판적으로 재해석한 결과물이다. 밴 더 월(Burnie van de Walle)은 심프슨에게 영향을 끼친 19세기말 복음주의 특징들을 다음 네 가지로 요약했다.[16] 첫째, 부흥운동이다. 영국의 웨슬리(John Wesley)와 윗필드(George Whitefield), 미국의 피니(Charles Finney)와 무디 등이 주도한 18, 19세기 부흥운동은 신학발전과 신앙부흥을 촉진했으며, 야외 집회를 통해 교회에 오지 않는 이들을 중생으로 이끄는 위업을 달성했다. 그러나 부흥운동의 폐단도 있었는데, 특히 피니 이후부터 설교자의 초청에 응하여 결신했느냐의 여부로 구원 여부를 판단하거나 결신자의 수로 집회의 성공 여부를 판단하는 경향을 보였다고 한다. 또한 중생과 구원을 혼동하거나, 구원을 얻기 위해 하나님으로부터 중생이라는 물건을 받아내려는 사람들도 있었다고 한다.

둘째, 성결운동이다. 요한 웨슬리의 성결운동은 19세기 미국에서 파머 자매(Sarah Lankford Palmer, Phoebe Palmer), 피니(Charles Finney), 마한(Asa Mahan), 유팸(Thomas Upham), 보드맨(William Boardman), 스미쓰(Hannah Whittal Smith) 등을 통해 다시 점화되었는데, 그 모양은 다양했으나 대체로 "성화"를 강조했다. 그러나 하나님은 선택된 소수만이 아니라 모든 하나님의 백성이 성결케 되기를 원하신다는 주장은 율법주의로 변질하여 복종을 강요하기도 했다. 또한 성화를 결점 없이 성공하거나 구원받는 능력으로 오해하여, 그것을 하나님으로부터 받아내야 할 물건처럼 여긴 사람들도 있었다고 한다.

셋째, 신유운동이다. 19세기에는 성속을 막론하고 질병 치료에 관심을 보였으며, 리스터(Joseph Lister), 파스퇴르(Louis Pasteur), 펨버톤(John Pemberton), 에디(Mary B. Eddy), 와이트(Ellen G. White) 등이 활약했는데, 이를 비판·수용한 것이 신유운동이다. 신유운동은 스위스 뫼네도르프 마을에서 진원하여 북아메리카의 컬리스(Charles Cullis), 고든(A. J. Gordon), 심프슨(A. B. Simpson), 도위(John Alexander Dowie) 등으로 이어졌다. 당시에 "위-영지주의"(pseudo-Gnosticism)가 만연하여 "몸"을 비하했으나, 신유운동은 몸과 영혼 모두 하나님의 좋은 피조물로서, 그리스도 십자가 구속은 영의 중생과 몸의 회복을 위한 전인적 구속이며 현재에도 유효함을 강조했다고 한다. 그러나 갖가지 물질이나 기도, 믿음 등으로 만병을 통치하려는 이들 때문에 병이 악화되거나 사망하기도 했으며, 건강 회복을 위해 하나님께 신유를 받아내려는 이들도 있었다고 한다.

넷째, 전-천년재림설이다. 18세기말과 19세기초의 복음주의 종말론은 도덕·사회적으로 세상이 발전한다는 후-천년재림설이 우세했으나, 프랑스혁명과 미국 남북전쟁을 계기로 19세기말에 전-천년재림설이 강조되었다. 전-천년재림설은 "성경과 예언 모임"들을 통해 확산되었고, 다비(John Nelson Darby)의 세대주의를 낳았는데, 세상의 도덕, 사회, 종교가 점차 타락하므로 예수께서 재림 왕으로 오셔야 한다는 내용이다. 전-천년재림설이 퍼지자, 대중들은 종말론적 징후들은 무엇이고, 짐승들, 용들, 적그리스도는 누구인가에 관심을 모았고, 휴거되어 좋은 세상에 가기 위하여 하나님께 약속을 받아내려는 이들도 있었다고 한다. 심프슨의 체험 신학은 무에서의 창조가 아니라 위에 열거한 네 가지 신학운동들에 대한 비판적 대응이며, 여러 역사적 사건들과 사조들을 살피고 해석한 결과물이라고 밴 더 월은 바르게 지적한다.

2) 아시아선교, 특히 중국선교에 대한 열망

밴 더 월이 정리한 네 가지 배경에 더하여 필자는 심프슨이 사중복음을 주창한 배경에는 세계선교, 특히 아시아선교, 그 중에서도 중국선교를 효과적으로 수행하려는 열망도 있었다고 제안한 바 있다.[17] 심프슨은 서양에 밀려온 아시아사상에 대항하여 복음을 변증하려 애썼고, 중국을 복음화하기 위하여 각고의 노력을 기울였다. 심프슨이 중국에 관심을 가진 것은 전혀 놀라운 일이 아니다. 전술했듯이 심프슨은 15세에 기네스의 집회를 통해 회심했는데, 기네스는 영국인 중국 선교사 테일러(Hudson Taylor, 1832-1905)와는 사돈지간으로서, 아일랜드 부흥운동을 주도했을 뿐 아니라, "동런던 선교사 훈련원"(East London Missionry Training Institute)을 세워 세계선교, 특히 중국선교를 후방에서 지원한 인물이다.[18] 심프슨은 기네스가 박식하고 안전한 종말론을 전개한다고 격찬했다. 심프슨의 연맹은 1881년과 1905년에 기네스의 종말론 서적에 대한 서평들을 출판했는데, 심프슨은 기네스가 쓴 『다가오는 말세에 대하여』 The Approaching End of the Age 및 『마지막 날들을 위한 빛』 Light for the Last Days을 선지자적인 책이라고 추천했다.[19] 또한 심프슨은 테일러 및 "중국내지선교회"(china Inland Mission, 이하 CIM)와도 직접 교류했다. 비록 CIM은 C&MA 선교사들을 회원으로 인정하지는 않았으나, 테일러는 심프슨을 직접 방문했고, 심프슨도 여러 차례 중국에 있는 테일러를 방문했다.[20]

중국에 대한 관심은 심프슨 개인적 차원을 넘어 시대적 흐름이기도 했다. 19세기말에 동서의 문화적 교류가 활발해지자 아시아에서 유래한 세 가지 종교, 즉, 불교, 유교, 모하메드교 등이 서양에 소개되었고, 심프슨은 이 종교들을 기독교의 진리를 방해하는 "거짓 종교"(false religions)라고 정의했다.[21] 이 종교들 가운데 불교가 가장 활발하게 미국에 소개되었는데, 불교는 크게 두 방향으로 미국에 들어왔다. 동부로 들어온 불교는 대개 사상가들을 통해 학문적으로 소개되었고, 서부로 들어온 불교는 아시아 이민자들을 통해 대중적으로 소개되었다.[22] 선교사들과 상인들을 통해서도 불교가 소개되었다. 당시 중국과 일본에서 강세를 보인 불교는 대승분파 가운데 아미타경을 바탕으로 한 정토교였는데, 정토교는 아미타불이 중생들을 고해(苦海)의 바다에서 구원하고 치료하여 영원한 서방정토(西方淨土)로 인도한다고 가르쳤다.[23] 정토교는 다른 불교 분파들처럼 구원의 기작(機作: mechanism)으로써 "사성제"(四聖諦)를 제시했고, 여기에 대승적 요소를 가미하여 아미타불을 통해 속세의 집착에서 벗어나 "공"(空)의 경지에 이르고(theory of nothingness), 사후에 서방정토에 다시 태어나야 한다고 가르쳤다. 이런 불교적 요소들이 직접적으로 서양에 소개되었을 뿐 아니라, 다양한 형태로 혼합되어 교회 내부까지 침투했다.

불교와 여러 사상들이 혼합된 대표적인 형태들은 "기독교과학"(Christian Science)과 "신지학"(theosophy)이었다.[24] 이 둘은 영성(spirituality)을 키우면 몸의 병과 고통조차도 비실제적인 것이 된다고 강조함으로써 영지주의(Gnosticism) 성향을 나타냈다. 2세기 영지주의가 기독교에 위협적이었던 것과 유사하게 19세기말의 혼합주의적 영성운동도 몸과 영과 혼을 포함한 전인적 구원을 골자로 하는 기독교 구원론의 근간을 뒤흔들었다. 또한 불교의 서방정토 사상은 예수 그리스도가 전한 하나님나라 사상과 충돌했으며, 인간을 구원하고 치료하기 위해 도래한다는 아미타불 사상은 그리스도를 통한 구원과 신유 및 그리스도의 재림 사상과 공존하기 어려웠다. 심프슨과 기독교연합선교회는 아시아 종교들과 혼합주의에 대항하여 복음을 변증하는 글들을 잇달아 출판하고 강연을 이어갔는데, 이 시기를 전후하여 사중복음이 탄생한 것이다.[25]

반-복음적 미신에 사로잡혀 영벌의 구렁텅이로 빠져드는 무수한 아시아인들, 특히 중국인들을 구원해야 한다는 절박성이 서양 복음주의 진영에 팽배해졌고, 그리스도의 재림을 앞당기기 위하여 땅 끝 아시아와 아프리카로 신앙선교를 떠나는 서양 선교사들이 급증했다. 심프슨은 테일러, 기네스, 피어선 등과 함께 최전방에서 신앙선교를 독려했다. 심프슨은 아시아선교가 시대적 요청이라 굳게 믿었고, 유럽 및 미국 복음화가 번영을 가져온 것처럼 아시아, 특히 중국 복음화는 전 세계를 지적·영적으로 진보시킬 것이라고 확신했다:

> 2억이나 되는 아프리카인들을 보라. 하나님께서는 그들의 후손 800만 내지 1,000만명을 우리나라(미국, 필자 주)에 이 강한 민족의 인질로 놓아 두셨다. 하나님께서는 기독교 국가들에게 그들을 식민지로 소유하도록 하심으로써 강력한 신탁통치의 권한을 주셨다. … 힌두 백성들을 보라. 하나님의 섭리 안에서 영국은 그들의 자유를 수호해 주는 자요, 영국의 그리스도인들은 비록 미개하기는 하지만 그래도 가장 재능이 있는 이 백성들에게 새 영과 구원의 풍성한 축복을 주는 하나님의 청지기가 되게 하셨다. 또한 우리가 중국에 대하여는 무슨 말을 할 것인가? 중국은 우리의 가장 가깝고도 가장 강력한 이웃으로서 태평양 연안에 우리와 대면하고 있다. 중국 백성들은 자기 나라를 위한 인질로 우리에게 왔다. 중국과의 무역은 우리의 기업체들을 끌어들이고 있다. … 하나님

께서 단 1세기 동안에 이 대륙(아메리카, 필자 주)에서 1억의 사람들에게 그렇게 많은 일들을 능히 이루실 수 있었을진대는, 이제 막 생과 진보와 지적 영적 능력의 모든 가능성에 대해 잠을 깨기 시작한 보다 광대한 아시아 대륙, 그리고 훨씬 더 많은 사람들에게 복음을 통하여 얼마나 더 큰 일을 이루실 수 있으시겠는가? 그것이 바로 종교개혁이요 영적 삶의 빛이다. 그것은 현대의 유럽에 이루어졌고, 다음에는 아메리카에 이루어져 그 지적 정치적 부흥을 주지 않았던가? 그리고 이제 동양 세계를 밝히며 중국, 인도와 일본의 지성을 현재 우리들 (미국)의 지성보다 훨씬 더 높게 올려 놓으려고 하신다. … 이는 우리(미국)의 지성이 중세 유럽의 암흑시대의 생활보다 높다는 사실에 비추어 추리할 때 동양의 지성이 우리 미국의 지성을 능가하게 될 것이라고 단정할 수 있는 것이다.[26]

심프슨은 19세기말 미국 복음주의 성결운동과 세계 선교에 지대한 영향을 끼쳤고, 한국 성결교회 형성에도 직·간접적으로 적지 않은 영향을 끼쳤다. 최근의 연구들은 갓비(William Baxter Godbey)가 한국 성결교회 형성에 상당한 영향을 끼쳤다고 제안하는데, 갓비 역시 심프슨을 매우 중요하게 다루었다:

"내가 보니 다른 천사가 공중에 날아가는데 … 선포할 영원한 복음을 가졌더라"(계 14:6). 선지자적 통찰로 보건대, 여기서 말하는 "천사"는 바로 현재의 성결운동임이 분명하다. 천사는 성결 교리뿐 아니라, 주님의 다시 오심도 선포할 사명을 받았으며, 주님은 다시 오셔서 악한 이방인들과 타락한 교회들을 심판하고 세상을 하나님만 예배하도록 회복시키실 것이다. 이 장에서 우리는 이 성결의 복음과 주님의 재림이 성결한 사람들에 의하여 만국에 선포된다는 사실을 알 수 있다. 테일러(Bishop Taylor)는 1,200명의 선교사를 이방 땅에 보냈고, 테일러(Hudson Taylor)

는 800명을, **심프슨**(Albert B. Simpson)은 400명을, 부쓰(General Booth)는 12,000명을 보냈는데, 이들 모두 온전한 성화를 선포하는 설교자들이다. 이들 네 사람은 성화된 설교자들로서, 1달라도 없이 14,400명의 선교사를 지구상의 거의 모든 나라에 파송하여 성결의 복음을 선포하였다. 성결운동이 급료도 받지 않은 채 이방 땅에 보낸 선교사들의 수는, 지구상의 모든 교회가 마차에 가득 실을 만큼의 금과 은을 써서 보낸 선교사들의 수보다 훨씬 많다. 남성들과 여성들이 재정적 후원도 받지 않은 채 만국에 온전한 성화의 영원한 복음을 선포하기 위하여 땅 끝으로 날아가고 있는 것이다. 지난해에 나는 22센트도 없이 선교 여행을 떠나 22,000마일을 다녔다.[27]

여기서 갓비는 요한계시록 14장 6절을 주석하면서 심프슨을 하늘의 천사에 비유했다. 갓비는 계시록에 등장하는 144,000이라는 숫자에 맞추어 19세기 성결운동가들이 파송한 선교사들의 수를 14,400명이라고 제시한다. 현대의 비평적 시각에서 이런 해석은 "문자주의"라기보다 "자의적 해석"에 가깝다고 해야 할 것이다. 계시록의 천사(사자)를 성결운동가로 영해했으니, 문자주의는 분명히 아니다. 이 외에도 갓비는 마가복음 3:13-19절을 해석할 때 심프슨을 언급하는데, 선교사 파송 전에 철야 기도하는 심프슨을 예수님에게 비유한다. 심프슨에 대한 갓비의 무한한 신뢰가 묻어나는 대목이다.

어떤 이들은 갓비가 헬라어를 비롯한 고전학을 공부하고, 시내산 사본을 입수하여 번역하고, 수많은 성서주석을 집필한 사실을 바탕으로 갓비를 전문 성서학자로 보려 한다. 그러나 갓비 연구의 권위자 해밀턴(Barry W. Hamilton)이 관찰하고 분석한 바에 따르면, 갓비의 성서해석 수준은 "당시 대학(신학대학) 졸업자 수준"을 크게 벗어나지 못한 정도였다.[28] 더구나 갓비의 성서주석들은, 그의 시력이 약했다하더라도, "하나님의 성경학교" 학생들이 대필한 경우가 많았고, 갓비 자신의 정교한 신학 작업의 결과라고 보기 어렵다. 이와는 대조적으로 심프슨은 고등학교 입학 전부터 헬라어 개인교습을 받았고, 녹스대학 재학 시절 고전어 시험과 신학 논문 대회에서 우승할 만큼 신학적 소양과 실력이 남달랐다. 갓비와 달리 심프슨은 극단적 문자주의나 자의적 해석에 치우치지 않은 균형 잡힌 성서해석을 지향했다. 그는 성서주석과 신학서적을 포함하여 101권의 책을 저술했으며, 시대적 요청에 민감하게 반응한 예리한 학술논문들과 기사들과 설교들을 무수히 쏟아냈고, 찬송가와 시를 지었으며, 사중복음을 정의했다. 1880년까지 심프슨은 무디가 인도하는 집회에 참석하는 수준의 인물이었으나, 1893년 6월 4일부터 10월 19일까지 개최한 "만국박람원정"(World's Fair Campaign)에서 심프슨은 무디, 피어선, 스코필드(C. I. Scofield) 등과 주요 설교자로 동역할 만큼 그 영향력이 커졌다.[29]

IV. 심프슨의 재림론

심프슨은 재림의 복음이 사도들이 전한 바요, 성경에 기록된 것이라고 강조한다(고전 15:1; 벧전 1:5; 요일 3:2,3). 심프슨에게 재림은 앞의 세 가지 복음(그리스도 우리 구원자, 성결자, 치료자)의 절정이요 완성이며, 타락한 세상에서 슬픔 가운데 있는 인간들에게 기쁜 소망이다. 재림은 창세전부터 예정된 구속사를 완성하는 것으로서, 재림을 통해 인간은 그리스도의 몸과 동일한 몸으로 회복되고, 타락한 세상도 최초의 에덴동산과 같이 회복된다고 심프슨은 생각했다. 그는 천년왕국을 "하나님나라"와 동일시하는데, 이런 해석은 성서학적으로 논란의 여지가 있다. 요한계시록에는 "하나님 나라"라는 독립된 말이 등장하지 않으며, "우리 하나님의 구원과 능력과 나라"(ἡ σωτηρία καὶ ἡ δύναμις καὶ ἡ βασιλεία τοῦ θεοῦ ἡμῶν 계 12:10)라는 표현이 나올 뿐이다.

심프슨은 "전-천년재림설"(Pre-Millennialism)에 대한 오해의 소지를 제거하기 위하여, "재림은 … 이 아니다"라는 부정의 공식을 사용하여 혼란을 야기할 수 있는 것들을 가지치기 해나간다. 그런 다음에 긍정적 문장을 택하여 재림을 정의해 나간다. 또한 전-천년재림설에 대한 반대 의견을 소개하고 그것의 오류를 지적하는 방식으로 전-천년재림설을 변증한다. 이후 이 단원에서는 심프슨의 『사중복음』 3장 "그리스도 우리 오시는 주님"(Christ Our Coming Lord) 가운데 중요한 부분들을 직접 번역하여 소개하되, 심프슨이 구체적인 책과 장·절을 명시하지 않은 채 성경을 인용한 부분에서는 손택구가 번역하면서 삽입해 넣은 성경의 장과 절 표시를 각주 없이 인용하여 사용하겠다.[30] 또한 필요한 경우에는 각주를 사용하여 필자의 해석을 덧붙이겠다. 심프슨의 『사중복음』에 관하여는 손택구의 우리말 번역본이 있음에도 불구하고 필자가 여기서 "재림" 부분을 재번역하고 각주를 붙인 까닭은, 번역의 엄밀성을 확보하고 독자들에게 다양한 번역과 해석을 제공하기 위함이다.

1. 재림이 아닌 것

1) 재림은 개인적으로 마음에 찾아오는 것이 아니다. "영성"(spirituality)을 주장하는 이들 중에는 자기 마음에 천년왕국이 임했다고 주장하

는 사람도 있으나, 천년왕국과 재림은 마음속에 형이상학적으로 임하는 것이 아니라 실제로 임하는 것이다.[31] 재림에 관한 성경 본문들(살전 4:17; 골 3:4; 계 1:7; 22:20)을 문자적으로 이해해야 한다.

2) 재림은 개인이 죽을 때 개별적으로 임하는 것이 아니다.[32]

나사로는 죽어서 아브라함의 품에 안겼고, 스데반은 죽기 직전에 예수께서 하나님 우편에 계신 것을 보았으나, 이것은 재림이 개인의 죽음과 동시에 찾아온다는 뜻이 아니다. 성경은 사람이 죽을 때 주께서 개별적으로 임하시니 죽음을 기다리라고 하지 않는다. "그리스도 안에서 죽은 자들이 먼저 일어나고 살아남은 자도 저희와 함께 구름 속으로 끌어올려 공중에서 주를 영접"하는 것이다(살전 4:13-14, 16, 17). 재림은 죽음과 동시에 찾아오는 죽음의 이면이 아니며, 무자비한 고통을 야기하는 죽음이라는 원수를 이기는 일이요(고전 15:54) 죽음의 해독제다.[33]

3) 재림은 복음 전파와 기독교 발전에 따라 그리스도가 영적으로 오신다는 뜻이 아니다.

재림은 개인에게 복음이 전도되어 사회가 점차 좋아지는 방식으로 임하지 않는다.[34] 그리스도는 구름을 타고 오며, "각 사람의 눈은 그를 볼 것이다." 재림은 "땅의 모든 족속이 그를 인하여 애곡"하게 되는 사건으로서(계1:7) 예수는 하늘로 가신 모습 그대로 볼 수 있게 오신다(행 1:11).

2. 천년왕국

"천년왕국"(millennium)은 영어가 아니고, 계시록 20장에 거듭 등장하는 헬라어로서 "일천년"을 뜻한다. 천년왕국은 그리스도의 첫째 부활 후에 이 땅에서 성도들과 함께 다스리는 기간으로서 다음과 같은 특징이 있다.

① 성도들은 부활하여 다시 모인다.
② 성도들은 보상을 받고 다스린다.
③ 지상에서 사탄은 완전히 제거된다.
④ 지상에서 예수께서 성도들과 친히 계속 함께 계신다.
⑤ 모든 원수들은 진압되고 온 우주를 의(義)가 다스린다.
⑥ 이런 상태는 천 년 동안 지속된다.
⑦ 곧이어 사탄과 죄인이 저항하고, 악한 자들에 대한 최후 심판이 이어진다.

이 황금기에 대하여 성경은 달리 말하지 않으며, 선지자들은 그 때에 의와 진리와 평화가 "물이 바다를 덮음 같이 세상에 충만하리라"고 예언했다(사 11:9; 합 2:14).

3. 재림과 천년왕국의 순서

1) 그리스도의 재림이 있은 다음에 천년왕국이 온다고 성경에 적혀 있다. 주의 재림 이후에 사탄이 결박당하고, 성도들이 부활하며, 부

활한 이들이 통치하고 천년왕국이 펼쳐진다. 이 일들은 비유적이거나 영적인 것이 아니라 문자적인 것이라고 알포드(Dean Alford)는 지적했다.[35]

2) 주의 재림이 영적인 천년왕국 후에 있다면, 성경에서 "깨어 있으라"(watch)는 명령이 무의미해진다. "깨어 있으라"는 것은 하나님이 내재하시는 상태에서 주의 오심을 기다리라는 뜻인데, 벌써 이상적인 천년왕국이 도래하여 좋은 세상이 펼쳐졌다면 천년이나 뒤에 오실 주를 절실하게 바라고 기다릴 수 있겠는가? 10세기에 교황 힐더브란트(Pope Hildebrand)는 그리스도가 그의 대리자인 자신을 통하여 이미 오셨고, 천년왕국도 벌써 시작되었다고 주장했으며, 어떤 이는 발달한 현재가 천년왕국의 초기라고 주장하였으나, 이는 모두 틀린 주장이다. 주의 재림은 임박했을 수도 지연될 수도 있으나, 아직 발생하지 않았으므로 깨어 기다려야 하는 것이다.

3) 천년왕국은 영적으로 육적으로 아직 도래하지 않았으며, 오직 종말을 향해 만물이 쇠퇴해 가는 징조들만 보일 뿐이다. 종말을 향해 가는 징조들은 하나님 나라에 대한 예수의 비유들(마 13:1-3; 24-30; 31-52) 및 다음 말씀들과도 공명한다: 종말 전에 먼저 배도하는 일이 있다(살후 2:3); 불법이 성하며 사랑이 식는다(마 24:12); 사람들은 믿음을 떠나 다른 영을 좇는다(딤전 4:1); 말세의 고통이 온다(딤후 3:1); 교인들은 경건한 모양만 갖추었을 뿐 능력은 부인하게 된다(빌 3:18; 딤후 3:5); 덫과 멸망이 노아와 롯의 때처럼 모든 사람에게 홀연히 임한다(눅 21:34, 35; 살전 5:3; 눅 17:26, 28); 인자가 올 때에 세상에서 믿음을 보겠느냐(눅 18:8). 이

런 말씀들은 심프슨 때까지의 200년 역사가 쇠퇴 일로에 있었다는 사실과도 맞물린다. 뉴욕과 런던에서는 신자들의 수보다 술중독자 및 비신자들의 수가 더 늘었으며, 베를린은 인구 5만 명당 목사 1명이 있을 뿐이다. 주요 3대 도시들 외에도, 파리는 사악하고, 콘스탄티노플은 타락했으며, 인도에는 우상이 여전하고, 중국은 완고하며, 아프리카는 야만스럽다. 천년시대가 왔는데도 이와 같을 수는 없는 것이다. 천년왕국은 평범한 일상과 달리 인간의 상상을 초월하는 찬란하고 빛나는 시대로서, 천년왕국은 아직 오지 않았다.

4. 전-천년재림설을 반대하는 주장들

1) 전-천년재림설은 성령의 역사를 비하하는가? 그리하여 성령이 세상을 개혁하는 위대한 일을 감당하기에는 역부족이므로 다른 방도를 강구하여 세상을 개혁해야 한다고 부추기는 이론인가? 그렇지 않다! 성령의 역할은 세상을 일시적이고 갑작스럽게 개혁하는 것이 아니다. 성령은 세상에서 믿는 백성들을 불러내어 때에 따라 단계적으로 은총과 능력을 베푸시며, 종말 이후에도 역사하기를 멈추지 않고 영원토록 언제나 우리와 함께 하신다.

2) 전-천년재림설은 그리스도인의 선교 의욕을 저하시키고, 교회가 가장 영광스러운 소망과 전망을 향해 달려가기를 처음부터 포기하도록 하는가? 그렇지 않다! 전-천년재림설이야말로 교회로 하여금 깨어 주의 재림을 준비하도록 하며, 더욱 큰 전망을 가지고 주의 재림을 앞당기도록 격려한다. 매 100년마다 이전 인구의 3배에 해당하는 영혼

들이 구원을 받지 못한 채 영원 속으로 사라지는 것은 안타까운 일이다. 복음이 온 세상에 전파되어야 마침내 종말이 오고(마 24:14), 그리스도가 재림할 때에야 비로소 전혀 경험한 적이 없는 영광스럽고 완전한 세상이 펼쳐지는 것이다. 복되고 복된 재림에 대한 기대와 소망이야말로 선교사들을 격려하며, 재림을 앞당기기 위하여 열정적으로 선교하게 한다. 재림에 대한 소망은 온 세상 누구에게나 원하기만 하면 구원받을 기회를 주기 위하여 선교에 박차를 가하게 한다.

3) 전-천년재림설은 광신주의(fanaticism)를 부추기는가? 그렇지 않다! 전-천년재림설이야말로 경솔함이나 주제넘음, 어리석음을 다스리는 데 적합한 냉철하고도 성서적인 신앙 교리다. 우리 스스로 직접 예언하려 들지 말고 성경에 적힌 것 이상으로 지혜롭게 되려 하지 말자. 마귀가 울부짖는다고 해서 무서워하며 하나님의 충만한 진리와 약속을 멀리하겠는가! 이 진리는 우리를 특별한 백성으로 만들 것이다. 진리는 우리에게서 세상 유혹을 거두어 가고 우리를 세상에서 구별해낼 것이다. 진리는 우리를 이기적이고 안일한 많은 그리스도인들과 같지 않게 하며, 하나님을 섬기고 사람들을 구하는 일에 우리의 영혼이 불타오르게 할 것이다. 이런 것이 광신주의라면 광신주의를 대환영한다.

4) 전-천년재림설은 마음과 교회에 현세적이고 육체적인 야망을 부추기는 저속하고 물질적인 이론인가? 주께서조차 현세적 생각들과 야심에 찬 제자들을 꾸짖고 영적인 나라와 하늘의 본향을 바라보라고 가르치셨나? 원시교회는 오늘날과 달리 극단적이었으므로 오늘날에는 그 반대로 가야할까? 영적인 것이 우선이고 물질적인 것은 나중일까?

과연 영적인 부활이 먼저 있은 다음에 몸의 부활이 있는가? 우리는 저속하고 물질적인 천년 사상을 마음에 품거나 가르치지는 않는다. 성도들은 주님의 몸과 같은 영적인 몸을 갖게 되는 것이다. 주께서는 우리가 그런 몸으로 하늘나라에 들어가기를 기뻐하셨고 그것으로 창조의 중심과 왕관 삼기를 기뻐하셨는데, 주님보다 더 영적으로 되려고 꾸밀 필요가 있는가? 그렇지 않다! 그것이 바로 영적인 모든 것이며, 구속의 진정한 목표와 목적은 "우리의 온 영과 혼과 몸이 우리 주 예수 그리스도 강림하실 때에 흠 없이 보전"되고(살전 5:23), "온 땅이 그의 영광으로 충만하게 되는" 것이다(시 72:19).

5. 주 오심의 징조들

재림의 때는 계시되지 않았으나, 주의 자녀들은 어둠 속에 있지 않기 때문에 자녀들에게는 그날이 도적같이 임하지는 않는다. 종말이 임박하였을 때 악한 사람들은 도무지 알지 못할 것이요, 지혜로운 사람들은 알리라(마 25:13; 살전 5:4; 단 12:10). 재림의 순서는 분명히 계시되었다. ① 주께서 기다리는 이들에게 오시고 ② 기다린 이들은 죽은 성도들과 함께 공중에 들림을 받아 주를 맞이하고 ③ 악한 세상은 뒤에 남겨지고 ④ 형식적인 교회와 많은 민족의 무리들은 적은 무리가 들림 받은 직후에도 들림 받은 사실은 전혀 알아차리지 못할 것이고 ⑤ 일련의 심판과 경고가 이어질 것이고 ⑥ 그리스도가 능력과 영광 중에 마침내 지상에 강림하여 ⑦ 그의 공공연한 적들에게 의로운 심판을 나타내시고 ⑧ 주께서 친히 통치하기를 시작하시리라. 그러므로 예수 그리스도는 두 번 현현하신다. 첫째, 자기 백성에게 신랑으로 현현하고, 둘째, 온 세상에 심판자로 현현하신다. 첫 번째 현현은 내재적이고 불확실하여 어느 때에 있을지 알 수 없으나, 두 번째 현현은 분명하다.

주님이 오신다는 가장 중요한 징조들 가운데 많은 것들이 이미 성취되었으니 다음과 같은 것들이다:

① 정치적 변화와 발전에 관하여 다니엘이 본 위대한 환상들은 모두 분명하게 성취되었다. 거대한 제국들의 시대는 갔고, 그들이 지배하던 지역은 작은 왕국들 차지가 되었다.

② 예언된 대로 "배도하는 일"이 오래 전에 시작되어 예언 시대의 전 기간 동안에 죄인들이 하나님의 성전에 앉아 있었으며, "소비되고 멸망하기를 모두 마쳐야 할" 기간은 이미 시작되었다(단 7:26). 교황권은 그 기이한 초상의 모든 행태를 거의 다 보여줬다.

③ 모하메드 세력은 흥망성쇠를 거쳤으며, 거대한 영적인 유프라테스 강물들은 왕 같은 하나님의 백성들의 길을 예비하기 위하여 나날이 메말라가고 있다.

④ 유대적 징조들도 주목할 만하다. 야곱은 다시 벧엘로 얼굴을 돌리고 있으며, 예루살렘은 그 아름다운 겉옷을 다시 입으려 한다. 그 자녀들은 점차 모이고, 질투하는 민족들은 그들의 출국을 금세 알아차리지 못함으로써 예언의 소리를 성취시키고 있다.

⑤ 지적인 징조들도 주목할 만하다. 지식이 증대되었고, 많은 이들이 교류한다. 인간 철학은 진화를 말하지만 만물은 여전히 지속되고 자연은 변함없으며 물질적일 뿐이다.

⑥ 도덕적 징조들은 다니엘의 그림보다 더 분명하다. "악한 사람들은 악할 것이다"라는 말은 그 어느 때보다 오늘날 더욱 실감난다. 악함의 불길한 형태들이 날마다 도덕적 감각을 놀라게 하고, 악을 개발하는 기

술은 물질적 기술에 힘입어 무르익었다.

⑦ 종교적 징조들은 보다 선명하게 드러난다. 교회는 미지근하고 세속적이며 성결을 뜨겁게 열망하는 사람들은 소수에 불과하지만, 선교운동은 더 힘차게 일어나고 있으니, 이런 것들은 인자의 날이 임했음을 알려주는 세대적 특징들이요 예언적 징조들이다.

⑧ 주의 나타나심을 사모하는 모든 사람들은 전 세계에서 점점 더 진지하게 주의 오심을 기다리고 있다. 이것은 주가 베들레헴에 나시기 직전에 유대와 이방 나라가 그의 초림을 기다린 것과 유사하다. 새벽별이 동편에 올랐다. "낮의 자녀들"은 그 별을 보았다(살전 5:5). 외침이 울리고, "밤은 깊고, 낮이 가까웠으니"(롬 13:12) 곧 해가 하늘 가득히 차올라 천년의 영광을 발하며 땅을 뒤덮을 것이다.

6. 주의 재림으로 인한 축복들

1) 재림은 우리에게 예수님 자신을 모셔다 준다. 재림의 최상 축복은 왕관도 예복도 부활의 몸도 다시 만날 친구들도 아닌 주님 자신의 복음이다.

주 오시면 우리는 주를 뵈오리
그날에 우리는 주와 같으리

2) 재림은 우리에게 벗들을 데려다 준다. 주 안에서 잠자던 선량한 남녀노소가, 서로 알고 싶던 사람들이 다시 살아나 서로가 서로를 알아보고 영원토록 친구가 된다(살전 4:14). 오, 가족이다!

일만 곱하기 일만의
밝고 빛난 옷을 입은
구속받은 군대들이
빛의 계단을 타고 오르니
오 그 날에, 반가운 함성이여
가나안 행복한 해변에서
조각 난 우정들이 회복되어 이어지네,
다시는 이별 없는 그곳에서

3) 재림으로 우리의 영은 완전하게 회복되어, 주의 형상과 같이, 주의 영광스런 모습과 같이, 죄도 허물도 부족함도 없게 되리니, 죄의 유혹을 받지 않을 것이요, 타락할 수도 없을 것이며, 형언할 수 없이 넘치는 복을 받게 되리라. 우리는 주님의 완전하신 형상을 입고, 주께서 우리를 아시는 것만큼 우리도 알게 되니, 주의 거룩하심을 따라 우리도 거룩해지고, 우리는 주님의 강하고 아름답고 완전한 사랑을 얻게 되리라. 온 우주가 우리를 주목할 것이요, 어린양의 영광 옆에 아름다운 신부가 서리라.

4) 우리는 온전한 몸을 갖게 되고, 주님의 완전하신 부활의 생명을 얻게 되고, 고통이 무엇인지조차 잊게 되고, 가없는 힘이 솟구치리니, 영생하는 생명이 충만하게 되어 우리의 심장은 전율할 것이요, 공간과 거리는 없어지리라. 중력의 법칙에서 우리는 해방되리라. 새 예루살렘의 거리는 수직과 수평이, 세로와 가로와 높이가 모두 같아지리라. 우리의 몸은 우리의 고양된 영을 위한 완전한 도구가 되어, 주님의 영광스러운 몸과 완전히 같아지리라.

5) 재림은 우리를 가장 달콤하고 고급스럽게 대접할 것이다. 재림은 나태하고 이기적인 황홀경이 아니라, 주님 나라와 행정을 돌보기 위해 완벽한 협력 체제를 이룰 것이다. 그 날에는 우리가 지상에 있는 동안 가장 멋지다고 생각한 바로 그 일이 이상적인 형태로 실현될 것이고, 우리가 열망하며 쟁취하려고 애쓴 일들이 이루어지리니, 한량없는 자원들과 가없는 능력과 무한한 시공 속에서 주께서 친히 전지전능한 손길로 이루시리라. 이 복된 일은 주님을 섬기고, 이웃들을 축복하고, 지구와 인간을 행복과 의로움이 가득한 회복된 낙원으로 고양시키기 위함이다.

6) 사탄은 쫓겨날 것이다. 재림의 복음은 원수와 악령을 사로잡아 결박하리니, 그들은 어둡고 무자비한 세대에 미움과 권세로 세상을 움켜쥐고 있던 자들이다. 오, 하루만이라도 마귀의 손아귀에서 자유로워졌으면! 다시는 마귀를 빈틈없이 경계하지 않아도 되었으면! 마귀 없는 세상에 다닐 수 있었으면! 주여, 영광의 날이 속히 오게 하소서!

7) 재림의 복음은 이웃들에게도 복을 가져오리니, 세상 족속들이 복을 받으리라. 죄와 고통의 끔찍한 비극은 멈추고, 칼은 칼집에 꽂힐 것이요, 갇힌 자가 해방되고, 감옥과 병원은 문을 닫고, 마귀와 그의 수하인 죽음(Death)은 결박되어, 지면은 아름다움과 영광을 회복하리니, 죽어가는 민족들에게 복음을 전하여 믿게 하고, 원수와 악이 만든 이 어두운 장면에 빛과 기쁨을 뿌리리라.

다시는 울음이 없고

다시는 고통이 없고
다시는 죽음이 없고
다시는 허물이 없는 곳.

사망으로 찢긴 마음들이
영원한 사랑으로 기워지고
드려진 제단 위의 생명들은
머리에 왕관을 얹고 살아나네.

사탄이 우리를 유혹하지 못하고
죄가 우리를 정복하지 못하며
기쁨이 가없이 머물고
슬픔과 비탄은 끝나리라.

예수 우리 영광 되고
예수 우리 하늘 되고
예수 우리 이야기 되니
예수 우리 위해 죽으셨네

속히 오소서 달디 단 기쁨의 아침이여
속히 오소서, 주께 기도하오니
슬픈 이 밤을 멈추게 하소서
속히 오소서 하늘의 날이여

예수 정녕 오시리라
예수 곧 오시리라

오 순결하고 순결하게 걸어가
오 우리의 왕관을 지켜내자

예수여, 우리는 깨어서
주님 오시는 그 날을 맞으리라
그 날에 울음의 이 밤은 멈추고
그 날에 우리는 본향에 이르리라.

7. 재림의 복음이 주는 교훈들

1) 준비하자: "어린 양의 혼인 기약이 이르렀고 그 아내가 예비하였으니 그에게 허락하사 빛나고 깨끗한 세마포를 입게 하셨은즉"(계 19:7-8). 예복을 주셨으니 하나님께 감사하라. 흰 예복이라. 신부가 예복을 입으니 결혼식이 가까웠다. 속히 주께서 오시게 하자.

2) 깨어있자: "보라 내가 도적 같이 오리니 누구든지 깨어 자기 옷을 지켜 벌거벗고 다니지 아니하며 자기의 부끄러움을 보이지 아니하는 자가 복이 있도다"(계 16:15). 단 한 시간도 예복을 벗지 말자. 주의 말씀을 기억하자. "이런 일이 되기를 시작하거든 일어나 머리를 위로 들고 구부린 너희 허리를 펴라 너희 구속이 가까웠느니라"(눅 21:28). 너희 얼굴은 하늘을 향하게 하고 너희 전 존재가 하늘 쪽을 향하게 하되, 우리가 아는 사랑스런 옛 성현이 말하고 기도할 때마다 그 몸이 창공을 향하여 곡선을 그리며 휘어지게 한 것처럼 그렇게 하라.

3) 신실하자: 신실한 종들에게 보상이 주어지기 때문이다. "너희는 너희를 삼가 우리의 일한 것을 잃지 말고 오직 온전한 상을 얻으라"(요이 1:8); "네가 가진 것을 굳게 잡아 아무나 네 면류관을 빼앗지 못하게 하라"(계 3:11).

옛날 어떤 교회에 40인의 신실한 군인으로 이루어진 고귀한 군대가 있었는데, 로마 군단에 속한 군대였으나 주님을 믿었기 때문에 사형 선고를 받게 되었다. 그들은 모두 꽁꽁 언 호수 한가운데로 끌려가 빙판 위에서 벌거벗은 채로 얼어 죽을 때까지 있어야 했다. 그러나 누구든지 그 치명적인 밤이 다하기 전에 어느 때라도 호숫가에서 지키고 있는 감시병에게 걸어가 신앙을 버리겠다고 하기만 하면 살 수 있었다. 밤이 깊어지자 호숫가에 있는 감시병에게 구름떼 같은 천사들이 보였다. 천사들은 순교자들이 서 있는 곳 위에 구름떼 같이 모여 있다가 순교자가 하나씩 하나씩 쓰러질 때마다 그 머리 위에 면류관을 얹어주고 순교자를 하늘 위로 들어 올렸으며, 창공에서는 "마흔의 순교자와 마흔의 면류관"이라는 노래가 울려퍼지고 있었다. 마침내 순교자들이 하나씩 하나씩 사라지고 오직 한 사람만 남았는데, 그를 위한 면류관이 공중에 떠 있었음에도 불구하고 그것을 가지려고 하는 사람이 없는 것 같았다. 그 때 감시병에게 발자국 소리가 들렸으니, 아뿔사, 사십 명 중 하나가 자기에게 오는 것이 아닌가! 살려고 나온 것이다. 그가 자기 이름을 적고 있을 때 감시병이 말했다. "어리석은 자여, 오늘 밤에 내가 보았던 것을 그대도 보았더라면, 그대의 면류관을 잃지 않았으련만. 그 면류관을 잃을 수는 없네. 내 자리를 차지하게나, 내가 그대의 자리를 기꺼이 대신하겠네." 이윽고 감시병이 죽음과 영광을 향해 뚜벅뚜벅 걸어가자 멈추었던 찬양 소리가 다시 울려퍼졌다. "마흔의 순교자와 마흔의 면류관이여, 죽도록 충성한 그대가 생명의 면류관을 받게 되리라."

하나님, 주께서 오실 때 우리로 그 찬양을 듣게 하소서!

4) 부지런하라: 할 일이 많으니, 그대는 "하나님의 날이 오기를 앞당길 수" 있다. 세상은 경고를 받아야 한다. 교회는 준비되어야 한다. 일어나라, 그대, 오, 그리스도인이여! 주께 모든 권세와 모든 능력과 모든 돈과 모든 순간을 드리자. 복음을 해외에 전하자. 그대가 직접 갈 수 있거든 가라. 직접 갈 수 없거든 다른 이를 보내라. 19세기 마지막 10년이 그대와 세상에게 전례 없는 기간이 되기를, 우리 주님과 구주 예수 그리스도의 오심을 예비하는 기간이 되기를![36]

이상에서 살펴 본 바와 같이, 심프슨은 주님의 재림의 때를 분명하게 알 수 없으나, 진실한 신자들이 느낄 수 있는 방식으로 재림이 있으리라고 믿었다. 또한 세계 선교를 통해 재림의 시기를 앞당길 수 있다고 믿었는데, 당시 여러 말세의 징조들로 미루어 19세기 말엽이나 20세기 초엽에 재림이 있으리라고 예상했다.

심프슨은 초기에 후-천년재림설을 지지했으나, 입장을 바꾸어 미래적 전-천년재림설을 주장하게 되었는데, 무디 및 왓슨(George D. Watson, 1845-1923)의 경우도 그러했다.[37] 세대주의란 전술한 바와 같이 다비와 연관이 있으며, 인류 역사를 하나님의 통치라는 관점에서 여러 세대로 나누어 이해하는 방식으로서, 사상가들에 따라 나누는 세대의 수와 세대에 대한 정의가 다소 차이를 보이지만, 전-천년재림설을 취한다는 공통점을 나타낸다.

V. 심프슨의 재림론과 기독교대한성결교회의 재림론

기독교대한성결교회 헌법 서문은, "성결교회 신앙교리의 근간"을 네 가지로 제시한다. 첫째, "요한 웨슬리의 복음적 성결의 주창"이다. 둘째, "중생, 성결, 신유, 재림의 복음으로 요약된 교리적 정신"이다. 셋째, "그리스도와 그 사도로 말미암아 나타내신 복음적 성경해석에 근거한 교리"로서 사도전통에 따른 복음적 성경해석이다. 넷째, "만국 성결교회의 신앙교리"를 토대로 한다. 또한 제4조 제1항은, "우리는 신구약 성경을 경전으로 하되 특히 중생, 성결, 신유, 재림을 성경 해설의 기본으로 한다"고 명시하고, 헌법 제6조는 "중생, 성결, 신유, 재림"이 바로 "사중복음(四重福音)"임을 분명히 한다.

그러나 헌법은 "중생, 성결, 신유, 재림"의 사중복음이 구체적으로 어디에서 유래 했는가에 관하여는 명시하지 않으므로, 이것이 심프슨과 직접적인 연관이 있는가의 여부를 결정하기란 쉽지 않다. 전술한 바와 같이 심프슨의 사중복음의 각 복음은 당대의 여러 사조들을 비판적으로 재해석한 결과물이고, 기독교대한성결교회의 사중복음 역시 그 내용 면에서 심프슨의 사중복음과 전적으로 일치하지는 않는다. 그러나 "사중복음"이라는 용어를 심프슨이 주조했다는 점을 감안할 때 기독교대한성결교회의 사중복음이 심프슨과 무관하다고 주장하기는 어렵다. 혹자는 심프슨이 사중복음을 요약할 때, "중생, 성결, 신유, 재림"이라 하지 않고, "그리스도 우리 구원자, 그리스도 우리 성결자, 그리스도 우리 치료자, 그리스도 우리 오시는 주님"이라 표현했다고 지적하면서 성결교회의 사중복음과 심프슨의 사중복음은 다르다고 생각한다. 그러나 심프슨도 사중복음의 각 복음을 설명할 때는 "중생"(regeneration),

"성결"(sanctificaion), "신유"(divine healing), "재림"(second coming) 등의 용어를 직접 사용한다는 점을 주목할 필요가 있다.[38]

성결교회의 사중복음이 심프슨과 어느 정도 연관이 있다면, 성결교회의 재림론도 심프슨과 연관이 있을까? 이를 알아보기 위하여 기독교 대한성결교회의 헌법에 나타난 재림조항을 살펴보자:

헌법 제1장 제6조 제4항 재림(再臨): "구약성경의 예언의 중심이 그리스도의 수육탄생(受肉誕生)이라면 신약성경의 중심은 그리스도의 재림이라 할 수 있나니 우리는 공중 재림(살전4:16-18)과 지상 재림(행1:11)을 믿는다. 요한계시록은 재림을 전적으로 계시한 성경으로 마지막에 [내가 속히 오리라] 한 말씀이 세 번이나 거듭 기록되었다 (계22:7, 12,20). 재림은 신앙생활의 요소이며 (살전3:13) 소망이요 (살전2:19-20) 경성이 된다(마 24:44,25:13)."

헌법 제2장 제20조: "부활 승천하신 예수께서 승천하시던 그 몸대로 다시 오시는 일이니, 천년시대 이전에 재림이 이루어짐을 믿으며 생각지 않을 때에 주께서 공중에 오셔서 교인을 영접하실 때 구원받은 교인들은 휴거되어 어린양 혼인잔치에 참여한 후 심판의 주께서 교인들과 함께 지상에 강림하심으로 거짓 그리스도가 멸망하고 천년왕국을 건설한다(행 1:9-11, 살전 4:14-17, 마 24: 42, 25:13, 살후 2:3-8, 마 25:31, 유 14, 계 22:20, 슥 9:9-10, 호 2:18)."

즉, 기독교대한성결교회 헌법은 전-천년설을 표방하며, 공중 재림, 교인들의 휴거, 심판 주와 교인들의 지상 재림, 거짓 그리스도의 멸망, 천년왕국 건설 등을 분명하게 명시하고 있으나, 엄밀한 세대주의적 시대 구분은 하지 않는다. 따라서 성결교회 재림론에 관한 더 자세한 논의는 역사적 상황, 전통적 해석, 선행연구, 학설 등에 의존할 수밖에 없다.

선행연구들은 대체로 성결교회의 재림론을 논할 때 심프슨을 중요하게 다루지는 않는다. 목창균에 따르면, 한국 성결교회 성립 초기의 재림론은 웨슬리 전통에 속한 전-천년재림론자인 블랙스톤(William E. Blackstone)과 왓슨(George D. Watson)의 영향을 직접적으로 받았다.[39] 카우만과 같은 시카고 출신 감리교인이었던 블랙스톤은 『예수의 재림』 Jesus is Coming을 저술하였는데, 이 책은 1878년에 초판이 발행된 이후에 25개 언어로 번역되어 널리 읽혔다. "동양선교회"의 카우만과 길보른도 블랙스톤의 책을 종말론의 표준으로 삼았다. 박명수에 따르면, 장로교 선교사 게일이 일찍이 1913년에 블랙스톤의 책을 "조선예수교서회"를 통해 번역 출판함으로써 한국 교회에 큰 영향을 끼쳤다.[40] "동경성서학원"의 나카다 주지도 블랙스톤의 저서를 강의에 사용했으며, 김상준과 이명직 등 초기 성결교회 지도자들도 블랙스톤의 재림론을 참조했다.[41] 한편, 미국 남부 출신 성결운동가 왓슨은 1914년에 한국을 방문했고, 그의 책 『백의』 White Robes가 「활천」에 연재되어 성결교회에 지대한 영향을 끼쳤다.

그렇다면 블랙스톤과 왓슨의 재림론은 그들 자신의 창작인가? 비록 그들의 저서들이 복음주의 진영에서 상당한 영향력을 발휘했더라도 그들의 재림론은 고유한 창작이라기보다 시대적 산물이었다고 보아야 한다. 목창균에 따르면, 블랙스톤과 왓슨의 재림론은 당시 세대주의 영향권 아래서 탄생했다. 둘의 세대주의는 그 세부 내용에 있어서 다소 차이가 있으나, 대체로 요한계시록을 문자적으로 해석하여 말세 사건을, "예수의 공중 재림과 성도의 휴거, 대 환란, 지상 재림과 천년왕국, 대 심판, 신천신지의 순서로" 배열한다는 공통점을 보인다.[42] 이는 당시

전-천년재림설의 특징이기도 했으며, 심프슨의 재림론도 여기서 크게 벗어나지 않는다.

다음 도표는 블랙스톤과 왓슨, 심프슨의 재림론과 기독교대한성결교회 헌법에 나타난 재림 규정을 비교한 것이다:

블랙스톤과 왓슨의 재림론	심프슨의 『사중복음』, 재림론	기독교대한성결교회 헌법 제20조
예수의 공중 재림	① 주께서 기다리는 이들에게 오신다.[43]	생각지 않을 때에 주께서 공중에 오셔서
성도의 휴거	② 기다린 이들은 죽은 성도들과 함께 공중에 들림을 받아 주를 맞이한다.[44]	교인을 영접하실 때 구원받은 교인들은 휴거되어 어린 양 혼인잔치에 참여한 후
대 환란	③ 악한 세상은 뒤에 남겨진다. ④ 형식적인 교회와 많은 민족의 무리들은 적은 무리가 들림 받은 직후에도 들림 받은 사실은 전혀 알아차리지 못할 것이다. ⑤ 일련의 심판과 경고가 이어질 것이다.	
지상 재림	⑥ 그리스도가 능력과 영광 중에 마침내 지상에 강림하신다.	
천년왕국	모든 원수들은 진압되고 온 우주를 의(義)가 다스린다; 이런 상태는 천 년 동안 지속된다.[45]	심판의 주께서 교인들과 함께 지상에 강림하심으로 천년왕국을 건설한다.
대 심판	⑦ 그의 공공연한 적들에게 의로운 심판을 나타내신다.	
신천신지	⑧ 주께서 친히 통치하기를 시작하신다.	

위 도표에서 블랙스톤과 왓슨의 세대 구분은 심프슨의 세대 구분과 거의 같다. 그러므로 이들의 세대 구분은 자신들의 고유한 구분이라기 보다 당대에 유행한 세대주의의 산물일 가능성이 높다. 반면에 기독교 대한성결교회 헌법의 재림 규정은 각 세대를 엄밀하게 나누지 않으며, 블랙스톤과 왓슨과 심프슨의 세대주의와 일치하지 않는다. 헌법의 재림 규정은 블랙스톤과 왓슨과 심프슨의 세대 구분에서 벗어난다기보다는, 큰 구조에서는 일치하나 상세하고 엄밀한 세대 구분은 지양하는 경향을 보이는 것이다. 한국의 성결교회가 초기에는 블랙스톤과 왓슨의 재림론에 상당히 의존했었더라도, 현재의 기독교대한성결교회 헌법이 표방하는 재림론은 블랙스톤과 왓슨의 세대주의를 계승한다고 보기 어려운 것이다. 헌법의 재림론은 공중 재림, 교인들의 휴거, 지상 재림, 심판, 천년왕국 등 전-천년재림설의 주요 골자에 있어서만 블랙스톤과 왓슨과 심프슨의 재림론과 공명할 뿐, 엄밀한 세대주의를 따르기를 지양하며, 성경이 허용하는 범위에서 재림에 대한 해석의 여지를 남겨두는 경향을 보인다.

VI. 결론

19세기 미국 부흥운동에 대한 권위자인 데이튼(Donald W. Daton)은 서울신학대학교에서 발제한 "세계신학의 전망에서 본 사중복음"이라는 논문에서 "약 1900년쯤에는 복음주의라 불리는 대부분의 미국 본부들에서 사중복음의 여러 형태를 가르치게 되었다"고 증언했다. 여기서 데이튼이 말하는 "사중복음의 여러 형태"는 심프슨의 사중복음 그 자체라기보다는 사중복음을 형성하는 내용들의 총합을 지칭하는 경향이 있다. 그럼에도 불구하고 사중복음을 "사중복음"(The Fourfold Gospel)이라고 명명하고 그 내용을 설득력 있고 간결하게 정리하여 널리 유행시킨 사람은 심프슨이므로, "사중복음"이라는 용어가 심프슨과 무관할 수 없는 것이다. 즉, 데이튼의 주장은 심프슨이 명명하고 정리한 사중복음이 19세기 이후 미국 복음주의에 지대한 영향을 끼쳤음을 우회적으로 입증한다. 물론 사중복음의 내용 전체를 심프슨이 처음 창안한 것은 아니다. 심프슨은 기존 사상들과 신학들과 자신의 깨달음과 체험을 바탕으로 성경에 나타난 복음을 전하기 쉽게 체계화하고 요약한 다음, 거기에 "사중복음"이라는 이름을 붙였을 뿐이다. 또한, 이후 복음주의 진영의 여러 기관들과 신자들이 심프슨의 사중복음과 내용을 고스란히 계승하고 보전한 것도 아니다. 심프슨의 사중복음은 때와 장소에 따라 다양한 형태로 재해석되고 재인용되면서 변모하고 변형한 것이 사실이다. 그럼에도 불구하고 다양한 사중복음과 사중복음 아류들을 거슬러 올라가면 심프슨의 사중복음을 만나게 되며, 기독교대한성결교회가 사용하는 "사중복음" 용어도 심프슨에게서 자유롭지 못하다.

그럼에도 심프슨의 사중복음에 대한 선행연구는 상대적으로 미흡했으며, 심프슨의 사중복음이 한국 성결교회에 끼친 영향을 중생, 성결, 신유, 재림이라는 전도표제에만 남아 있는 것처럼 평가절하하는 경향이 있었다. 기독교대한성결교회의 정체성을 대변하는 헌법이 심프슨이 명명한 "사중복음"을 "복음"의 "요약"이요, "은혜로운 복음"이며, "교리적 정신"(서문)이자 "창립 당시로부터" "강조"한 "4대표제" 및 "전도표제"(제6조)라고 명시하고 있음에도 불구하고, 사중복음이 성결교회의 정체성의 일부를 구성하게 된 경위에 관하여 충분한 연구가 이루어지지 않았다. 심프슨의 사중복음 내용과 헌법의 사중복음이 완전하게 일치하지 않는다면, 어떤 부분이 일치하지 않으며 왜 일치하지 않게 되었는지에 관하여도 선행연구는 충분하게 논의하지 않았다. 이에 이 논문은 심프슨의 생애와, 복음 및 선교에 대한 그의 열정과, 그가 사중복음을 명명하고 정의할 당시의 시대적 배경을 간략하게 소개했고, 심프슨이 쓴『사중복음』가운데 "재림" 편을 번역 소개하고 필요한 경우에는 각주를 달아 설명했으며, 심프슨의 재림론을 기독교대한성결교회의 헌법이 명시하는 재림 규정과 간략하게 비교하였다.

이 논문이 심프슨 연구에 기여하는 바는 다음과 같다. 첫째, 선행연구는 심프슨의 생애와 사중복음 형성 배경을 다룸에 있어서 서양의 사조들의 영향만을 강조하는 편이었으나, 이 논문은 동서양 문화가 격돌하는 상황에서 심프슨이 아시아 사상들과 종교들을 극복하고 아시아 특히 중국에 복음을 전하기 위하여 얼마나 심혈을 기울였는가를 중요하게 다루었다. 이런 맥락에서 이 논문은 심프슨에 관한 필자의 선행연구(2014)를 보충하고 보완한다. 그렇다고 이 논문이 사중복음 형성 배경에 아시아 복음화의 절박성만 있었다고 주장하는 것은 아니다. 이 논문은 밴 더 월(Burnie van de Walle)이 지적한 네 가지 서양 사조들과 복음주의 운동들, 특히 웨슬리에서 시작한 성결운동이 매우 중요한 사중복음 형성 배경이었음을 전제로 한 것이다. 둘째, 심프슨의 재림에 관한 선행연구는 성기호의 논문(1994)이 유일한데도 그의 논문은 사중복음 전체를 소개하는 형식을 취하기 때문에 재림에 관하여 적은 지면만을 할애하는 바, 이 논문은 되도록 재림과 그 배경에 집중하고자 했다. 재림은 심프슨의 사중복음 중 하나인 중요한 주제인데도 심프슨에 대한 선행연구들이 중요하게 다루지 않았으므로 이 논문은 그 중요성을 환기시키고자 했다. 심프슨의 재림 사상은 C&MA의 아시아 선교 정책 및 성향뿐 아니라 서양의 동양에 대한 태도와도 연관이 있으므로, 무비판적으로 무조건 받아들일 것이 아니라 더 심도 있게 연구하여 비판적으로 해석할 필요가 있다. 셋째, 이 논문은 심프슨의 『사중복음』 가운데 "재림" 편을 번역 소개함으로써 손택구의 기존 번역을 수정하고 보완하여 독자들에게 보다 적확한 내용을 전달하고자 했다. 이 연구는 심프슨의 재림 사상을 국내에 소개하는 역할을 할 뿐이며 전문 교회사적 선교학적 연구는 아니므로, 전문 연구자들의 더 심오한 후속 연구가 이어져 한국 성결교회가 세계 복음화에 더욱 기여하게 되기를 바란다.

1) 문우일, "A. B. 심프슨과 아시아 선교,"『한국교회사학회지』38(2014), 211-244.

2) 심프슨은『사중복음』이라는 책을 출판하기 전부터 사중복음과 관한 설교와 강연을 한 것 같다. 그러므로 1887년 여름 "옛 과수원 대회"(Old Orchard Convention) 에 모인 사람들은 벌써 사중복음을 받아들이고 있었다. A. E. Thompson, *Albert B. Simpson: His Life and Work* (Camp Hill: Christian Publications, 1960), 128-129. 박명수에 따르면, 영국인 허드슨 테일러가 '신앙선교' 운동을 일으킨 것과 유사하게 미국에서 심프슨도 신앙선교를 독려했다고 한다. 박명수,『근대 복음주의의 주요 흐름: 한국 성결교회의 배경에 대한 연구』(서울: 대한기독교서회, 1998), 376. "신 앙선교"란 특정 교단이나 선교기관의 지원을 받지 않은 채 대개 편도 여비만 가지 고 가는 선교 형태를 말한다.

3) 심프슨이 장로교를 떠나 사중복음을 중심으로 한 성결운동에 집중한 것은 만국성 결교회의 공동창시자 냅(Martin W. Knapp)이 감리교의 한계를 느끼고 탈퇴하여 (1901년) 성결운동에 헌신한 것과 유사하다.

4) 도널드 W. 데이튼 저/조종남 옮김,『오순절 운동의 신학적 뿌리』(서울: 대한기독 교서회, 1993), 189.

5) 데이튼,『오순절 운동의 신학적 뿌리』, 193. Cf. Alvyn Austin, *China's Millions: The China Inland Mission and Late Qing Society, 1832-1905* (Grand Rapids and Cambridge: William B. Eerdmans, 2007), 317-318.

6) 데이튼,『오순절 운동의 신학적 뿌리』, 192; Martin Wells Knapp, *Electric Shocks IV: From Pentecostal Batteries; or, Salvation Park Camp-Meetings, 1902* (Cincinnati: Mrs. M. W. Knapp, 1902), 115; 목창균, "사중복음의 기원," http://sgti.kehc. org (2014년 7월 20일 현재); Daniel Steel, *A Substitute for Holiness* (Chicago: Christian Witness, 1887), 169; Paul W. Thomas & Paul Wm. Thomas, *The Days of Our Pilgrimage: History of the Pilgrim Holiness Church* (Marion: The Wesley Press, 1976), 16-17; 코슬비(William Kostlevy)는 "만국사도성결 연합"(IAHU), "하나님의 성경학교"(God's Bible School), 그리고 "동양선교 회"(OMS)가 "사중복음"을 고수했다고 주장한다. William Kostlevy, ed., *The A to Z of the Holiness Movement* (Lanham: Scarecrow Press, 2009), 74, 184, 221, 240.

7) Paul S. Rees, Seth Cook Rees, 15-16. 심프슨은 IAHU의 공동설립자 리스 (Seth C. Rees)에게 영향을 끼쳤다: Meesaeng Lee Choi, *The Rise of the Korean Holiness Church in Relation to the American Holiness Movement: Wesley's "Scriptural Holiness" and the "Fourfold Gospel"* (Lanham: Scarecrow, 2008), 45; Paul S. Rees, *Seth Cook Rees: The Warrior-Saint* (Indianapolis: Pilgrim Book Room, 1934), 23-24.

8) Dana L. Robert, *American Women in Mission: A Social History of their Thought and Practice* (Atlanta: Mercer University Press, 1997), 234. http://scriptoriumdaily.com/today-is-charles-cowmans-birthday-1868/. 2014년 10월 12일 현재; http://articles.ochristian.com/preacher500-1.shtml 2014년 10월 12일 현재.

9) 목창균, "사중복음의 기원"; A. E. Thompson, *Life of A. B. Simpson* (New York: The Christian Alliance Publishing Co., 1920), 283.

10) 목창균, 『성결교회 교리와 신학』, 195.

11) 성기호, "재림론을 중심한 심프슨의 사중복음", 『논문집』(안양: 성결교신학대학교, 1994). 이밖에 심프슨에 관해 한국에서 수행한 선행연구 중 주목할 만한 업적은 다음과 같다: 조귀삼, 『A.B. 심슨의 선교신학』(서울: 예닮마을, 2004); 이현갑, 『사중복음』(서울: 기독청파, 1999), 63-69; 이현갑, 『사중복음 이해』(서울: 도서출판 청파, 1989); 박명수와 박도술, "해설: 심프슨의 복음주의 운동과 신유론", 『신유』(사중복음 시리즈 제 3권; 서울: 서울신학대학교 성결교회역사연구소, 1999), 11-34; 박명수, 『근대 복음주의의 주요 흐름: 한국 성결교회의 배경에 대한 연구』, 376-379; 박명수, "영원토록 모셔 기쁨이 넘침을 찬양한 심프슨: 하나님의 사람들," 『신앙계』 399(2000), 118-120; 성결교회역사연구소, "심프슨의 신유의 복음: 성결운동의 고전," 『활천』 525(1997), 68-69; 성결신학연구위원회, 『성결교회신학』(부천: 기독교대한성결교회출판부, 2007), 251-254; 이성주, "四重福音에 관한 研究," 『논문집』(안양: 성결교신학대학교, 1994); 강일권, "한국성결교회의 사중복음과 심프슨과 웨슬리 말씀과 생활," 『활천』 466(1992), 56-64. 또한 나균용은 심프슨의 저작 다수를 번역하여 「활천」에 소개했다: 심프슨 지음/나균용 옮김, "그리스도는 우리의 생명," 「활천」 351(1970), 37-40; "그리스도의 십자가," 「활천」 387(1979), 55-62; "우리를 들어올리는 십자가," 「활천」 389(1979), 36-44; "십자가의 원수들," 「활천」 390(1981), 60-68; "십자가와 세상," 「활천」

391(1980), 69-77; "부활의 음성,"「활천」392(1980), 40-50; "어찌하여 산 자를 죽은 자 가운데서 찾느냐,"「활천」394(1981), 58-63; "부활의 능력,"「활천」395(1981), 58-66; "부활 후 40일,"「활천」396(1981), 52-64. 심프슨의 1887년 작 The Fourfold Gospel도 번역 소개되었다: A.B. Simpson 지음/손택구 옮김, 『四重의 福音』(안양: 예수교대한성결교회 출판부, 1980).

12) 문우일, "A. B. 심프슨과 아시아 선교."

13) John Sawin, *John Sawin File Project: The Life and Times of A. B. Simpson, trans. Carol Perkau* (Regina: Archibald Foundation Library, Canadian Bible College, Candian Theological Seminary). https://www.C&MAlliance. org/resources/archives/downloads/simpson/life-and-times-of-ab-simpson-sawin.pdf (2014년 7월 18일 현재).

14) 목창균, 『성결교회 교리와 신학』, 203.

15) Sawin, *The Life and Times of A. B. Simpson*, 224.

16) Burnie A. Van De Walle, *The Heart of the Gospel: A. B. Simpson, the Fourfold Gospel, and Late Nineteenth-Century Evanglical Theology*, Princeton Theological Monograph Series 106 (Eugene: Pickwick Publications, 2009).

17) 문우일, "A. B. 심프슨과 아시아선교."

18) Austin, *China's Millions*, 17, 96.

19) Sawin, *The Life and Times of A. B. Simpson*, 294, 308, 377.

20) Austin, *China's Millions*, 317, 332.

21) Sawin, *The Life and Times of A. B. Simpson*, 459.

22) 19세기말에는 미국 서부 해안에 아시아 이민자들이 급증했는데, 중국인들은 골드러쉬(1848-49) 때 미국에 유입하여 대중적 정토교를 소개했고, 일본인들은 진(眞)정토교를 소개했다. 동부 해안 지역에서는 1830년부터 40년까지 활발하게 활동한 "뉴잉글랜드 초월주의자들"이 불교를 소개했는데, 이들의 수장은 에머슨(Ralph Waldo Emerson: 1803-82)이었다. Robert S. Ellwood and Gregory D. Alles. eds., *The Encyclopedia of World Religions Revised Edition* (New York: DWJ Books LLC., 2007, originally published in 1998), 66-67.

23) James Hudson Taylor, *China's Millions* (London: Forgotten Books, 2013; originally published in 1890), 34-35; Ellwood 외, 같은 책, 66-67.

24) 맥켄지에 따르면, 신지학과 기독교과학은 "서양화된 불교"(Buddhism

Occidentalized)다. Kenneth Mackenzie, *An Angel of Light* (New York: Christian Alliance, 1917), 59, 194; Sawin, *The Life and Times of A. B. Simpson*, 496. 신지학을 주창한 사람은 러시아 귀족 출신 블라바스키(Helena P. Blavasky: 1831-1907)였는데, 그녀는 1875년에 신지학 사회를 뉴욕에 설립하고 신지학에 관한 책을 출판했으며, 남아시아에서 불교에 입문함으로써 영성운동가로서 주목을 받았다. Ellwood 외, 같은 책, 66-67.

25) 1875년에 『과학과 건강』 *Science and Health*이 보스톤에서 출판되어 기독교과학이 만연하는 계기가 되었다. 이에 대하여 복음주의 진영에서 1889년 정도에 대책회의를 가졌던 것 같다. Sawin, The Life and Times of A. B. Simpson, 507. 신지학과 기독교과학에 대항하는 복음주의 진영의 출판물들 중 몇 가지만 소개하면 다음과 같다: Kenneth Mackenzie, *An Angel of Light* (New York: Christian Alliance, 1917); W. B. Riley, *Divine Healing or Prayer for the Sick* (South Nayack and New York: Christian Alliance, 1899); *Theosophy or Buddhism Abroad* (New York: The Christian Alliance, 1899); cf. Sawin, *The Life and Times of A. B. Simpson*, 459, 496, 507. 심프슨은 신유에 관한 자신의 책에 "기독교과학, 소위"(Christian Science, So Called)라는 글을 부록(Appendix)으로 실었다: A. B. Simpson, *The Gospel of Healing*, 4th Edition (New York: Christian Alliance, 1890), 62-64.

26) 심프슨, "십자가와 세상," 74-75.

27) William Godbey, *Commentary on the New Testament: Revelation*, Chap. 14. http://www.studylight.org/commentaries/ges/view.cgi?bk=re&ch=14 (2014년 7월 19일 현재).

28) Barry W. Hamilton, "William Baxter Godbey: Apostle of Holiness," http://acc.roberts.edu/NEmployees/Hamilton_Barry/godbey.article.wts.htm (2014년 7월 19일 현재).

29) Sawin, *The Life and Times of A. B. Simpson*, 152-153.

30) 심프슨, 『四重의 福音: The Four-fold Gospel』.

31) 여기서 심프슨은 "영성"이 구체적으로 무엇인지에 관하여 설명하지 않고 있으나, 전술한 바와 같이 "신지학"이나 "기독교과학" 등 19세기말에 유행한 영지주의 성향의 혼합주의를 뜻할 가능성이 높다. 심프슨은 영적이고 형이상학적인 천년왕국이 아니라 역사 속에 실제로 도래하는 천년왕국을 기대했다.

32) 블랙스톤(W. E. Blackstone)도 재림과 죽음을 구별한다. W. E. 블랙스톤/박명수, 박도술 옮김,『재림』(서울: 은성, 1999), 43: 제 3장, "재림은 죽음을 뜻하지 않음."

33) 즉, 심프슨에게 재림은 개인적 종말이 아니라 세상 전체가 직면할 우주적이고 역사적인 사건이다.

34) 심프슨은 후-천년재림설을 비판하고 있다.

35) 알포드(Henry Alford, 1810-1871)는 영국의 성서학자 겸 캔터베리 주임사제(1857-1871)였던 인물로서 "알포드 주임사제"(Dean Alford)라 불리었고, 전-천년재림설을 옹호했다. Henry Alford, *The Greek New Testament,* 4 vols. (Chicago: Moody, 1849-1861), 1:216; cf. Darrell L. Bock ed., *Three Views on the Millennium and Beyond* (Grand Rapids: Zondervan, 2010), 49.

36) 이 글을 쓸 당시에 심프슨은 10년 안에 재림이 오리라고 생각했던 것 같다. 이는 사도 바울이 임박한 재림을 믿고 준비하며 선교여행을 다닌 것과 비슷하다.

37) 목창균,『성결교회 교리와 신학』(서울: 대한기독교서회, 2012).

38) "중생"(regeneration): A. B. Simpson, *The Fourfold Gospel* (Christian Publication, 1890), 6, 12, 16; "성결"(sanctification): 같은 책, 7, 12, 13-17, 26; "신유"(divine healing): 같은 책, 19-24, 26; "재림"(second coming): 같은 책, 26.

39) 목창균, "성결교회 재림론의 발전"; "성결교회 재림론의 형성 배경"; "블렉스톤과 왓슨의 재림론 비교 연구"; http://sgti.kehc.org/ 2014년 12월 31일 현재.

40) "블랙스톤의 장모는 동양선교회가 동경성경학원을 지을 때 큰 헌금을" 하였고, "카우만의 전도운동에 감동을 받은 블랙스톤은 두 차례에 걸쳐서 20,000불의 재정을 지원하였다." 박명수, "블랙스톤의 생애와 종말론적인 선교,"『재림』(W. E. 블랙스톤 지음/박명수, 박도술 옮김; 은성, 1999), 11-25, 23-24.

41) 목창균, 앞의 논문들.

42) 목창균, "블렉스톤과 왓슨의 재림론 비교 연구."

43) 심프슨,『사중복음』, "재림" 가운데 "5. 주 오심의 징조들"에서 발췌.

44) 공중 재림에 관하여는 다음을 참조하라: 심프슨,『사중복음』, "재림" 가운데 "1. 재림이 아닌 것" 중에서 "(2) 재림은 개인이 죽을 때 개별적으로 임하는 것이 아니다."

45) 심프슨,『사중복음』, "재림" 가운데 "2. 천년왕국"에서 발췌.

참고문헌

강일권. "한국성결교회의 사중복음과 심프슨과 웨슬리 말씀과 생활." 「활천」 466(1992), 56-64.

목창균. 『성결교회 교리와 신학』. 서울: 대한기독교서회, 2012.

_____. "사중복음의 기원." http://sgti.kehc.org. 2014년 7월 20일 현재.

_____. "성결교회 재림론의 발전." http://sgti.kehc.org. 2014년 7월 20일 현재.

_____. "성결교회 재림론의 형성 배경." http://sgti.kehc.org. 2014년 7월 20일 현재.

_____. "블렉스톤과 왓슨의 재림론 비교 연구." http://sgti.kehc.org. 2014년 7월 20일 현재.

문우일. "A. B. 심프슨과 아시아 선교." 『한국교회사학회지』, 38(2014), 211-244.

박명수. 『근대 복음주의의 주요 흐름: 한국 성결교회의 배경에 대한 연구』. 서울: 대한기독교서회, 1998.

_____. "영원토록 모셔 기쁨이 넘침을 찬양한 심프슨: 하나님의 사람들." 『신앙계』 399(2000), 118-120.

성기호. "재림론을 중심한 심프슨의 사중복음." 『논문집』. 안양: 성결교신학대학교, 1994.

이명직. 『조선 예수교 동양선교회 성결교회 약사』. 서울: 동양선교회출판부, 1929.

이성주. "四重福音에 관한 硏究." 『논문집』. 안양: 성결교신학대학교, 1994.

이응호. 『한국성결교회사』 1, 2. 서울: 성결문화사, 1992.

이현갑. 『사중복음』. 서울: 기독청파, 1999.

조귀삼. 『A. B. 심슨의 선교신학-역동적 복음주의 선교운동가』. 서울: 예닮마을, 2004.

Alford, Henry. *The Greek New Testament*, 4 vols. Chicago: Moody, 1849-1861.

Austin, Alvyn. *China's Millions: The China Inland Mission and Late Qing Society, 1832-1905*. Grand Rapids and Cambridge: William B. Eerdmans, 2007.

Blackstone, William E. *Jesus Is Coming*. Chicago, New York, Toronto, London, Edinburgh: Fleming H. Revell Company, The Moody Bible Institute of Chicago, 1878.

_____/ 박명수, 박도술 옮김. 『재림』. 서울: 성결교회역사연구소/은성, 1999.

Bock, Darrell L. ed. *Three Views on the Millennium and Beyond*. Grand Rapids:

Zondervan, 2010.

Burnouf, Eugène. *Introduction to the History of Indian Buddhism*. Trans. Katia Buffetrille and Donald S. Lopez Jr.. Chicago: University Press, 2010.

Choi, Meesaeng Lee. *The Rise of the Korean Holiness Church in Relation to the American Holiness Movement: Wesley's "Scriptural Holiness" and the "Fourfold Gospel"*. Lanham: Scarecrow, 2008.

Cowman, Letti B. et al. *Missionary Warrior*. Los Angeles: The Oriental Missionary Society, 1928.

Dayton, Donald W. *Theological Roots of Pentecostalism*. Grand Rapids: Zondervan, 1987.

_____ / 조종남 옮김. 『오순절 운동의 신학적 뿌리』. 서울: 대한기독교서회, 1993.

Ellwood, Robert S. et al. eds., *The Encyclopedia of World Religions Revised Edition*. New York: DWJ Books LLC., 2007, originally published in 1998.

Godbey, William. *Commentary on the New Testament: Revelation*. http://www. studylight.org/commentaries/ges/view.cgi?bk=re&ch=14. 2014년 7월 19일 현재.

Hamilton, Barry W. "William Baxter Godbey: Apostle of Holiness." http://acc. roberts.edu/NEmployees/Hamilton_Barry/godbey.article.wts.htm. 2014년 7월 19일 현재.

Knapp, Martin Wells. *Electric Shocks IV: From Pentecostal Batteries; or, Salvation Park Camp-Meetings*. Cincinnati: Mrs. M. W. Knapp, 1902.

Kostlevy, William. ed. *The A to Z of the Holiness Movement*. Lanham: Scarecrow Press, 2009.

Mackenzie, Kenneth. *An Angel of Light*. New York: Christian Alliance, 1917.

Rees. Paul S. *Seth Cook Rees: The Warrior-Saint*. Indianapolis: Pilgrim Book Room, 1934.

Riley, W. B. *Divine Healing or Prayer for the Sick*. South Nayack and New York: Christian Alliance, 1899.

_____. *Theosophy or Buddhism Abroad*. (New York: The Christian Alliance, 1899).

Robert, Dana L. *American Women in Mission: A Social History of their Thought and Practice*. Atlanta: Mercer University Press, 1997.

Sawin, John S. *John Sawin File Project: The Life and Times of A. B. Simpson*. Trans. Carol Perkau. Regina: Archibald Foundation Library, Canadian Bible College, Candian Theological Seminary.

Senft, Frederic H. "Introduction." *The Fourfold Gospel*. A. B. Simpson. Harrisburg: Christian Publications Inc., 1890.

Simpson, A. B. *The Fourfold Gospel*. Harrisburg: Christian Publications Inc., 1890.

_____. *The Four-fold Gospel*. New York: Christian Alliance, 1925; first edition in 1887.

_____ / 손택구 옮김.『四重의 福音』. 안양: 예수교대한성결교회 출판부, 1980.

_____. "Christian Science, So-Called." In the Apendix of *the Gospel of Healing*, 4th Edition. New York: Christian Alliance Publishing Co., 1890.

_____. "The Challenge of Missions" (1926): https://www.C&MAlliance.org/resources /archives/downloads/simpson/the-challenge-of-missions.pdf,

_____. *The Gospel of Healing*, 4th Edition. New York: Christian Alliance, 1890.

_____ / 박명수, 박도술 옮김.『신유』. 서울: 성결교회역사연구소/은성, 1999.

_____ / 나균용 옮김. "그리스도는 우리의 생명."「활천」351(1970), 37-40.

_____ / 나균용 옮김. "그리스도의 십자가."「활천」386(1979), 58-67.

_____ / 나균용 옮김. "우리를 들어올리는 십자가."「활천」389(1979), 36-44.

_____ / 나균용 옮김. "십자가의 원수들."「활천」390(1981), 60-68.

_____ / 나균용 옮김. "십자가와 세상."「활천」391(1980), 69-77.

_____ / 나균용 옮김. "부활의 음성."「활천」392(1980), 40-50.

_____ / 나균용 옮김. "어찌하여 산 자를 죽은 자 가운데서 찾느냐."「활천」394(1981), 58-63.

_____ / 나균용 옮김. "부활의 능력."「활천」395(1981), 58-66.

_____ / 나균용 옮김. "부활 후 40일."「활천」396(1981), 52-64.

Steel, Daniel. *A Substitute for Holiness*. Chicago: Christian Witness, 1887.

Taylor, James Hudson. *China's Millions*. London: Forgotten Books, 2013; originally published in 1890.

Thompson, A. E. *Albert B. Simpson: His Life and Work*. Camp Hill: Christian

Publications, 1960.

_____. *Life of A. B. Simpson*. New York: The Christian Alliance Publishing Co., 1920.

Thomas, Paul W. et al. *The Days of Our Pilgrimage: The History of the Pilgrim Holiness Church*. Marion: Wesley Press, 1976.

Van De Walle, Burnie A. *The Heart of the Gospel: A. B. Simpson, the Fourfold Gospel, and Late Nineteenth-Century Evanglical Theology*. Princeton Theological Monograph Series 106. Eugene: Pickwick Publications, 2009.

Wood, Robert D. *In these Mortal Hands: The Story of the Oriental Missionary Society the First 50 Years*. Greenwood: OMS International, Inc., 1983.

국문초록

앨버트 심프슨의 『사중복음』에 담긴 재림론

이 논문은 심프슨(Albert B. Simpson)의 『사중복음』(1887) 가운데 네 번째 복음인 "재림"을 소개하는 것으로서, 필자의 선행연구인 "A. B. 심프슨과 아시아선교"(2014)를 보완하고 보충한다. 심프슨은 "사중복음"이라는 용어를 창안하고, 『사중복음』 *The Four-fold Gospel*이라는 책을 쓰고, 사중복음 신학을 정립하고, 그것을 전도표제로 하여 '신앙선교'(faith mission)를 독려하고, 19세기말의 오순절운동과 성결운동에 기여한 인물이다. 심프슨의 사중복음은 성경에 뿌리박은 기독론적 인간 구원론으로서 인간의 본질을 직관하고 요약하여 구원의 방편을 기독론적으로 제시하는 실질적인 신학체계일 뿐 아니라, 세계 복음화 및 세계선교와 밀접한 연관이 있다. 심프슨의 재림론은 사중복음 4막 드라마의 대미를 장식하며, 그리스도가 인류 구원을 기필코 완성하리라는 확고한 신앙과 열망, 시대적 사명을 완수하려는 의지, 그리고 고통 중에 있는 인류에 대한 고양된 책임과 사랑이 담긴 신학 체계다.

이 논문이 심프슨 연구에 기여하는 바는 다음과 같다. 첫째, 선행연구는 심프슨의 생애와 사중복음 형성 배경을 다룸에 있어서 서양의 사조들의 영향만을 강조하는 편이었으나, 이 논문은 동서양 문화가 격돌하는 상황에서 심프슨이 아시아 사상들과 종교들을 극복하고 아시아 특히 중국에 복음을 전하기 위하여 얼마나 심혈을 기울였는가를 중요하게 다루었다. 그렇다고 이 논문이 사중복음 형성 배경에 아시아 복음화의 절박성만 있었다고 주장하는 것은 아니다. 이 논문은 밴 더 월(Burnie van de Walle, 2009)이 지적한 네 가지 서양 사조들과 복음주의 운동들, 특히 웨슬리에서 시작한 성결운동이 매우 중요한 사중복음 형성 배경이었음을 전제로 한 것이다. 둘째, 심프슨의 재림에 관한 선행연구는 성기호의 논문(1994)이 유일한데도 그의 논문은 사중복음 전체를 소개하는 형식을 취하기 때문에 재림에 관하여 적은 지면만을 할애하는 바, 이 논문은 되도록 재림과 그 배경에 집중하고자 했다. 재림은 심프슨의 사중복음 중 하나인 중요한 주제인데도 심프슨에 대한 선행연구들이 중요하게 다루지 않았으므로 이 논문은 그 중요성을 환기시키고자 했다. 심프슨의 재림 사상은 C&MA의 아시아 선교 정책 및 성향뿐만 아니라 서양의 동양에 대한 태도와도 연관이 있으므로, 무비판적으로 무조건 받아들일 것이 아니라 더 심도 있게 연구하여 비판적으로 해석할 필요가 있다. 셋째, 이 논문은 심프슨의『사중복음』가운데 "재림" 편을 번역 소개함으로써 손택구의 기존 번역을 수정하고 보완하여 독자들에게 보다 적확한 내용을 전달하고자 했다.

| 주제어 |

A. B. 심프슨, 사중복음, 한국성결교회, 종말론

Abstract

Christ's Second Coming
in A. B. Simpson's Fourfold Gospel

Moon, Woo-il

Research Professor of Seoul Theological University

This paper explores A. B. Simpson's concept of the Second Coming of Christ reflected in "The Fourfold Gospel"(1887) and further discusses its historical, theological, and missiological background. Simpson was the founder of the Christian and Missionary Alliance(C&MA) whose ideas and passion for the Gospel have been innumerably repeated both in the Wesleyan and reformed traditions. His Fourfold Gospel is a Christological soteriology that succinctly epitomizes how mortals can be practically delivered from their earthly bondage to the spiritual dimension through Christ, and the Second Coming forms its final stage. Burnie Van De Walle(2009) rightly argues that C&MA's theology and practices are not exclusively peculiar to its founder, and they also reflect the four major contemporary and theological trends, such as the holiness movement, the divine healing movement, revivalism, and premillennialism. I agree with Van De Walle that John Wesley's influence was not restricted to the Methodist Church and its branches because Wesley's idea of holiness was one of the major motivators that fostered Simpson's Fourfold Gospel, particularly of sanctification. Van De Walle's analysis, however, is too much focused on the theological communication between the Europeans and the European Americans through the Atlantic Ocean. He is less attentive to the fact that Simpson's theological system was particularly designed for mission to the world, especially to China, as the title of his alliance demonstrates by its inclusion of the term "missionary." Therefore, this paper suggests that Simpson's passion for evangelizing China also contributed to his formation of the Fourfold Gospel and the Second Coming. My suggestion can be partly supported by the fact that Simpson often prioritizes China mission to other missions. This attitude is also seen in his essay, "Christ our Coming Lord" in The Fourfold Gospel, and this paper provides a new Korean translation of the essay.

| Keywords |

A. B. Simpson, Four-fold Gospel, Korean Evangelical Holiness Church, Christ's Second Coming

애론 힐스의 종말론

A Study on the Eschatology of Aaron Merritt Hills

남 태 욱

(글로벌사중복음연구소)

애론 힐스의 종말론

Ⅰ. 서론

신유와 함께 재림은 19세기 말 20세기 초, 급진적 성결운동 2기에 드러난 이슈였다. 성령세례를 경험한 급진적 성결운동의 지도자들은 예외 없이 재림에 대한 기대와 열망으로 가득 찼으며 이를 적극적으로 강조하였다. 이는 인위적이라기보다는 성령세례, 즉 성결에 집중한 자연스러운 귀결이었다. 대부분 성결운동의 지도자들은 '성결'을 주님의 다시 오심의 지배적인 징조 혹은 임박한 천년왕국의 도래로 이해하였다. 급진적 성결운동의 대표적인 지도자 중의 한 사람인 마틴 냅(Martin Wells Knapp)은 재림을 모든 성결인들을 연합시키는 끈(bond of union)으로 확신하였다.[1] 이처럼 재림에 관한 신조는 1897년 만국성결연맹(International Holiness Union and Prayer League)의 교리와 장전(Constitution and By-Laws)에 반영되었으며, 1907년 한국 성결교회의 헌법에도 수용되어 오늘에 이르고 있다.

본 연구에서 필자는 첫째, 급진적 성결운동의 핵심적인 지도자 중 한 사람, 애론 M. 힐스(Aaron Merritt Hills)의 종말론인 후천년설을 중심으로 급진적 성결운동 2기에 이슈화된 재림(전천년설), 종말론의 역사적, 신학적 배경과 동기, 그리고 그 내용을 분석하고자 한다. 재림에 관한 이슈는 처음부터 신학적으로 확정된 교리의 형태가 아닌 당시 주류 교회의 점진적인 성화와 후천년주의에 대한 반동으로 제기되었으며, 시대적 징조와 근본주의와 세대주의적 전천년설과 같은 외적 요소에 의해 정식화되었기 때문이다. 둘째, 앞의 연구를 토대로 21세기 성결운동과 종말론의 미래적 가능성을 검토하고자 한다. 급진적 성결운동의 유산을 창조적이고 발전적으로 계승하여 미래의 성결운동을 보다 성공적으로 실천하기 위한 원리를 발견하고자 한다. 과거 급진적 성결운동에서 성결과 재림의 관계는 필요는 하되 충분하지 않은 관계 속에서 진행되었다면 21세기 성결운동에서 성결과 재림의 관계는 보다 필요하며 충분한 관계적 개념으로 보완되어야 한다. 셋째, 성결과 재림에 관한 신학적이고 역사적인 평가와 함께 미래적 과제를 도출하고자 한다. 급진적 성결운동사에 있어서 '재림'에 대한 이슈는 신학적으로도 역사적 의의를 갖는 동시에 미래의 성결운동을 위해서는 보완의 과제를 인식해야 한다. 왜냐하면 역사적이고 경험적인 평가를 토대로 미완의 과제인 종말론을 공론의 장으로 이끌어 모두가 공감하고 동참할 수 있는 개념을 발전시켜야 해야 할 시대적 소명이 우리에게 있기 때문이다.

II. 급진적 성결운동과 종말론

1. 미 감리교회의 타락과 후천년설

19세기 말 20세기 초 급진적 성결운동과 종말론(전천년설)은 당시 주류 감리교회의 점진적 성화와 후천년설에 대한 반작용으로 제기되었다. 이는 당시 주류 감리교회의 신학적 흐름에서 볼 때 참으로 도전적이며 래디컬한 신학 선언이 아닐 수 없었다. 이것은 당시 교회의 모습이 지나치게 현실에 안주하는 낙관주의적 태도를 보인 것에 대한 신학적 경고의 의미가 강하게 담겨 있다. 왜냐하면 그들은 이미 헌법에까지 당시의 교회를 "차갑게 죽어버린 사회적 클럽(cold, dead and social clubs)"이요, 아예 노골적으로 "타락한 교회(backslidden Churches)"라고 명시해 놓고 있기 때문이다.[2]

> 수많은 교회의 오르간은 단지 하나님의 성전의 갈라진 틈 사이에서 부는 바람에 불과하다. 반면에 값비싼 대성당은 지저분한 새들의 모임장소이며 하나님께는 악취다. … 거짓 예배자들이 하나님의 마음을 찌르는 것 같이 하늘 높이 첨탑을 세운 교회들은 정욕과 교만, 강요, 위선과 이기심이 있는 곳이며, 거룩한 망토 아래, 공허하고 헛되이 하나님의 이름을 만나고 취하는 곳이다. 게으른 기도와 찬양은 이교도의 성지나 이교도의 고행자의 우스운 광대 짓과 주술사만큼이나 하나님께 불쾌한 것이다.[3]

마틴 냅에 의하면 사탄은 후천년설(post-millennial coming)이라는 막

연하고 흐릿한 개념으로 인간의 마음을 채우는 데 성공했다. 후천년주의는 교회와 인간의 업적을 과장하여, 오직 재림하시는 주님만이 할 수 있는 것들을 교회에 귀속시키고, 천년왕국 통치의 많은 예언들을 뒤틀어서 교회에 적용시키거나, 최후의 심판 이후에 있게 될 천상화 된 땅에 적용한다. 사탄은 재림을 "악한 자의 멸망"과 "영혼의 잠"이라는 오류 아래로 깊이 묻어 버리고, 재림의 바로 그 날과 다른 오류들을 짜 맞추어 놓아서, 실제로 선한 사람들이 오순절의 의미와 능력에 대한 이 위대한 성경의 진리를 받아들이고 가르치는 것을 두려워하게 해왔다. 이러한 것을 선포하는 것이 성결로부터 방향을 전환하게 할 것이라는 그럴듯한 변명 아래, 사탄은 사람들이 재림을 소유하고 선포함이 주는 기쁨과 위로를 얻지 못하도록 방해해왔다. 성결을 핑계 삼아 이러한 영광스러운 진리를 전하는 것을 두려워하는 것은 아무 관계가 없으며, 오히려 그 진리를 금지하는 인간의 올가미로 인해 자유를 박탈당하는 것을 정말 조심해야 할 것이다.[4]

이처럼 당시 급진적 성결운동은 그 당시 즉각적인 성결을 거절하고 점진적 성화를 주장한 감리교회를 타락한 교회라고 규정하고 이와 동시에 타락한 교회는 전천년설을 거절하고 후천년설에 근거해 현실에 안주하였다고 주장하면서 점진적 성화와 후천년설을 동일시하여 급진적 성결운동과의 차별성을 강조하였다.

2. 세대주의적 전천년설

세대주의적 전천년설은 머지않은 그리스도의 재림을 예측하였다. 세대주의 신학에서는 세계의 회복 불능한 부패를 강조하면서 대부분의 교회가 변절했으며 무기력하다고 비난하였다. 이러한 관점은 영국 플리머스 형제단의 창립자 중 하나인 존 다비(John Nelson Darby, 1800-1882)로부터 비롯된 것이다. 19세기 후반에는 무디(D. L. Moody)와 그의 동료들이 성경과 예언에 대한 다양한 집회를 통해 이 관점을 많은 사람들에게 알렸다. 세대주의신학은 20세기에 성경 대학들, 성서에 주석을 달아 출판된 스코필드 주석 성경의 유행(1909), 그리고 오순절파 (Pentecostalism)의 등장을 통해 더욱더 널리 알려졌다.[5]

세대주의적 전천년설의 확산은 근본주의 운동의 한 요소였다. 기독교에서 근본주의(Fundamentalism)란 19세기 말 20세기 초, 유럽의 자유주의 신학을 반대하면서 생긴 극단적 보수적 신앙집단을 말한다. 이른바 5개 근본주의 신조는 다음과 같다. ① 성서무오, ② 예수의 동정녀 탄생, ③ 대속의 구원, ④ 육체의 부활, ⑤ 그리스도의 재림이다. 이러한 근본주의의 기본 특색은 이 다섯 가지 신조를 받아들이고 해석하는 데 경직성과 독단성을 보이는 데 있다.[6] 샌딘(Earnest Sandeen)에 의하면 근본주의는 기본적으로 19세기 후반 주로 미국에서 특히, 성서적 예언의 해석에 관한 세미나와 성경학교를 통해서 발전된 "천년왕국의 도래를 믿는 운동"의 산물이었다. 이렇듯 근본주의 운동에 생명과 형태를 주었던 것이 천년왕국 신앙이었다.[7]

만국사도성결연맹이 고백하는 이러한 재림신앙은 당시 미국 교계에 확신되고 있는 다비의 전천년주의와 유사하게 보입니다. 그러나 데이턴이 분석하듯이, 만국사도성결연맹의 오순절적 종말론은 "세대주의 등장과 병행하여 발전하고"[8]있는 것으로 보아야 할 것입니다. 왜냐하면 나의 의견으로도, 비록 서로 간에 내용적인 유사성이 있다 하더라도 다비와는 확실히 구별되는 '동기'를 가지고 있기 때문입니다. 그것은 이미 앞에서도 보았듯이, 그 동기란 중생한 신자들이 성령세례로 말미암아 체험하게 된 성결의 은혜를 이 땅 위에서 지속적으로 촉진하는 데 도움을 주려는 것이었습니다.[9]

이와 같이 재림론이 성결을 촉진하기 위한 의도가 있었기 때문에 세대주의적 전천년설과 만국성결연맹이 주장한 전천년설과는 차별된다고 할 수 있다. 다른 한편, 급진적 성결운동의 전천년설에서 '성결'을 제거한다면 세대주의적 전천년설과의 차별성이 모호해진다. 다시 말해서, 신학적으로 급진적 성결운동이 근본주의신학과 세대주의와 동일시 될 수 있다는 비판을 면할 수 없다.

3. 성결운동과 재림교리

마틴 냅(Martin Wells Knapp, 1853-1901)은 1882년 11월 자신의 목회지 포터빌 교회에서 윌리엄 테일러(William Taylor, 1821-1902) 감독의 특별집회에서 성령세례를 체험했고,[10] 셋 리스(Seth Cook Rees, 1854-1933)는 1873년 3월 19일 칼빈 프리챠드가 인도하는 퀘이커 모임에서 회심을 경험하고 성령의 감동에 의한 오순절적 경험을 통해 온전한 성화를 체험하였으며[11] 윌리엄 갓비(William Baxter Godbey, 1833-1920)는 1868년 페리빌에서 성령세례를 경험하였다.[12] 끝으로 애런 M. 힐스(Aaron Merritt Hills, 1848-1935) 역시 1895년 12월 7일 오벌린에서 온전한 성결을 경험했다.[13] 이처럼 급진적 성결운동의 핵심적인 지도자들은 예외없이 '성결'을 현실적으로 체험했다는 공통적인 특징을 갖는다. 또한 초창기 이들은 예외 없이 후천년주의자들이었음에도 불구하고, 힐스를 제외하고는 모두 성결을 경험한 이후, 전천년주의로 자신들의 견해와 주장을 수정하였다. 급진적 성결운동의 실제적인 대표, 마틴 냅은 전천년설을 강력히 주장하였다.[14]

W. 갓비(W. Godbey)와 S. 리스(Seth C. Rees)에 의하면 현재에 재림의 기대는 세상의 수많은 교회들에 비해 한줌밖에 안 되는 성결운동에 거의 제한된다.[15] 즉, 성결과 재림, 전천년설은 급진적 성결운동과의 불가분리의 관계를 갖고 두드러진 정체성을 나타내는 한 요소가 되었다. 급진적 성결운동은 중생과 성결을 중심으로 교단의 정체성을 이해해 오던 이전의 제1기와는 달리 제2기에서 비로소 신유와 재림을 성결운동의 주요 신조로 천명하였다. 그것도 새로운 교리를 추가적으로 더하는 것에 머무르는 것이 아니라, 성서적 성결(Biblical holiness)을 보다 더 적극적으로 촉진하기 위한 목적을 가지고 있었다.[16] 특히, 신유와 재림을 강조하되 그렇게 하는 목적이 "참 성결을 증진하는 데 도움이 됨"을 확신하기 때문이라는 점은 미국 성결운동사에서 새로운 획을 긋는 요체라 할 수 있다. 명실공히 사중복음이 역사적 맥락에서 현실적으로 구성되고 내용적으로 완성을 본 순간이다.[17]

> 우리 주님은 인격적으로 오시며, 천년왕국 이전에 오시며, 또 갑작스럽게 오심을 우리는 믿는다. 복음이 (온 세상에) 증거 되고, 이스라엘 백성이 모이고, 적그리스도가 출현하고 기타 예언된 일들이 나타나기까지 그가 그의 성도들과 함께 지상으로 내려오는 일은 일어나지 않을 것이다.[18]

갓비와 리스를 비롯한 급진적 성결운동의 지도자들은 대부분 성결을 재림의 징조로 이해하고 이를 위해 성결로써 주님의 다시 오심을 준비하라고 역설하였다.[19] 재림의 또 한 가지 징조는 그 당시 사회적 진보라고 주장한다.[20] 그리고 마지막 징조로 유대인의 회심을 인정했다.[21] 그 당시 후천년설을 주장하는 교회가 육체대로 오시는 주님을 부인한 것에 반대하여 그들은 예수 그리스도의 육체적인 재림을 확신했다.[22] 또한 이들은 휴거를 당연한 것으로 믿었다.[23] 그리고 지상의 모든 비애는 죄의 결과이며 죄는 우리 모두가 시도한 사회·정치 개혁에 관한 실패의 비밀이라고 이해하였다.[24] 이로써 죄를 해결할 수 있는 성결을 강조하고 촉진할 수밖에 없었던 것이다. 이를 최인식은 다음과 같이 정리한다.

> 완전 성화로서의 성결은 성령세례에 의한 즉각적이고도 순간적인 체험으로 시작되는 바, 이는 오순절 성령강림의 사건으로부터 시작되었다는 것이 만국사도성결연맹의 입장이었다. 그렇기에 그들은 보다 철저하게 오순절적 초대교회의 비전을 추구하였다. 그들의 관점에서 성결체험은 "말세"에 부어지는 성령에 의해 가능한 것이기 때문에 성령론은 자연히 종말론을 초대하는 구조였다. 이러한 맥락에서 오순절적 성령론은 오순절적 성결론을 불러오고, 오순절적 성결론은 오순절적 종말론을 불러온다.[25]

이어서 기독교 대한 성결교회는 재림을 사중복음에 명시하여 교단의 정체성에 구체적으로 반영하였다.[26] 즉, 재림은 당시의 후천년적 재림론이 아닌 전천년적 그리스도의 재림(pre-millennial coming of Christ)이라는 것을 구체적으로 명시했다.[27]

그럼에도 불구하고, 전천년설은 치유론(신유)과 함께 전국성결협회

(National Holiness Association)의 지도부가 가장 많이 반대했던 문제 가운데 하나였다. 윌슨(G. W. Wilson)과 스틸(D. Steele) 같은 사람들은 여러 책들에서 이 새로운 교리에 대해 끊임없이 논박했다.[28]

그 시대의 성결운동은 어느 정도 신체적 치유의 문제 및 천년왕국과 관련된 우리 주님의 재림 교회와 관련이 있는 반면에, 성결증진전국연합의 연차 회의에서 우리의 사명은 처음부터 그랬던 것처럼 성경적 성결을 이 땅 위에 전파하는 것임을 인식하고 있다. 다른 질문들이 아무리 가치 있다 하더라도 우리가 영원히 그리고 끊임없이 공적으로 선언했던 것처럼 그 질문들은 우리의 사명에 포함된 질문과는 비교할 수 없다.[29]

심지어 1931년 힐스의 『근본적 기독교 신학』*Fundamental Christian Theology: a systematic theology. Vol. 1. 2.*이 출판될 당시까지 이 문제는 여전히 논쟁거리가 되었다. 그는 오벌린과 예일에서 교육받은 회중교회 지도자로서 신학파(New School)의 신학적 입장을 따른 철저한 후천년주의자였다. 그러나 그의 교단, 즉 새로이 형성된 나사렛 교회는 전천년설을 주장하였다. 결국 힐스는 채프먼(J. B. Chapman)의 전천년설을 추가함으로써 조화롭게 이 문제를 해결했다.[30] 요약하자면, 근대 성결운동은 종말론을 많이 강조하지 않았으며 다양한 천년주의 이론을 구원의 비본질적인 것으로 취급하는 것이 일반적이었다.[31]

III. A. M. 힐스의 종말론

1. 오벌린 완전주의와 테일러의 신학

힐스는 1867년 마운트버넌 고등학교(Mt. Vernon High School)를 졸업하고 그 당시 성결운동의 중심지이었던 오벌린 대학에 입학하였다. 힐스는 오벌린 대학에서 성결운동을 이끈 위대한 지도자 아사 마한(Asa Mahan, 1799-1889), 그리고 피비 파머(Poebe Palmer, 1807-1874)의 영적 유산과 찰스 피니(Charles Grandison Finney, 1792-1875)와 같은 영적 거장들을 만나 그들에게 결정적인 영향을 받았다.[32] 그 당시 오벌린 대학은 제임스 페어차일드(James Fairchild)가 학장으로 학생들을 지도하였으며, 찰스 피니와 존 모간(John Morgan)과 같은 교수들이 재직하면서 오벌린의 학풍을 이어갔다.[33]

주지하는 바와 같이 피니는 장로교회의 일원임에도 불구하고 그리스도인의 완전(Christian Perfection) 교리의 중요한 대변자였을 뿐만 아니라, 자신이 속한 장로교회 안에서 성결운동을 전개한 대표적인 인물이었다. 그는 말년에 부흥사로서 사역을 접고 오하이오에 있는 오벌린 대학에 정착하여 신학과 교수가 되었으며 그리스도인의 완전 교리를 가르쳤고 체계화하였다. 그의 유명한 저서,『신앙부흥에 관한 강좌』Lectures on Revivals of Religion가 출판된 1835년에「오벌린 전도자」Oberlin Evangelists에 그리스도인의 완전을 역설하는 칼럼을 연재하였다. 또한 피니는 오벌린 대학 학장인 아사 마한과 친밀하게 교제하며 사역하였다. 두 사람은 모두 나다나엘 테일러(Nathaniel William Tayler, 1786-1858)의 신학에 영향을 받은 장로교인들이었고 열렬한 부흥주의

자들(revivalists)이었으며, 사회개혁을 주장하였다. 이들은 오벌린에 오기 전부터 그리스도인의 완전 개념을 연구하였다. 그들은 1836년 후반과 1837년 초반까지 수개월 간의 집중적인 연구와 명상의 시간을 통해 그리스도인의 완전을 확신하는 교사로 변화되었다.[34]

성결운동의 초창기 지도자 중의 한 사람인 피비 파머 역시 1837년에 온전한 성결을 경험하였으며, 이로부터 그녀가 사망한 1874년까지 그리스도인의 완전교리는 그녀의 절대적인 관심 분야가 되었다. 특히, 힐스는 파머의 성결의 '즉시성(immediacy)'에 결정적인 영향을 받았다. 그녀는 하나님의 거룩하게 하시는 은혜(성결)를 '지금(now)' 받으라고 촉구하였을 뿐만 아니라, 파머의 뒤를 이어 다른 성결운동의 전도자들 역시 순회 부흥회에서 온전한 성결을 촉구할 때, 즉시성을 강조하였다. 이러한 즉시성은 성결의 즉각적 차원을 강조한 것이다. 힐스가 오벌린 대학에 입학하였을 당시, 이미 성결 교리에 대한 확신과 그 이론 체계가 정점에 이른 시기였음을 감안한다면, 오벌린 완전주의(Oberlin Perfectionism)는 힐스의 신학에 결정적으로 영향을 주었다.

힐스는 오벌린 대학을 졸업하고 예일 대학교(Yale University) 신학부에 입학하였다. 그 당시 예일 대학교는 윌리엄 테일러(N. William Taylor, 1821-1902)의 영향 하에 노아 포터(Noah Porter), 새뮤얼 해리스(Samuel Harris), 티모시 드와잇(Timothy Dwight the Younger), 역사학자 조지 피셔(George Fisher) 등이 학생들을 지도했다. 예일 신학교(Yale Seminary) 신학파(New School)의 신학은 수정된 칼빈주의를 표방하였다. 다시 말해서, 회중교회 목사이며 신학자인 테일러는 전통적인 칼빈주의의 '전적 타락(total depravity)'이라는 개념을 재해석하여 구원 교리에 있어서 강조점을 하나님의 절대적 주권과 불가항력적 은총으로부터 하나님 앞에서의 인간적이고 도덕적인 책임감과 인간의 선택으로 옮겨놓았다. 그는 죄를 거부하고 하나님께 순종하는 인간의 도덕적 능력뿐만 아니라, 책임도 강조하였다.[35] 피니와 같은 복음주의자들은 그리스도인들에게 하나님 앞에서 그들이 속한 사회의 정의와 도덕, 봉사를 수행할 책임을 다음과 같이 상기시켰다.

> 교회의 가장 큰 역할은 모든 종류의 죄를 없애 버리고 세상을 개혁하는 것이다. 기독교라는 종교 자체가 전반적인 세상의 개혁을 위하여 수행할 수 있는 모든 것들을 감당하겠다는 고백과 맹세를 하는 것을 의미한다. 교회는 모든 방향에서 적극적인 운동을 수행하도록 설계되었는데, 높은 자리나 낮은 자리 어디든 목소리를 높이고 열정을 쏟으며 개인과 지역사회, 정부를 개혁하고 하나님 나라와 그 나라의 위대성이 지극히 높은 하나님의 자녀인 성도들에게 주어지고 이 땅에서 모든 형태의 불의가 사라질 때까지 멈추어서는 안 된다.[36]

이러한 주장은 힐스의 그리스도인의 완전, 즉 온전한 성화(entire sanctification)의 개념에 그대로 반영되었다. 역사적으로 메서디스트와 성결전통은 종말론에 별로 관심이 없었거나 혹은 전천년설에 대비되는 후천년설적 경향을 띠고 있었다. 그들이 후천년설을 지지하는 것은 그리스도의 재림에 앞서서 천년왕국이 있을 것이라고 기대하기 때문만 아니라(따라서 재림은 덜 임박한 것이다), 후천년설이 "이 땅에서" 종말론적 희망을 주어서 사회변혁과 그 밖의 보다 광범위한 문화사업을 수행하게 만드는 것을 도와줄 수 있기 때문이다.[37] 즉각적인 성결(운동)을 통해 사회변혁을 추진함으로써 천년왕국을 책임적으로 준비하여 궁극적인 주님의 다시 오심을 대망하고자 성결과 재림의 관계를 논리적으로 연결하였다.

2. 역사적 낙관론

후천년설의 근본적인 전제는 복음의 성공적인 전파와 낙관주의적 역사관이다. 후천년설은 그리스도의 재림에 선행하여 모든 민족의 개종과 세계의 기독교화를 기대하며, 세계가 점점 좋아지고 있다고 믿는다. 따라서 현재의 세계와 역사가 천년왕국과 연결된다고 보았다. 후천년설은 천년왕국이 지상에 건설된다는 점에서는 전천년설과 같으나, 그것이 점진적으로 이루어지고 있다고 보는 것이나 요한계시록을 상징적, 영적으로 해석하는 점에서는 전천년설과 구별된다.[38] D. 데이턴에 의하면 웨슬리의 완전주의적 구원론은 낙관적인 사회적 비전을 갖는 경향이 있었음과 후천년주의의 방향으로 쉽게 옮겨갈 수 있는 모호한 입장에 서 있었다고 평가한다.[39]

> 그리고 이것은 그(예수)가 세상에 오심을 사모하는 모든 사람들이 하나님께 때를 재촉해서 주님의 은혜의 나라가 오게 하고 지상 모든 나라의 종말이 오도록 해달라고 기도하기 위한 모임이다. 즉 예수를 자기들의 왕으로 영접하고 진실로 그의 이름을 믿는 모든 사람은 의와 평강과 기쁨과 거룩과 행복으로 충만케 될 것을 기도하기 위한 것이다. 신자들이 이 땅으로부터 주님의 하늘 나라로 옮겨져서 거기서 그와 함께 영원히 왕 노릇하게 되기를 기도하는 것은 당연하다 ⋯ 우리는 영원한 나라, 즉 이 영광의 나라가 오기를 위해 기도한다. 곧 이 땅에서의 나라는 은혜의 나라의 계속이요 또한 완성이다.[40]

테일러의 신학은 19세기 초 긍정적인 낙관주의가 그랬던 것처럼 감리교회 밖에서 그리스도인의 완전에 대한 교리적 관심을 불러 일으켰다. 미국의 경계는 확장되고 인구는 증가하였으며, 기업들은 유례없는 수준으로 부를 창출하였다. 부흥운동은 교회들에 활력을 주었고 수천 명의 사람들이 그리스도에 대한 믿음을 고백하였다. 교회 회원들은 폭발적으로 증가하였고 열심 있는 그리스도인들은 수백 개의 새로운 교회를 개척하였다. 부흥운동은 동시에 사회개혁을 촉진시켰다. 부분적으로는 하나님 앞에서 도덕적 책임을 강조하는 테일러의 새로운 신학에 자극을 받아 부흥운동가들은 새롭게 회심하거나 영적으로 각성한 교인들에게 그들의 열정을 사회를 개혁하고 완전하게 하는 데 사용하라고 촉구하였다.

당시의 낙관적 정신은 그리스도인들이 하나님의 은총으로 열심히 일하고 절제된 생활을 통하여 성공할 수 있다고 확신시켰다. 그 결과 사회에서 죄와 불의를 깨끗이 하는 대규모 운동이 전개되었다. 수천 명의 사람들이 문맹과 알코올 남용, 가난 등과 같은 문제를 지원하는 자원봉사 단체에 참여하였다. 그런 협회들은 노예제도, 여성의 권리, 심지어 세계평화와 같은 보다 논란이 있는 쟁점들을 다루었다.[41] 또한 역사적 낙관주의는 마지막 때와 그리스도의 재림에 대한 생각 속에서 찾아볼 수 있다. 그 시대의 대다수의 그리스도인들은 천년왕국이 매우 가까이 왔다고 믿었다. 부흥운동과 복음주의에 대한 열정 및 그들이 영감을 준 사회개혁이 하나님께서 천년왕국을 이 땅 위에 실현시키기 위하여 사용하는 수단이 되었다. 교회와 기독교 단체들은 곧 세상을 그리스도에게로 인도하고 기독교 원리를 전반적인 생활 영역에 도입하였다. 이것은 그리스도께서 재림하여 마지막 심판을 집행한 '후(after)'에 나타나는 천년 동안의 평화와 의로움을 가져오는 결과를 낳는다. 이러한 견해는 그리스도께서 천년왕국 마지막까지는 재림하지 않기 때문에 후천년설(postmillenialism)로 알려졌다.[42] 사회개혁과 후천년설 신학에 대한 19세기의 관심은 개인들뿐만 아니라, 사회의 완전성에 대한 신념을 포함하였다.

3. 힐스의 후천년설

힐스가 즐겨 사용한 미래의 심판과 영원한 상급과 형벌 등의 종말론적인 주제들은 그의 사고에 있어서 의미심장한 영향을 갖는다. 즉, 힐스의 체계적인 사상은 그의 천년왕국의 비전뿐만 아니라, 사망, 심판 그리고 미래적 영원한 상급과 형벌 등의 종말론적인 주제에 의해 중요하게 통제된다.[43] 그는 자신의 재림신앙(후천년설)을 1931년 그의 나이 83세에 출판된『근본적 기독교 신학』과『재림과 천년왕국』*Second Advent and Millennium*에서 상세하고도 일관되게 주장했다. 그의 주장에 의하면 지상의 모든 나라들은 성령의 시혜와 은총의 현재적 수단에 의해 복음화 되고 회심할 것이다. 천년왕국은 이 세상에서의 기독교의 승리를 의미하고 복음은 인간 사회와 시민과 국가의 삶을 통제하는 영향력이 될 것이다.[44]

> 후천년주의자들은 예수께서 말씀하신바 세상으로부터 자신의 인격적 부재의 방편을 수용한다(요 16:7). 그의 가시적 임재는 비가시적인 것으로써 교회를 도우려는 것이 아니라, 그리스도인의 마음속에 계신 성령의 보편적인 임재를 분명히 가르치셨다. 그는 세상을 이기고 그의 왕국

을 세우시기 위한 성령과 복음 그리고 은총의 현재적 수단의 부족함을 결단코 단 한마디도 말씀하지 않으셨다. 그는 자신의 설교자들과 교사들 그리고 선교사들이 복음과 은총의 현재적 수단을 가지고 성령의 능력으로 가야 하며 헛되어 일하라고 결코 알리지 않으셨다. 왜냐하면 이 모든 그리스도인들이 성공하기 위해 의도되지 않았기 때문이다. 하나님은 이 수단들을 선포하셨고 그들은 성공할 것이다.[45]

힐스의 초기 천년왕국의 견해들은 체계적이지 않은 설교 형태로 드러났다. 실제로 그의 초기 후천년설은 체계적인 교리가 아닌 비전으로 이해하는 편이 더 좋을 듯싶다. 오벌린 완전주의와 테일러의 신학은 천년왕국의 비전과 희망에 맞춘 부흥운동과 사회개혁을 위한 전적인 프로그램을 하나로 묶었다. 이미 살펴 본 바와 같이 피니의 사상 속에서 천년왕국의 희망은 부흥운동과 개혁을 위한 열정을 일관되게 독려했다. 이러한 그의 비전과 희망은 힐스의 신학적 상상력을 평생 사로잡았다.

미래 심판의 성서의 교리는 인류의 보편적인 의식과 완전히 조화를 이룬다. 모든 사람들은 인간의 행위가 검토되고 선과 악이 분리되며 각자에게 적절한 상급이 나누어지는 어느 날의 어떤 개념을 갖는다. …지금 만일 심판이 있다면, 죄책은 정죄될 것이고 형벌이 부가되는 것은 불가피한 것이다. 반면에 그 심판은 의미가 없다. 우리 모두가 또한 유죄라는 것을 알았기 때문이다. 그러므로 그리스도를 모르는 사람들에게는 희망이 없다.[46]

힐스에 의하면 후천년주의자들은 계시록 20장을 근거로 후천년설을 주장한다. 계시록 20장에서 여섯 구절에 걸쳐 여섯 번 천년왕국이 언급되었다고 주장한다.[47] 힐스는 후천년주의자들의 주장을 다음과 같이 요약한다.

① 그리스도의 재림에 관한 언급이 없다. ② 성도 혹은 순교자의 부활된 몸에 관한 언급이 없다. ③ 후천년주의자들은 이러한 순교자들이 지상에서 그리스도와 함께 지배한다는 증거가 전적으로 결여되었다고 느낀다. ④ 후천년주의자들은 성서의 조화를 보존하려는 해석으로 이끈다는 것을 느낀다. ⑤ 후천년주의자들은 계시록 20:1-7이 문자적 부활을 묘사한다면, 그때 모든 것은 문자적 해석이 되어야 한다. 즉 문자적 천사, 뱀, 사슬, 구덩이, 왕좌, 그리고 흔적 그리고 참수된 순교자들의 문자적 부활 등을 지지한다. ⑥ 후천년주의자들은 구약성서가 두 복음의 시대의 사상을 지원한다고 생각한다. ⑦ 후천년주의자들은 예수께서 자신을 왕으로서, 자신의 왕국으로서, 절대적인 진리로서 말씀하신 사실을 받아들인다(요 18:37). ⑧ 후천년주의자들은 예수께서 세상으로부터 자신의 인격적 부재의 방편에 대하여 말씀하셨다는 사실을 수용한다(요 16:7). ⑨ 후천년주의자들은 그의 신부된 교회가 예수께서 다음에 오셨을 때 완전하게 될 것이라는 것을 믿는다(고전 15:23, 24; 엡 5:25-27; 살후 1:10; 살전 3:13; 요 6:39, 40). ⑩ 후천년주의자들은 성서가 세상 끝에 다시 오신다고 말한 사실을 믿는다(고전 15:24; 벧전 1:13; 딤후 4:8; 빌 3:20; 살후 1:7-10; 벧후 3:10) ⑪ 후천년주의자들은 그리스도가 이 땅에 다시 오셨을 때, 이 세상은 불로써 멸망할 것이라는 것을 믿는다(살후 1:7-10).[48]

힐스는 자신을 포함한 후천년주의자들은 예수의 재림이 갖는 네 가지 의미와 네 가지 다른 목적을 다음과 같이 주장한다. ① 그는 그들의 죽음에서 자신의 백성들을 취하기 위해 오신다(요 14:1, 2; 눅 23:43; 16:22-

25; 빌 1:23). ② 예수는 성령에 의해, 성령을 통해서 그의 임재의 현현 속에서 그의 백성들에게 오신다(요 14:16, 18, 23;요 14:28). ③ 예수는 예루살렘에 대한 고독한 심판을 이행한다는 점에서 권능 혹은 그의 왕국으로 오신다. 그리고 그는 전 인류의 최종적인 심판의 형태와 약속인 응보적 정의를 위해 공포스런 방문을 할 것이다(마 16:27, 28; 막 8:38; 눅 9:1 눅 9:26, 27; 마 24:29-34; 막 13:24-30). ④ 그는 심판과 지상에서 가시적인 통치를 위해 오신다(마 26:64; 마 25:31-46).[49]

1931년 출판된『근본적 기독교 신학』은 그가 평상시 그랬던 것처럼 논쟁적 스타일로 쓰여졌다. 그 내용은 성경무오설(축자영감설)과 성서고등비평, 찰스 다윈의 진화론을 비판하였으며 전천년설을 거절하였다. 이 책은 세간의 주목을 받지 못했다. 그 이유는 그 당시 전천년설이 복음주의신학의 주류를 이루었던 것에 반해, 힐스는 후천년설을 주장했기 때문에 전천년주의자들로부터 철저히 외면당한 결과였다.[50] 힐스에 의하면 자신이 후천년설을 주장하게 된 이유는 평생의 신학적 독서와 연구의 확신, 즉 오벌린 완전주의와 테일러 신학의 영향 때문이었다.[51] 힐스는 자신의 신학 속에서 즉각적이고 반복적인 성결, 그리스도인의 완전교리와 후천년설을 일관되게 주장하였으며, 평생에 걸쳐 타협 없이 가르치고 실천하였다.

IV. 21세기 성결운동과 종말론

1. 에큐메니칼 운동의 가능성

앞에서도 살펴 본 바와 같이 성결운동에 있어서 재림은 본질적인 것이 아니라, 비본질적인 것이었음이 드러났다. 첫째, 수많은 급진적 성결운동 지도자들의 대부분은 전천년설을 주장하였지만, 힐스를 포함한 몇몇은 후천년주의자였으며, 이들은 다소간 논쟁과 이견을 보였음에도 불구하고, 비방과 분열, 그리고 반목 없이 함께 성결운동을 주도하였다. 둘째, 이는 문서적이고 선언적인 측면에서도 재림, 즉 종말론을 성결운동에 본질적인 것으로 인식하지 않았다. 이미 1890년 성결운동의 모토에서도 밝힌 바와 같이 "본질적인 것에는 일치, 비본질적인 것의 자유, 모든 일에는 사랑을, 그리고 모든 것 위에 계신 하나님(In essentials, unity; in none-essentials, liberty; in all things charity; God over all)" [52] 을 천명하였으며 이러한 정신이 연합운동으로써 급진적 성결운동을 성공적으로 확산시킬 수 있었던 핵심적인 원리로 작용할 수 있었다.

다시 말해서, 급진적 성결운동과 재림과의 관계는 본질적인 것과 비본질적인 것과의 관계라고 이해할 수 있다. 따라서 21세기 성결운동의 가능성을 조심스럽게 전망한다면, '성결'에 대한 성서적이고 신학적인 당위성과 현실적인 필요성에 공감하고 동의한다면, 우리는 얼마든지 성결운동을 다양한 교파들이 연대하는 연합운동으로 전개할 수 있다고 생각한다. 이러한 정신은 세계교회협의회(WCC)의 에큐메니칼운동의 모토요 원리(ecumenical principle or ecumenism)인 "교리는 분리하고, 봉사는 일치시킨다(Doctrine divides, service united)"에 비교될 수 있는 복음주의의 아름다운 전통이라고 평가할 수 있다. 따라서 필자는 이러한 에큐메니칼운동의 유산을 계승하여 21세기 성결운동을 전개할 수 있다고 생각한다. 역사적으로 성결운동의 특정한 교파나 교단의 전유물이 아니라, 모든 주님의 교회가 공유해야 하고 참여해야 하는 것이기에 이러한 연합의 원리는 성공적인 성결운동을 위해 필수불가결한 원리이다.

2. 실현된 종말론과 미래적 종말론의 변증법

급진적 성결운동에서 재림을 비본질적인 것으로 이해할 수 있는 근거는 성결운동의 목적이 "현시대를 섬기고 현세대를 보전하는 것을 찾는 것이지 현시대로부터 도망을 가거나 곧 사라질 것을 기대하는 것이 아니다"[53]라는 것, 즉 '성결'을 증진하는 것에 그 목적이 있기 때문이다. 전천년설은 자칫 현시대의 엄연한 현실로부터 도피하는 위험에 빠질 수 있으며, 후천년설은 궁극적으로 사라질 것을 기대하는 난관에 봉착할 수 있다. 예수 그리스도의 재림의 시기에 주목하는 두 종말론은 비성서적이라고 할 수 있다. 이는 정직하게 우리의 관심사가 아니며, 하나님의 권한에 속한 것이다(행 1:7). 따라서 전자의 임박한 종말론에 대한 기대는 이미 2천년을 넘어 지금까지 계속되고 있으며, 이러한 기대는 시한부 종말론과 세대주의적 종말론의 유혹에 노출될 수 있음은 이미 인지하는 바이다. 또한 후자는 인간과 역사에 대한 순진한 낙관론에 의한 현재적이고 미래적 종말론의 긴장을 삭제하여 무천년설의 위험으로부터 안전하지 않다. 양자는 모두 공통적으로 자칫 인본주의적 동기에 의해 주님의 다시 오심과 하나님 나라의 개념, 즉 하나님 중심주의에 혼란을 야기할 수 있다. 주님의 재림과 함께 도래할 천년왕국, 궁극적인 하나님 나라는 인간이 건설한 지상의 나라와는 전적으로 다른 하나님의 권세에 의해 통치되는 하나님 나라이다.

> 사중복음은 '하나님 나라의 임박한 도래'를 진지하게 다루게 하는 복음이요, 메시지입니다. 하나님의 나라가 가까이 왔기 때문에 교회는 하나님 나라를 준비하는 종말론적 공동체가 되어야 하며, 하나님의 뜻을 따라 사는 백성들이기 때문에 사중복음은 세상 나라에서 당하는 고난을 그만큼 더 끝까지 인내하면서 하나님 나라의 복음을 땅 끝까지 전하는 사명을 감당하도록 촉구합니다. 교회가 세상 나라의 왕들에게 굴복하지 말고 끝까지 하나님만을 왕으로 섬기며 살 것을 주문합니다. 인간 중심주의의 세상 나라에 맞서 하나님 중심주의로 하나님의 백성으로 살아야 된다는 것이 사중복음의 래디컬리즘입니다.[54]

종말 곧 "eschaton"은 세계의 파멸이 아니라, 하나님 나라이다. 이는 곧 완성(telos)으로 이해해야 한다. 하나님이 지으신 세계의 마지막은 파멸이 아니라, 예수와 함께 시작한 하나님 나라의 완성을 의미한다. 하나님 나라의 도래는 세계의 마지막 종말을 의미한다. 예수가 선포하는 이 하나님 나라는 단순히 영성화 되지 않는다. 소위 말하는 영적인 세계가 아니라 영과 육의 통일체인 인간이 그 속에서 먹고 마시며 살아가는 삶의 구체적인 현실이다. 다시 말해서, 하나님 나라는 결코 내면화되지 않는다. 그것은 인간 내면의 세계가 아니라, 오히려 외적인 세계 안에 있다. 하나님 나라는 외적인 세계를 변화시키면서 동시에 세워진다.

그리고 하나님 나라는 개인화되거나 사사화(私事化)될 수 없다. 그것은 개인의 결단의 순간과 자기 정체성을 얻게 되는 사건임과 동시에 예수가 선포한 하나님 나라, 곧 역사의 마지막은 모든 피조물이 하나님의 공의와 자비와 평화 속에서 함께 사는 "새 하늘과 새 땅"이다. 이러한 하나님 나라는 곧 세계의 마지막은 영원한 현재도 아니고 영원한 미래도 아니다. 그것은 지금 여기에 있는 동시에 역사의 미래로 남아 있다. 따라서 예수가 선포한 하나님 나라와 세계의 종말은 역사적이고 변증법적이다. 기독교의 종말론은 역사를 삼켜버리는 것도 거부하지만 역사가 종말론을 삼켜버리는 것도 거부한다. 그것은 모든 허황된 날짜 계산을 거부하고 하나님의 인자하심과 그의 능력과 약속을 믿어야 한다.

기독교 종말론의 핵심은 세계의 우주적 파멸이 아니라, 새 하늘과 새 땅에 대한 하나님의 약속과 이 약속에 대한 믿음과 희망이다. 새 하늘과 새 땅을 선포하는 하나님의 약속 안에서 세계의 마지막이 선포되며, 이 마지막 곧 종말은 역사를 폐기하는 것이 아니라, 역사를 개방하고 인간의 책임의식을 자극한다. 그것은 역사의 원동기요 추진체요 고통이다.[55] 따라서 21세기 성결운동은 재림의 때와 시기에 집중할 것이 아니라, 실현된 종말론과 미래적 종말론의 변증법 속에서 인간의 책임과 하나님 나라에 대한 희망을 갖고 전개해야 할 것이다.

V. 결론

19세기 말 20세기 초 급진적 성결운동의 공헌이라면 재림에 대한 확신을 신학적으로 이슈화시켰다는 것이다. 이는 급진적 성결운동 이전까지 신학에서 종말론적 위상을 재고하여 새롭게 제기하였다는 역사적인 의의를 갖는다.[56) 종말론은 신학적으로 매우 민감하며 다루기 힘든 주제이다. 왜냐하면 한편으로는 현재적이며 동시에 미래적이기 때문이며, 다른 한편에서는 하나의 인간, 사회, 역사, 그리고 하나님 나라에 대한 다양하고 상반된 견해로 이해될 수 있기 때문이다. 이런 이유 때문에 종말론은 신학사에서 신학의 부록과 같이 취급되었다. 전천년설과 후천년설이 갖는 한계와 비판에도 불구하고, 그것을 시급히 해결해야 할 현실적인 신학적 과제로 인식하고 공론화 시켰다는 것이 급진적 성결운동에서 제기된 재림론의 공헌이다. 다만 이러한 이슈가 보다 발전적으로 토론되지 못하고 각자의 길을 갔다는 아쉬움이 남는다. 즉, 이슈화는 했지만 신학화하지는 못했다. 다만 21세기 성결운동에서 다루어질 수 있는 가능성과 과제로 남겨놓았다는 점은 긍정적으로 평가할 수 있다.

급진적 성결운동은 철저하게 사도행전을 중심으로 한 오순절 사건에 집중되어 있다. 이는 성결에 대한 긴박한 필요성에 대한 근거로는 충분하지만 재림, 즉 종말론을 이해하기에는 다소 무리가 있다. 왜냐하면 초대교회 당시는 임박한 종말에 대한 기대가 지배적이었기 때문이다. 이러한 임박한 종말에 대한 기대는 시한부 종말론과 같은 오류를 언제나 반복할 수 있는 위험에 노출되어 있다. 따라서 21세기 성결운동에서 오순절을 넘어 성령세례, 성결은 모든 주님의 교회와 성도가 예외 없이 경험해야 하는 당위적인 개념으로, 재림은 지금 여기에서 실현되고 실현해야 하는 인간의 책임을 강조하는 보편적인 하나님 나라의 개념으로 재해석되어야 할 것이다.[57) 다시 말해서, 실현된 종말론은 인간의 책임의 문제로 미래적 종말론은 단순한 기대가 아니라, 적극적인 희망의 문제로 인식해야 한다. 이와 같은 종말론의 양면을 어떻게 함께 유지하느냐의 문제는 현대 교회와 신학의 가장 어려운 과제이다.

지금까지 종말론은 급진적 성결운동과 현대 신학에서 필요는 하되 충분치 않은 주제이다. 이는 성령에 의한 성결의 은혜와 하나님 나라에 대한 편협하고 단편적인 이해로부터 비롯되었기 때문이다. 사실상 본래 종말신앙은 세계와 사회와 역사에서 옛 질서가 가고 새 질서가 도래한다는 정치 · 사회적 신념이다. 그리고 그것은 어떤 잃어버린 옛 것의 회복을 꿈꾸는 반동사상(보수주의)이 아니고, 아직 없었던 새 것의 도래이기 때문에 국가, 교회, 결혼, 경전, 현 질서를 능가하는 전혀 새로운 것이다. '성령의 제삼시대'라는 상징이 적합하다.[58] 이제 본격적으로 성령의 제삼시대를 성숙하고 역동적으로 열어가야 할 시대적 소명을 구체화해야 할 것이다. 즉 성령론을 중심으로 성결과 재림, 종말론을 필요충분한 관계로 이해하는 보다 객관적이고 보편적인 성결운동을 전개해야 할 것이다. 성결을 주님의 재림의 전조 혹은 천년왕국의 전제조건이라고 인식하는 양 진영의 이해보다는 성결은 교회가 갖추고 구해야 하는 당위와 인간의 적극적인 책임을 실천해야 하는 현재적 혹은 실현된 종말론의 개념으로 전환해야 한다. 그래야만 급진적 성결운동의 본래 취지, 참된 성결을 촉진하기 위한 주님의 재림과 일치될 뿐만 아니라, 논리적 일관성을 갖는다. 그렇지 않으면 본질(성결)과 비본질(재림)이 뒤바뀌는 혼동과 모순을 반복할 수밖에 없으며 역사적 오류를 바로잡을 수 없다.

주(注)

1) Martin Wells Knapp, *Lightning Bolts From Pentecostal Skies: devices of the devil unmasked* (Cincinnati, Ohio: God's Revivalist Office, 1898), 155.

2) 최인식, 『예수의 바람, 성령의 바람: 사중복음 정신과 21세기 교회혁신』(서울: 사랑마루, 2014), 132-3.

3) Martin Wells Knapp, *Lightning Bolts From Pentecostal Skies,* 221-2.

4) 같은 책, 136.

5) M. Marsden, *Fundamentalism and American Culture: The Shaping of Twentieth Century Evangelicalism, 1870-1925* (New York: Oxford, 1980), esp. chap. 6, "Dispensationalism and the Baconian Ideal."

6) 한완상, "한국교회의 양적 성장과 교인들의 가치관: 영락교회를 중심으로", 『한국의 근대화와 기독교』(서울: 숭전대학교 출판부, 1983), 136.

7) E. R. Sandeen, *The Roots of Fundamentalism* (Chicago: The University of Chicago Press, 1970), 15.

8) Donald Dayton, 조종남 역, 『오순절 운동의 신학적 뿌리』(서울: 대한기독교서회, 1993), 160.

9) 최인식, 『예수의 바람, 성령의 바람』, 141.

10) A. M. Hills, *The Life of Martin Wells Knapp* (Cincinnati, Ohio: God's Revivalist Office, 1902), 53-5.

11) Seth C. Rees, *Pentecostal Messenger* (Cincinnati, Ohio: God's Revivalist Office, 1898), 5-6.

12) W. B. Godbey, *Autobiography of W. B. Godbey* (Cincinnati, Ohio: God's Revivalist Office, 1909), 96.

13) William Kostlevy, ed., *Historical Dictionary of the Holiness Movement: historical dictionary of religions, philosophies, and movement, no. 98* (Lanham, Maryland·Toronto·Plymouth, UK: The Scarecrow Press, Inc., 2009), 357.

14) Martin Wells Knapp, *Lightning Bolts From Pentecostal Skies,* 153-60.

15) W. B. Godbey and Seth C. Rees, *The Return of Jesus* (Cincinnati, Ohio: God's Revivalist Office, 1898), 16-7, 101, 102.

16) International Holiness Union and Prayer League(IHU), *Constitution and By-Laws* (Cincinnati: Revivalist Office, 1897), 3. 최인식, 『예수의 바람, 성령의 바람: 사중복음 정신과 21세기 교회혁신』, 131. 재인용. "나는 그리스도에 의한 성령 세례는 신자들을 위해 중생 다음에 오는 것이며, 믿음으로 받는 순간적인 경험이며, 모든 죄로부터 마음을 정결케 하는 것이며, 부름 받은 모든 자들이 성공적으로 사명을 성취토록 능력이 주어지는 것임을 믿는다. 나는 우리 주님의 재림을 믿으며, 하나님의 말씀이 가르치는 신유를 믿으며, 이러한 진리들(재림과 신유)을 적절하게 강조하는 것은 참 성결을 증진하는 데 도움이 됨을 믿는다."

17) 최인식, 『예수의 바람, 성령의 바람』, 132.

18) The International Apostolic Holiness Union and Churches, *Manual of the International Apostolic Holiness Union and Churches* (Cincinnati: God's Revivalist Office, 1910), 16-7.

19) W. B. Godbey and Seth C. Rees, *The Return of Jesus*, 23, 36, 78, 96-7, 105.

20) 같은 책, 97. 문자적 해석 재림의 또 다른 징조는 우리 시대의 진보이다. 우리 시대의 상업적인 기업들, 지적인 활동, 기계적인 발명은 거의 모두 불신앙이다. Floyd Cunningham, eds., 박정렬 외 역, 『나사렛교회 100년사』, *Our Watchword and Song: The Centennial History of the Church of the Nazarene*, 54-5. 미국의 남북전쟁(1861-1865)은 완전한 사랑에의 초대를 비웃었고 성결 각성운동의 열정을 억눌러버렸다. 4년간의 치열한 전투 후에 남북전쟁은 종전되었고 전쟁에 의하여 기진맥진하며 심각하게 약화되었던 미국인들은 그들의 삶이 변화된 그리스도인들은 전쟁 이전의 부흥운동에 나타났던 능력이 회복되는 것을 다시 보고 싶어 하였다. 전쟁은 의로움과 공의, 평화라는 천년왕국의 꿈을 공격하였으나 그것을 파괴하지는 못하였다. 후천년설을 믿는 사람들은 수많은 영적 깨달음, 노예제도 반대운동(노예해방), 그리고 개신교 전도 사업으로부터 용기를 얻었다. 그들은 세계가 점점 예수 그리스도와 그의 통치의 영향권 아래에 놓여 있다고 보았다.

21) 같은 책, 100.

22) 같은 책, 43-4. 수많은 사기꾼들은 세상에서 추방당할 것이요 그들은 예수 그리스가 육체대로 오시는 것을 고백하지 않는다.

23) 같은 책, 24. 대 추수기가 이르렀다. 첫 부활이 순교자들을 일으킬 것이고 모든 성결한 그리스도인들이 예수께서 부르셨을 때 들림을 받을 것이다. 그러나 성결치 못한 그리스도인들은 사악한 자들이 죽임을 당할 끔찍한 환란을 겪도록 지상에

버림을 받을 것이다.

24) 같은 책, 87.

25) 최인식, 『예수의 바람, 성령의 바람』, 140.

26) 기독교대한성결교회, 『헌법』 (서울: 기독교대한성결교회 출판부, 2002 개정판),
13. 곧 요한 웨슬리가 주장하던 성결의 도리를 그대로 전하려 하는 사명 하에서
본 교회는 중생, 성결, 신유, 재림의 사중복음을 더욱 힘 있게 전하여 모든 사람을
중생하게 하며 교인들을 성결한 신앙생활로 인도하여 주의 재림의 날에 티나 주
름 잡힘 없이 영화로운 교회로 서게 하려는 것이다.

27) International Holiness Union and Prayer League(IHU), *Constitution and By-Laws* (1902), 3. 최인식, 『예수의 바람, 성령의 바람』, 132-3. 재인용.

28) Donald Dayton, 조종남 역, 『오순절 운동의 신학적 뿌리』, 182.

29) Kenneth O. Brown, *Inskip, McDonald, Fowler: "Wholly and Forever Thine": Early Leadership in the National Camp Meeting Association for the Promotion of Holiness* (Hazleton, PA: Holiness Archives, 1999), 251.

30) Donald Dayton, 조종남 역, 『오순절 운동의 신학적 뿌리』, 183; L. Paul Gresham, *Waves Against Gibraltar: a memoir of Dr. A. M. Hills 1848-1935* (Bethany, Oklahoma: Southern Nazarene University Press, 1992), 229.

31) Floyd Cunningham, eds., 박정열 외 역, 『나사렛교회 100년사』, *Our Watchword and Song: The Centennial History of the Church of the Nazarene* (천안, 충남: 나사렛대학대학교출판부, 2013), 840.

32) C. J. Branstetter, *Purity, Power, and Pentecostal Light: The Revivalist Doctrine and Means of Aaron Merritt Hills* (Eugene, Oregon: Pickwick Publications, 2012), 14-5.

33) 같은 책, 14.

34) Garth M. Rosell and Richard A. G. Dupuis, eds., *The Memoirs of Charles G. Finney: Complete Restored Text, Annotated Critical Edition* (Grand Rapids: Zondervan, 1989), 391-2, 393. "나는 성서 연구에 전념하였고 그 주제와 관련된 것이라면 무엇이든지 닥치는 대로 읽었으며, 결국 내 마음은 만족하였고 보다 고상하고 안정된 수준의 크리스천의 삶을 달성할 수 있었으며, 이것은 모든 그리스도인의 특권이었다. ⋯ 나는 이 세상에서의 성화(sanctification) 교리, 그리고 원죄 없이 살아가는 것이 그리스도인들의 특권이라는 의미에서 '온전한 성결'의

교리가 성서에서 가르치고 있는 교리이며 성결을 달성하기 위한 풍부한 수단이 주어졌음에 만족하였다."

35) Floyd Cunningham, eds., 박정열 외 역,『나사렛교회 100년사』, 43.

36) John Telford, ed., *The Letters of the Rev. John Wesley* (London: Epworth, 1931), 8:238.

37) Donald Dayton, 조종남 역,『오순절 운동의 신학적 뿌리』, 159.

38) 목창균,『성결교회 교리와 신학』(서울: 대한기독교서회, 2012), 164-5.

39) Donald Dayton, 조종남 역,『오순절 운동의 신학적 뿌리』, 167.

40) 같은 책, 168. 재인용.

41) Theodore Jennings, *Good News to the Poor: John Wesley's Evangelical Economics* (Nashville: Abingdon, 1990), 97-117.

42) John Wesley, "A Short Account of the Life and Death Reverend John Fletcher", *The Works of John Wesley*, vol. 11: *Thoughts, Addresses, Prayers, Letters, 3rd ed.* (Kansas City: Beacon Hill Press of Kansas City, 1979), 273-365.

43) C. J. Branstetter, *Purity, Power, and Pentecostal Light: The Revivalist Doctrine and Means of Aaron Merritt Hills,* 102.

44) A. M. Hills, *Fundamental Christian Theology* vol. 2 (Salem, Ohio: Schmul Publishing Co., 1980), 351

45) 같은 책, 354-5.

46) A. M. Hills, "God will Judge the World", *The Portage Country Democrat* (7 April 1875).

47) A. M. Hills, *Fundamental Christian Theology*, vol. 2., 351.

48) 같은 책, vol. 2., 352-6.

49) 같은 책, 356-7.

50) Richard S. Taylor, ed., *Leading Wesleyan Thinkers. Great Holiness Classics. vol. 3.* (Kansas City, Missouri: Beacon Hill Press of Kansas City, 1985), 334-5. 힐 스는 열렬히 후천년설을 지지하였고 특히 세대주의적 전천년설에 대해서는 한 치 의 타협도 없이 비판하였다. 이런 고집스런 확신은 두 성결대학의 학장직을 떠나 게 하는 직접적인 이유가 되었고 마지막 학교인 패서디나 대학에서도 교수와 학 생들로부터 외면을 당했으며『근본적 기독교 신학』은 끝내 초판의 유포로 끝났고 출판되지 못했다. 마침내 킨(C. J. Kinne)에 의해 1931년 출판되었으나 대중의 지

지를 받지 못했다.

51) A. M. Hills, *Fundamental Christian Theology*, vol 2., 339.

52) International Holiness Union and Prayer League(IHU), *Constitution and By-Laws of the International Holiness Union* (1897): "Motto: In essentials, unity; in none-essentials, liberty; in all things charity; God over all" (1900).

53) Michael Lodahl, "Editorial Notes", *Wesleyan Theological Journal* 29 (1994): 6.

54) 최인식, 『예수의 바람, 성령의 바람』, 94.

55) J. Moltmann, 박봉랑·전경연 역, 『희망의 신학』 *Theolgie der Hoffnung*, München. 8. Aufl. 1969., 150.

56) H. Ray Dunning, "Reactions to WTS Conference on Escatology", *Wesleyan Theological Journal* 29 (1994). "근대 성결운동은 종말론을 많이 강조하지 않았으며 다양한 천년주의 이론을 구원의 비본질적인 것으로 취급하는 것이 일반적이었다." "웨슬리신학회가 구원의 계획에 대한 웨슬리의 입장과 상충되는 종말 교리를 공식적으로 논쟁의 중심으로 이끌고 옴으로서 종말론을 심각하게 고심하는 것은 처음 있는 일이었다."

57) 손규태, "천년왕국운동들의 사회윤리적 해석", 김성재 편, 『밀레니엄과 종말론』 (천안: 한국신학연구소, 1999), 373-84. 손규태에 의하면 역사적으로 볼 때, 묵시문학적 종말론, 즉 천년왕국 운동은 첫째, 제도적 종교에 대한 반동운동으로서, 둘째, 보편적 평등사회를 지향하였고 셋째, 제국주의에 대한 민족주의 운동으로서의 지향점을 갖는다고 분석하였다. 본래적 기독교 신앙은 성서적인 종말론적 신앙이다(성서에는 물론 개인의 종말만이 아니라 역사의 종말에 관해서 또 인류역사의 종말만이 아니라, 물리적 자연의 종말(우주적 차원)의 양면이 있다. 교회의 발생은 본래 종말론적인 현상이었다. 종말론이나 급박한 하나님 나라(그리스도의 천년왕국)를 기다리는 믿음이다. 그 내림하는 왕국은 새로운 사회 질서다. 그것은 특정한 공동체의 구현이 아니라, 새로운 세계다. 그런데 이러한 성서적 종말신앙은 제도로서의 교회의 확립과 더불어 사라지고 말았다. 말하자면 종말신앙을 희생하고 그 대가로서 제도로서의 교회를 얻게 되었다. 그 이후 줄곧 교회사를 통해서 제도적 교회는 항상 교회 변천에 있어서 보수세력을 대변했고 현상유지의 재가자의 역할을 담당했다. 미래, 희망, 급박한 종말 곧 혁명 사상을 제도적인 교회 밖으로 추방했다. 그렇다면 지금에 와서 그리스도인은 제도적 교회를 비판함으로써만 성서적인 종말신앙을 회복할 수 있고, 교회 울타리 밖에 나가서 혁명 세력과

손을 잡고 사회와 세계와 인류의 미래를 위해서 협력하지 아니하면 안 될 것이다. 혁명·정치해방의 신학은 교회의 신학은 아니다. 지금 교회사는 바야흐로 소위 콘스탄틴 시대를 지났고, 기독교 왕국은 무너졌고, 속 기독교시대(Post-Christian Era)에 접어들었다. 종말신앙과 혁명사상은 다시 회복 종합할 수 있는 '카이로스'에 왔다고 하겠다.

58) Elisabeth Sch ssler Fiorenza, "요한계시록의 역사와 종말론", 김성재 편, 『밀레니엄과 종말론』, 313.

참고문헌

기독교대한성결교회. 『헌법』. 서울: 기독교대한성결교회 출판부, 2002 개정판.

김성재 편. 『밀레니엄과 종말론』. 천안: 한국신학연구소, 1999.

목창균. 『성결교회 교리와 신학』. 서울: 대한기독교서회, 2012.

최인식. 『예수의 바람, 성령의 바람: 사중복음 정신과 21세기 교회혁신』. 서울: 사랑마루, 2014.

한완상. 『한국의 근대화와 기독교』. 서울: 숭전대학교 출판부, 1983.

Branstetter, C. J. *Purity, Power, and Pentecostal Light: The Revivalist Doctrine and Means of Aaron Merritt Hills*. Eugene, Oregon: Pickwick Publications, 2012.

Brown, Kenneth O. *Inskip, McDonald, Fowler: "Wholly and Forever Thine": Early Leadership in the National Camp Meeting Association for the Promotion of Holiness*. Hazleton, PA: Holiness Archives, 1999.

Cunningham, Floyd. eds. 박정열 외 역. 『나사렛교회 100년사』. *Our Watchword and Song: The Centennial History of the Church of the Nazarene*. 천안, 충남: 나사렛대학 대학교출판부, 2013.

Dayton, Donald. 조종남 역. 『오순절 운동의 신학적 뿌리』. 서울: 대한기독교서회, 1993.

Dunning, H. Ray. "Reactions to WTS Conference on Escatology", *Wesleyan Theological Journal* 29 (1994).

Godbey, W. B. and Rees, Seth C. *The Return of Jesus*. Cincinnati, Ohio: God's Revivalist Office, 1898.

_____. *Autobiography of W. B. Godbey*. Cincinnati, Ohio: God's Revivalist Office, 1909.

Gresham, Paul. *Waves Against Gibraltar: a memoir of Dr. A. M. Hills 1848-1935*. Bethany, Oklahoma: Southern Nazarene University Press, 1992.

Hills, A. M. "God will Judge the World", *The Portage Country Democrat* 7. April (1875).

_____. *The Life of Martin Wells Knapp*. Cincinnati, Ohio: God's Revivalist Office, 1902.

_____. *Fundamental Christian Theology. Vol. 2.* Salem, Ohio: Schmul Publishing Co., 1980.

International Holiness Union and Prayer League(IHU). *Constitution and By-Laws.* Cincinnati: Revivalist Office, 1897.

_____. *Constitution and By-Laws.* Cincinnati: Revivalist Office, 1902.

Jennings, Theodore. *Good News to the Poor: John Wesley's Evangelical Economics.* Nashville: Abingdon, 1990.

Knapp, Martin Wells. *Lightning Bolts From Pentecostal Skies: devices of the devil unmasked.* Cincinnati, Ohio: God's Revivalist Office, 1898.

Kostlevy, William. ed. *Historical Dictionary of the Holiness Movement: historical dictionary of religions, philosophies, and movement, No. 98.* Lanham, Maryland·Toronto·Plymouth, UK: The Scarecrow Press, Inc., 2009.

Lodahl, Michael. "Editorial Notes", *Wesleyan Theological Journal 29* (1994).

Marsden, M. *Fundamentalism and American Culture: The Shaping of Twentieth-Century Evangelicalism, 1870-1925.* New York: Oxford, 1980.

Moltmann, J. 박봉랑·전경연 역. 『희망의 신학』. *Theolgie der Hoffnung.* München. 8. Aufl. 1969.

Rees, Seth C. *Pentecostal Messenger.* Cincinnati, Ohio: God's Revivalist Office, 1898.

Rosell, Garth M. and Dupuis, Richard A. G. eds. *The Memoirs of Charles G. Finney: Complete Restored Text, Annotated Critical Edition.* Grand Rapids: Zondervan, 1989.

Sandeen, E. R. *The Roots of Fundamentalism.* Chicago: The University of Chicago Press, 1970.

Taylor, Richard S. ed. *Leading Wesleyan Thinkers. Great Holiness Classics. Vol. 3.* Kansas City, Missouri: Beacon Hill Press of Kansas City, 1985.

Telford, John. ed. *The Letters of the Rev. John Wesley.* London: Epworth, 1931.

The International Apostolic Holiness Union and Churches. *Manual of the International Apostolic Holiness Union and Churches.* Cincinnati: God's Revivalist Office, 1910.

Wesley, John. *The Works of John Wesley, Vol. 11: Thoughts, Addresses, Prayers, Letters,* 3rd ed. Kansas City: Beacon Hill Press of Kansas City, 1979.

국문초록

애론 힐스의 종말론

　본 연구에서 필자는 첫째, 급진적 성결운동의 핵심적인 지도자 중 한 사람, 애론 M. 힐스(Aaron Merritt Hills)의 종말론인 후천년설을 중심으로 급진적 성결운동 2기에 이슈화된 재림(전천년설), 종말론의 역사적, 신학적 배경과 동기, 그리고 그 내용을 분석하고자 한다. 재림에 관한 이슈는 처음부터 신학적으로 확정된 교리의 형태가 아닌 당시 주류 교회의 점진적인 성화와 후천년주의에 대한 반동으로 제기되었으며, 시대적 징조와 근본주의와 세대주의적 전천년설과 같은 외적 요소에 의해 정식화되었기 때문이다. 둘째, 앞의 연구를 토대로 21세기 성결운동과 종말론의 미래적 가능성을 검토하고자 한다. 급진적 성결운동의 창조적인 유산을 계승하여 미래의 성결운동을 보다 성공적으로 실천하기 위한 원리를 발견하고자 한다. 과거 급진적 성결운동에서 성결과 재림의 관계는 필요는 하되 충분하지 않은 관계 속에서 진행되었다면 21세기 성결운동에서 성결과 재림의 관계는 보다 필요하며 충분한 관계적 개념으로 보완되어야 한다. 셋째, 성결과 재림에 관한 신학적이고 역사적인 평가와 함께 미래적 과제를 도출하고자 한다. 급진적 성결운동사에 있어서 '재림'에 대한 이슈는 신학사적으로도 역사적 의의를 가지며 동시에 미래의 성결운동을 위해서는 보완의 과제를 인식해야 한다. 왜냐하면 역사적이고 경험적인 평가를 토대로 미완의 과제인 종말론을 공론의 장으로 이끌어 모두가 공감하고 동참할 수 있는 개념을 발전시켜야 해야 할 시대적 소명이 우리에게 있기 때문이다.

| 주제어 |

애론 힐즈, 후천년설, 19세기 성결운동의 종말론, 재림, 21세기 성결운동

Eschatology of Aaron Merritt Hills

Nam, Tae-wook

Researcher, Global Institute of the Four-fold Gospel Theology

This study is aiming at understanding and analyzing (1) the eschatological theology of Aaron Merritt Hills who was one of the most prominent radical holiness campaigners, (2) the eschatological thought during the second period of the radical holiness movement focused on premillennialism, and (3)the historical and theological background, motive, and content of the second coming of Christ. Initially, the view of the second coming of Christ was not fixed in the form of the doctrine and theology. Rather, it appeared as a reaction against the mainline church's view on the gradual sanctification and postmillennialism. Furthermore, this reaction developed as a specific theology and doctrine in connection with the crisis of that time, fundamentalism, dispensational premillennialism.

Second, this study is to investigate into the future possibility of the holiness movement and eschatology of the 21st century.

This study attempts to find a theological principle in order to successfully practice the future holiness movement creatively inherited from the radical holiness movement. Although the radical holiness movement of the 18th century examined the relationship between sanctification and the second coming of Christ, its investigation was not enough. Hence, the task of the holiness movement in the 21st century fully searches for the proper relationship between sanctification and the second coming of Christ.

Finally, this study will carry out the theological and historical critique of the notions of sanctification and eschatology, and thus suggest the futuristic task of holiness and eschatological movement. Specifically, this study will maintain that the notion of eschatology should be interpreted by the lens of sanctification. Through interrelating eschatology to sanctification, the doctrine of eschatology will extend its theological territory, and conversely the doctrine of sanctification will also extend its theological site and be interpreted by the eschatological perspective.

| Keywords |

postmillennialism, eschatology of Aaron Merritt Hills, future of holiness movement

마틴 냅의 전천년재림 사상에 관한 연구

A Study of the Premillennial Second Coming of Jesus
Established by Martin W. Knapp

홍 용 표

(글로벌사중복음연구소)

마틴 냅의 전천년재림 사상에 관한 연구

I. 서 론

마틴 냅(1853-1901)이 1897년 창립한 만국성결교회 총회 지도자들은 1905년 12월 카우만과 킬보른을 한국 총리와 부총리로 임명하고, 10여명의 선교사를 극동에 파송한 후 주의 재림과 성결선교의 연관성을 이렇게 천명하였다.

> 주의 재림을 당기려 이 선교사들과 사역자들과 함께 선교필드 총괄총재(FS)를 임명하여 각 선교지를 방문하여 선교사들을 철저히 감독하고, 그들과 집회들을 가지며, 온전한 보고를 받으며, 본국 선교국과 기관지 「부흥자」에 선교사역 사무와 재무보고서를 공지해야 한다. … 주의 재림교리는 위력있는 종말적 선교 열성을 촉진시키는 위력있는 요소이다.[1]

냅에게 전천년재림을 전해준 멘터들과 요인들은 만국성결교회 및 한국성결교회 사상에도 직접 영향을 주었다. 만국성결교회의 재림론은 성경적 전천년재림설이었다.

1913년 만국[사도]성결교회 총회를 회고한 컬프는 총회의 주요 신학이 '성경적,' '오순절적,' '사도적' 중생, 성결, 신유, 재림, 선교임을 천명한다.[2] 존 냅은 성결교회 신학은 성경적 재림을 포함하는 '순복음'임을 다시 천명하였다.[3] 따라서 만국성결교회의 헌장과 성경과 복음가를 번역해 사용한 한국성결교회의 신조에서 주의 재림에 동참하는 조건은 '성결 체험'이다.[4]

만국성결교회 총회장은 1910년대 말 카우만과 킬보른 등 20여 명을 한국에 파송한 후 성결한 교회가 재림사상으로 선교열정을 가져야하고,[5] 오순절 능력과 기도의 영향력과 돈으로 "예수의 재림을 함께 신속하게 재촉해 땅끝까지 천국이 점령, 확장되도록 함께 매진해야 한다"고 호소하였다.[6] 만국성결교회의 냅의 순복음을 전하도록 파송받은 카우만과 킬보른에 의해 세워진 한국성결교회의 첫 남녀 전도자들도 미신자에게는 '중생복음'을,[7] 기신자에게는 '성결복음'과 '재림복음'을 전하였다. 이는 한국 교회에 "새 교리이지만 그 진리를 기쁨으로 받아들이고 주님의 재림을 대비케 하였다."[8] 성결교회는 그 목표가 확실하여 불신자에게는 회개와 중생과 신유복음을, 신자들에게는 성결과 재림 복음을 전하였다.[9] 성결교회 초창기에는 전도 대상인 부인과 어린이들이 많아 이들의 복음화를 겨냥하는 동시에,[10] 신자들을 대상으로 성별예배와 재림복음으로 죄악과 방종을 각성시켜 현지인 사역자들을 속히 양성하였다.[11]

한국 "성결교회의 재림론은 7년 대환란 전에 주님이 공중에 재림하시면 성결하게 살다가 죽은 신구약 성도는 부활하고 성결하게 살고 있는 성도는 홀연히 변화하여 구름 속으로 휴거되어 어린양 혼인잔치에 참여하나, 성결하지 못한 신자들은 대환란을 통과함과 불신 죄인들의 지옥행을 의미한다."[12] 이들은 냅의 문서전도 정신을 따라 복음가, 쪽 복음, 신약성서, 성결문서를 번역해 소통 수단으로 사용하였다.[13] 선교 동기를 유발한 이 재림복음 때문에 한국성결교회는 개척 13년만에 3 대 교단으로 도약하고 해외선교에 동참하였다.[14] 냅은 지금 천상에서 그의 성결과 종말선교 사역 후 110년이 된 현재, 혁명적으로 불어난 세계 성결오순절 가족들을 내려보고 있다.[15]

이 논문에서 100년전 만국성결교회 마틴 냅이 체계화한 사중복음 중 주의 재림을 논의하고자 하는 목적은 건강한 순복음 전파와 선교의 동기를 부여하는 데 있다. 또 이 논문에서 한국 성결교회가 물려받은 유산인 재림 복음을 재고취하는 의의는 한국에서 물질과 유복 중심으로 세상에서 타락하는 교회들과 교인들에게 천국에 대한 각성과 재림을 준비하도록 자극과 도전을 주는 것에 있다. 이 논문에서 필자가 속인들의 흥미를 잃게 한 주제 중 재림을 부각시키는 이유는, 한국교회가 순전한 성경적 오순절적 기독교 사상과 세계관으로 돌아가게 하여 개인, 공동체, 세계를 이기적 야욕 추구에서부터 돌이켜 빛나고 영원한 사랑이 있는 천국 추구 중심의 삶으로 변화시키는 것에 있다.

이 논문의 목적과 의의를 달성하고자 필자는 성결교회 창립자 마틴 냅의 성경적, 역사적, 선교적 종말을 중심 축으로, 제1장에서는 냅의 재림사상의 역사적 배경과 패러다임 변동을 볼 것이다. 제2장에서는 냅의 멘터들과 전천년재림을 수용한 요인들을 살펴볼 것이다. 제3장에서는 냅의 재림사상과 종말 서정과 특징을 논하면서, 오늘의 교역과 선교 현장에서 건강한 재림 세계관을 성경적, 긍정적, 건설적 차원에서 재발견하여 생동적으로 적용할 것이다.

II. 냅의 재림사상의 역사적 배경과 패러다임 변동

여기서는 성경적 초대교회 재림과 역사적 패러다임 변동 배경을 살펴보기로 한다.

1. 성경적 초대교회 재림관

냅은 급진적 전천년재림과 성결을 결합시켜 초대교회와 연관시켰다. 냅은 초대 교회 교부들 대개가 전천년론자이었다고 보았다. 그의 성령세례론처럼 그의 급진적 전천년재림설은 이 초대교회 신앙에 근거를 둔다. 이 입장에서는 천년 통치 말엽, 만인에 대한 최종 심판과 불신자에게는 지옥의 벌과 의인들에게는 영원한 상급인 지복 시대가 온다.[16] 천년왕국은 영적 의미가 아닌 여자적 의미여서 부활한 예수 그리스도는 적그리스도를 패배시키고, 예수의 재림 시에 예수를 믿은 의인들은 육체적 부활을 받는다. 그는 초대교회의 하나님 나라 종말 세계관을, 누가의 순간적 성령세례 성결과 요한의 말세적 속도전 선교 동참 동기로 연결시켜, 천상에 연원을 둔 성령의 폭발적 불과 힘으로 회복하고자 하였다. 예수 재림은 긍정적으로 성경적 약속, 예수의 교훈, 성령의 증거, 교회의 선교 역사, 이스라엘의 회복, 예수믿는 성도들에 대한 상급과 신원 때문이다.[17] 그러나 이 전천년재림은 세상 타락, 사탄 세력, 죄인들의 멸망과도 연관 있다.[18] 이 사상의 역사적 배경을 보자.

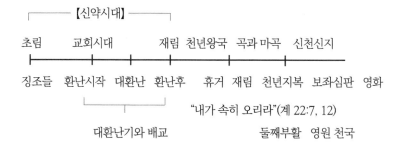

【신약시대】

초림　교회시대　재림 천년왕국 곡과 마곡　신천신지

징조들 환난시작 대환난 환난후　휴거 재림 천년지복 보좌심판 영화

"내가 속히 오리라"(계 22:7, 12)

대환난기와 배교　둘째부활　영원 천국

성경적 전천년재림 입장에서의 종말 서정[19)]

2. 역사적 배경과 패러다임 변동

19세기 프랑스 혁명과 미국 재앙과 남북전쟁으로 인하여 구미의 정치적 · 사회적 제도들이 갑자기 붕괴되는 등 사회적인 대변혁으로 전천년설에 대한 관심도가 높아질 때 스코틀랜드 어빙 목사의 언약신학 주도 아래 신 보편사도운동이 일어났다. 그를 이어, 플리머스 형제단운동(Plymouth Brethren Movement)에 힘입어 천년왕국론자들의 모임이 조성되면서, "성령세대"를 강조하는 역사적 전천년설 신앙이 부흥하는 계기가 되었다. 이 운동 지도자들인 조지 뮬러와 존 다비(John Nelson Darby 1800-1882)는 성령 중심의 세대주의적 전천년사상을 성경주석, 기도, 자선 실천으로 뒷받침하며 발전시켰다.[20)] 냅은 어빙, 다비, 조지 뮬러뿐 아니라,[21)] 미국의 나야가라 예언대회의 성경적 전천년재림과 세계복음화를 다 수용했다.[22)]

냅의 재림 사상 노선은 원래는 감리교의 후천년설이었다. 그러나 전

통 기독교가 크게 요동치는 소용돌이를 맞은 미 남북전쟁(1861-65)과 프랑스 시민혁명 뒤에, 냅이 창설한 만국성결교회의 성경적 전천년재림설의 신학 노선은 다음 도식 스펙트럼에서 볼 때 좌측 후천년재림 입장으로부터 우측 역사적 전천년 입장에서 성경적인 세대론적 재림 입장으로 넘어가는 과도기의 패러다임을 나타낸다.

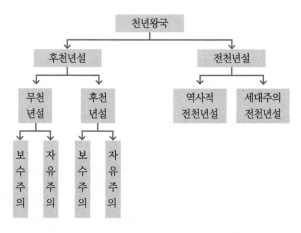

19C말-20C초 냅과 성결교회의 성경적 재림[23]

19세기 세대주의적 전천년 사상과 성경적 재림사상의 영향을 받은 냅은 재림 전후 종말 서정을 신자의 구원과 실천 목적에서 문자적, 역사적, 예표(모형)적, 영적 해석을 수용하여 신자의 삶과 교역에 적용한다.

1) 역사적 전천년설(Historic Premillennialism) 패러다임
역사적 전천년설은[24] 요한신학과 바울신학을 19세기 미국 상황에 비추어서 역사적 재림 "날"의 "사적 성취" 중심으로 결합한 것이다. 바울의 종말론에서는 신자들이 예수님이 재림하실 때 그리스도 안에서 잠자는 자들이 부활하고, 살아남은 자들은 휴거되며(살전 4:16-17), 요한의 종말론에서는 공중에서 주님을 영접하여 새 하늘과 새 땅에서 천 년 동안 왕노릇한(계 20장) 후에 백보좌 심판이 있으며, 그 후에 영원한 천국으로 인도되는 것으로 보는 입장이다. 역사적 전천년설의 성경적 근거는 바울의 종말과 요한의 묵시의 결합이다. 요한계시록 4장은 천상 예배, 7, 14장은 이스라엘의 남은 자 144,000명의 회복, 12-13장은 사탄의 방면과 환란, 14-17장은 세상 통치자 바벨론의 박해를 설정한다. 19장은 예수 그리스도께서 재림하셔서 그의 원수들(사단, 적그리스도, 거짓 선지자들)을 멸하시고, 유황 불 붙는 못에 던지는 서정을 말한다. 20장은 하늘로부터 내려온 천사에 의해 사단은 1,000년 동안 결박되어 감금되고 부활(휴거)한 성도들은 그리스도와 함께 천 년 동안 왕노릇할 것이나 악인의 부활은 천년왕국 후에 일어날 것을 피력한다. "1,000년"이라는 의미를 여자적인 기간으로 보아 그리스도의 재림 직전에 그 징조로서 대배교와 대환난이 있다. 20-22장에서 예수의 재림 후 성결하게 준비된 자들에게 인격적(실재적)인 천년왕국 이후 심판 상급으로 신예루살렘의 신천신지 영원계가 주어짐을 구상한다.

2) 세대주의 전천년설(Dispensational Premillennialism) 패러다임

냅은 바울과 요한의 종말사상에다 누가의 성령론적 종말신학을 결합해 역사적 및 세대주의적 전천년설을 성경적 재림사상으로 이어주는 역할을 한다. 이들은 누가신학적인 성령세례 성결 체험의 새 시대가 요한신학적인 신천신지 종말시대로 극치를 이루도록 인도할 동기와

매개체는 다름 아닌 온 누리에 성령충만한 예수의 증인이 종말을 예비하는 선교 헌신이라고 부각시켰다.[25] 냅은 바울과 누가의 '이미'와 '아직 아니'의 천국 간 긴 종말 서정을 선교 정신에서 전개하였다.

냅은 장로교 신자인 어빙과 아서 피어슨의 성경적 언약신학을 토대로 한 누가적 성령신학과 요한의 종말론을 결합함과 더불어, 전술한 형제단 뮬러와 다비의 성경적 전천년재림, 기도, 자선 실천신학을 받아들였다. 이들의 재림 입장은 인류의 전 역사를 일곱 언약 시대(구약 5시대, 신약 2시대, 총 7세대)로 나누어 유대인과 이방인의 구원과 유기를 언약적, 예표적, 문자적, 영적으로 성경을 해석한 형태였다. 이 입장은 천년왕국 전에 두 번의 재림(7년 대환난 시작 때에 일어날 공중 재림과 성도들의 부활, 7년 대환난 후 지상 재림)을 제시하고, 지상에서 7년 대환난이 벌어지는 7년간 공중 혼인잔치를 주장한다. 7년 대환난 후 그리스도께서 지상으로 재림하실 때 회개한 성도들이 휴거하고, 믿는 유대인은 육체적으로 천년왕국의 백성으로 들어가서, 곡과 마곡의 전쟁 후 휴거, 주의 2차 재림으로 신자와 불신자의 심판과 부활, 영원한 신천신지 세계의 종말 서정이 후속된다.

III. 냅의 전천년재림 수용에 영향을 준 멘터들과 요인들

감리교 후천년설을 따르던 냅은 언제 전천년재림을 수용했나? 누가 냅에게 전천년재림 확신을 갖도록 주었나? 그는 1870년대 이후에 나온 전천년재림 책들을 직접 탐독하여 수용하게 되었다. 그러나 냅의 전천년적 재림 사상 수립에 영향을 준 멘터들이 있다.

1. 마틴 냅의 전천년재림 수용에 영향을 준 멘터들과 시기

냅의 재림사상에 1차적으로 영향을 준 멘터는 그의 아내인 루시 그렌이었고, 북미 북부의 제임스 브룩스, 애도니럼 고든, 데비잇 업데그래프(리스의 담임목사), 셋 리스 및 남부 전도자들인 엘 피켓, 윌리엄 갓비, 헨리 모리슨이었다.[26] 물론 그의 멘터였던 성경 근본주의자 아서 피어슨, 디 무디, 앨벗 심슨도 그와 영향을 주고 받았다. 루터교 조셉 세이스는 냅의 종말신학 체계화에 큰 도움을 주었다. 이제 그의 재림사상에 영향을 준 멘터들을 상세히 고찰해 보자.

마틴 냅의 전천년재림에 영향을 끼친 멘터들을 보면, 우선 마틴 냅이 보는 가운데 천국에 먼저 간 루시 그렌 냅이다. 그녀는 신경성 질병으로 고생하던 동역자요 아내였다. 그 다음 냅에게 영향을 끼친 외부인은 북부 성결파 침례교도인 애도니럼 고든이었다. 고든은 마틴 냅의 전천년재림 비전에 깊은 영향을 끼쳤다. 냅은 그의 『하나님의 오순절 번갯불』에서 제임스 브룩스의 전천년 종말 서정뿐 아니라 고든의 『주여 오시옵소서』란 책을 인용하였다.[27] 그 다음 그의 전천년재림에 영향을 준 분은 셋 리스의 담임목사 데이빗 업데그래프이다. 이는 냅이 그의 책들을 출간한 것에서 입증된다. 그 다음 냅에게 가장 확실하게 전천년재림 사상에 영향을 준 사람들은 셋 리스, 엘 피켓, 윌리엄 갓비, 헨리 모리슨, 이 퍼거슨 등이다. 냅의 시련과 재림 수용 시기는 1880년대 후반에서 1890년대 전반기(힐스는 냅의 직접 간증에 따라 1892년 단정)이다. 그러면 냅의 후천년설에서 전천년설로의 이동 계기를 보자.

첫째, 이 시기 마틴 냅은 사모 소천 충격으로 연구한 종말 책들에 영향을 받아 전천년재림 입장으로 인도된 것으로 보인다. 둘째, 마틴 냅의 전천년재림은 윌리엄 갓비 목사의 영향인 것으로 생각된다. 이때 즈음에 양자 간 진지한 영혼 간의 강하고 친밀한 우정이 싹트기 시작하였고, 그 친밀감은 새 사상 공유로 일평생 지속될 정도로 깊어졌다. 양자는 상호 사업 관계를 가지면서 더 함께하게 되었고, 아마도 이런 것이 이 재림교리를 깊이 논의 하는 입장의 변화로 이끈 것 같다.[28] 셋째, 냅의 전천년재림 수용 입장으로의 변화는 그의 부흥과 음악 동료 엘 피켓으로 인하여 일어난 것이기도 하다.[29] 엘 피켓은 냅의 부흥사역과 『눈물과 승리가』 1, 2, 3집을 만드는 일, 즉 냅의 생각에 잠재적인 전천년재림의 영향력을 주고받으며, 냅의 재정 지원을 받는 상호 연합과 교역으로 작곡과 편집 일을 해냈다.[30]

넷째, 사중복음 중 재림은 냅의 동역자 앨벗 심슨[31]의 재림사상이 '부흥자 운동'으로 중재되었던 것 같다.[32] 셋 리스는 심슨의 기독 연맹의 미시간 지소의 "회장으로 봉사하는 동안, 그와 그의 사모 홀다 리스는 1888년 미시간 레이슨 밸리타운 형제단 교회에서 목양하고 있었다."[33] 그러나 심슨의 전천년설은 세대론적이기보다 분명히 더 역사주의적 경향성(재림 시일 강조)을 띠고 있었다. 그러나 냅은 그 부흥자운동에 갓비, 피켓, 모리슨 같은 남부 전천년재림운동 요원들의 합류로 인해, 형제단성결운동을 주도한 존 다비, 애도니럼 고든, 아서 피어슨 및 업데그래프 등의[34] 성경적 전천년재림을 수용한 것으로 사료된다.

만성 한국선교사 해리 우드교수가 인정하듯이, 냅의 종말신학 체계에 가장 큰 영향을 준 학자는 복음주의 루터교 필라델피아제일교회 부속 성서학교의 신약학자 조셉 세이스였다.[35] 냅에게 세이스는 그의 조상인 노르웨이계 복음주의 신약학자인 점에서 더 쉽게 소통되었던 것 같다. 냅이 본 세이스의 책들은 중판한 주의 재림 강화서들이었다.[36] 냅은 전천년재림을 증빙하는 이 책들을 그의 부흥자출판사에서 재판하 거나 세계적으로 보급하였다.

조셉 세이스는 냅에게 전천년 종말 서정에서 복음주의의 여자적, 영적 해석뿐 아니라 특히 예증적 해석 즉 귀납적 해석법을 가르쳐 주었다.[37] 이런 해석법은 냅의 1880년대 세 번째 책『애굽에서 가나안으로』에 나타나 있듯이, 그에게 영적 이스라엘은 구원받은 자이지만, 가나안에 들어간 자는 성령충만 받은 신자를 예표한다.[38] 이런 해석은 냅의 마지막 4권의 책『성결 승리』,『죽음의 강』,『흡연과 음주』,『성경구원 승리가』에서 나타난다. 냅에게 하나님의 말씀은 전체 창세기에서 요한계시록까지, 영적 "이스라엘이 하나님이 말씀하신 모든 것을 통하여 흐르는 동맥이다."[39] 그에게 영적 "이스라엘은 하나님이 소유하시고 그가 약속한 백성에게 유업을 주신다"(창 17:8; 26:2-5;28:13; 시 105:6-11).[40] 그래서 냅에게는 '모든 것 위에 하나님'이시고, 그의 신앙지도 교단도 학교도 교회(성막)도 선교회도 '하나님의 것'이다.[41]

마지막으로, 냅에게 재림에 대해 확실하게 영향을 준 예언적 선교 부흥사는 여 부흥사 미랜더 엘 본 볼즈와 그녀의 아들 이 대쉴이었다.[42] 그녀와 대쉴은 냅의 감리교 출교 원인인 메릴랜드 치사피크 수양대회와 시카고 성결대회를 오순절적 예언과 희열 현상으로 주도한 동료들이다. 이들은 냅이 급진적 성결교단 창립과 선교적 재림의 길을 가도록 추진력을 제공하였다.

2. 냅의 전천년재림 사상으로의 패러다임 변동 요인

냅이 전천년재림으로 선회한 요인을 "성경으로 돌아가자," "오순절로 돌아가자," "하나님 우선 신앙원칙" 표어와 연관시켜 보자면, 첫째, 알미니안 세대론자들이 사용한 논의와 도구들은, 성결 옹호자들이 '성경적', '영적', '예언적', '예표적', '예증적' 해석을 사용한 것들과 점점 합류되어 병행되고 있었다. 둘째, 냅의 후천년설에서 전천년설로의 변동은 당대 지배 문화에 대한 점증적인 비관주의를 반영한다. 냅과 그의 동료들은 이 비관적 전망에 대한 다양한 원인들을 시사하면서 점증하는 성결가족들이 갓비와 모리슨의 "세상은 점점 나아지는가?"에 대한 질문의 답인 "더 악해진다"와 "우리는 수만명의 영감받은 증인들을 통해 부정적 답변을 제시하라고 강권받는다"라는 비관주의에 합치하였다.[43] 냅은 1901년 4월 "내 백성을 위로 하라"는 메시지에서 "세상 사람들이 점점 더 악해지고 진리는 있어도 살인, 강간, 자살을 더 감행하고, 미국인들은 20년전 보다 배나 술을 마시고 국가 뿐 아니라 교회도 사악한 세력이 늘어남"을 탄식하였다.[44]

윌리스 손튼은 그의 책 『성령의 불이 임할 때』의 '오순절 기초 넓히기'란 '근본주의' 장에서 마틴 냅이 보수 복음파인 근본주의적 성경 관점과 해석을 수용하였음을 입증한다.[45] 그는 냅이 특히 성경적인 전천년적 재림을 수용하였음을 강조한다. 그러므로 냅은 북미 성결오순절 운동과 신학교들 뿐 아니라, 그 직계 자손인 한국 성결교회에도 초교파적, 초인종적으로 효과적인 교역을 위한 성경적인 전천년재림의 관점과 해석과 적용을 제공한 셈이었다.

IV. 마틴 냅의 전천년재림 사상과 특징

1. 냅의 종말사상의 서정

그의 원초적인 "신약성경 재림 교리"의 전천년주의적인 종말 서정을 보면 이렇다.

> 우리는 '주의 재림'에 대해 예수 그리스도, 바울, 베드로, 요한이 주장한 것임과 다음 사항들을 포함하는 것으로 이해한다. ① 예수는 그가 떠나가신 대로 개인적으로, 신체적으로, 그 모습 그대로 다시 오시고 있다. ② 신자들은 그의 도래하심을 끊임없이 준비하며 살아야 한다. ③ 주께서는 오실 때 산 성도들을 하늘로 옮기시고 죽은 자들을 부활시켜 모두가 공중에서 주를 만날 것이다. ④ 요한계시록에서 말한 두려운 심판들은 그 다음 사악한 자들에게 퍼부어지고 1,000년간 이 땅에서 그리스도의 통치가 이어진다. ⑤ 그 다음 사악한 자들의 최종심판, 신천신지, 영원세계가 온다.[46]

냅이 창립한 만국성결연맹의 1897년 헌법 맹약은 이렇다. "나는 하나님의 말씀이 가르치는 대로 주의 재림과 신유를 믿는다. 그리고 이 진리를 적절하게 강조하는 것은 성결의 증진에 도움이 된다고 믿는다." 냅은 그 생전 만성 헌법(1900) 제5조에 재림 교리를 천명하였고, 그 사후에 동료들은 1905년, 1913년 헌법에서 주의 임박한 인격적 재림, 전천년설, 이중 재림, 환란전 휴거, 이스라엘 회복, 세계복음화, 적그리스도 출현, 예언적 징조 사건들, 휴거, 재림, 심판, 부활, 신천신지, 영원세계 서정을 제시한다.[47] 냅의 사후 헌장의 재림 신조를 보자.

우리는 주의 재림이 인격적이며 전천년적, 또한 임박적이라는 것도 믿는다. 복음이 온 세계에 증거로 전파된 후 한 순간에 일어나는 성도들을 영접하는 공중재림(마 24:14, 행1:9-11, 살전4:14-17, 마24:27, 25:13, 26:29, 계22:12))과 그의 사도들과 지상에 재림하심인 내림(살전 4:14-17; 계 20:4)과는 구분되어야 한다. 후자 즉 지상 재림은 이스라엘의 회집(겔 36:24, 37:21), 적그리스도의 출현, 기타 예언된 사건들의 성취(살후 2:8-10, 계 19:20) 후에야 일어날 것이다.[48]

동 교단 헌장에 나타난 [운명] 신조를 보자.

우리 주 예수 그리스도의 구원 지식을 가진 모든 사람은 주의 영원한 왕국[천국]의 영원한 영광 사건들, 즉 최후 심판까지 보전될 더 완전한 상급사건들과 더 큰 영광 사건들을 공유할 것이다(고후 5:10). 성도들이 심판대에서 영원한 복을 향유하러 갈 때(계 20:12,13, 마 25:46, 고후 5:10), 초조한 죄인은 영원한 정죄, 벌, 불행에 유기될 것이다(마 25:46, 눅 13:3, 계 14:10, 11, 20:15).[49]

THE RAPTURE   WRECKED OR RESCUED—WHICH?   LOST, SAVED, SANCTIFIED.   "THREE DEMON SPIRITS HOVER."

그림 1. 냅의 전천년재림, 천국, 지옥 그림들 (1898년 『하나님의 오순절 번갯불』)

다음은 냅이 1897년 초교파적 '성결의 띠'(연합)을 위해 체계화한 세대주의적 7시대 전천년재림과 종말 서정 도해이다.[50)]

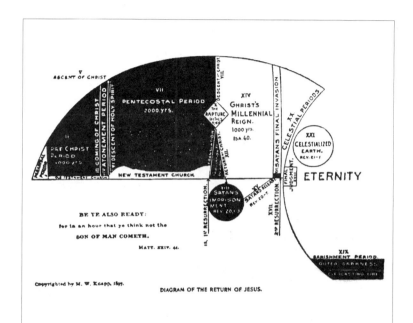

DIAGRAM OF THE RETURN OF JESUS.

그림 2. 1897년 전천년재림과 종말 서정 도해

1. 낙원기 2. 예수 이전기: 4000년 구약교회 3. 예수 초림기

4. 속죄기 5. 예수 승천기 6. 성령강림 시기 7. 성령 세대: 2000년 신약 교회

8. 예수의 강하 (내림) 9. 첫째 부활 [이동기] 10. 휴거(살전 4:16-17)

11. 환란기 13. 사단감옥기(계20:1-3) 14. 예수의 1,000년 통치기(사60)

15. 사단 방면기 (계20:7) 16. 사단의 최종 침투

17. 둘째 부활 18. 최종 심판기 19. 유기기(지옥), 바깥의 어둠, 영원한 불

20. 천상시기들(계21:1) 21. 천상화된 땅(계21:1)

22. 둘째(사실상 셋째) 부활 23. 심판기 그리고 영원 세계

2. 냅의 재림 사상의 특징

냅은 성경적, 오순절적, 신중심 신앙적, 선교적 비전을 공중과 지상 재림으로 마무리한다. 그가 이 전천년재림을 수용한 것은 1880년대 말로 보인다.[51] 그러나 애런 힐스는 냅이 1892년 전천년재림 사상을 수용한 것으로 본다. 냅이 주장하는 재림의 큰 징조는 열한 가지이고[52] 부분 징조는 열 가지이다.[53] 그는 임박한 재림을 성결과 선교와 연관시킨다. 그의 재림 징조들의 목적은 "죄의 붕괴와 사단의 세력의 붕괴의 가까움을 선포하고, 승리의 피를 흘린 하얀 말을 탄 자들이 와서 그 성도들을 구출하는 모습이 가까움을 선포하는 것이며, 주의 영원한 나라를 세움이 가까워 옴을 선포하는 것이다."[54] 신자들의 주의 재림 동참 조건인 성령세례 성결은 이 시대의 특징이 될 것이다.[55] 지상 재림 시 "그리스도의 신부인 교회는 부활하신 몸체와 더불어 왕들과 제사장들로 면류관을 쓰고 그와 함께 셀 수없이 많은 땅을 공동으로 다스릴 것이다."[56] 주의 나라에서 그의 구속받은 보혈로 씻음 받은 백성들은 예수의 공동 상속자들로 그 큰 거룩한 도시 예루살렘을 자유롭게 다니고 (계 21:10), 정결함 받은 자들도 신 예루살렘 성에 다니고, 천상화 된 땅(신지, 지부랄타)도 접촉하게 된다. 이 새 땅은 저들의 영원한 기업을 위해 하나님의 마음에 합한 천계 광대역이 될 것이다.[57] 천상적 광역에서 성도들에게 기업 상속이 일어나는 시기들(계 21:1)은 무한대의 영원세계이다.

그러면 냅의 현재 적용적이고도 미래 해석적인 재림 사상 특징을 21세기에 적용하기 위해, 성경적, 역사적, 체계적, 예언적, 선교적, 교육적 여섯 가지 차원에서 이해하여 보자.

1) 성경적 재림 세계관

냅이 본 속한 재림은 성경에 나타난 대로 "그리스도와 사도들이 전파하였다." "그러므로 너희도 예비하라. 너희들이 생각지 않은 때에 인자가 올 것이기 때문이다"(마태 24:44).[58] 냅의 기뻐하는 소망은 그가 공중에서 그의 주님과 올라가서 사는 것이었지만, 그는 베드로와 열한 제자들과 바울이 그랬던 것처럼 성경을 연구하며 전도와 선교사역에서 죽음의 문을 통과함으로써 주님을 만났다. 따라서 냅에게 그리스도의 재림은 성경과 실상들과 조화를 이룬다.[59] 냅은 『죽음의 강』에서 재림사상을 확신하는 성결인들의 성경적인 가치와 행동은 영생으로 인도하는 반면, 죄 있고 비 성서적인 인본적 가치와 행동은 지옥으로 이끈다고 대비시켰다.[60] 냅의 성경적 재림은 그가 파송한 카우만 일행이 냅이 편성한 성결문서들을 한국어로 번안한 『부표관주 신약성서』, 『복음가』, 『백의』(왓슨)에 반영되어 있다.[61]

2) 역사적 성결전도에 동참하는 전천년재림으로의 패러다임 변동

1890년을 전후해 미국 복음주의의 신학적 변천이 있었다. 감리교는 주님 재림 전, 세계를 복음화하고 사회를 변화시킨다는 후천년재림을 믿었다.[62] 전천년재림론자는 이를 반대해 사회는 악해지고 기독교는 더 복음화 되지 않으므로, 주의 재림은 속히 임하여 죄악 사회를 공의롭게 하고 천년왕국을 가져온다고 믿어 성결 전도를 국내외에서 강조하기 시작하였다.[63] 1892년 냅이 「부흥자」에서 감리교 후천년설에서부터 윌리엄 테일러와 허드슨 테일러 식 세계 성결 전도와 현지 지도자의 신속한 양성을 위해,[64] 성경적이고 근본적인 세대주의 전천년재림을 수용하는 패러다임 변동의 이유를 제시한 것을 보자.

독자 중 어떤 사람이 이 재림 진리를 위해 이 주제에 대한 질문을 한다면, 그 질문사항에 즐거움으로 답할 것이고, 어떤 사람이 자신들은 우리 「부흥자」지에서 이 재림 주제를 생략하는 것에 더 나은 이유가 있다고 우리에게 친절히 통고한다면, 우리는 하나님의 은혜 아래서 답하든지 그만두든지 할 것이다. 우리는 이 재림 교리가 가볍게 여겨진 몇 가지 이유를 게재하기 소망한다.[65]

애런 힐스가 냅의 세계적 초교파적 성결전도를 위한 전천년재림 사상으로의 변동을 표현한 것을 살펴보자. 냅은 1892년 말엽 그의 사모 소천 후 전천년재림 사상가가 되었고, 1897년 2월부로 그의 「부흥자」에서 다음과 같은 선언을 한다.

1897년 "부흥자의 목적": 부흥자의 목적은 개인과 교회의 순수한 부흥 생활의 기초로 오순절 체험을 제시한 것이고, 성경적 교리 … '주님의 재림' … 오순절적인 '왕의 재림'을 기대하는 것임을 온전히 납득 받는다. 이 표현의 어느 의미에서도 우리가 이 주의 재림을 우리 구세주의 성결 케 하는 사역의 주 이슈를 대신할 수 없지만, 우리는 우리의 칼럼들에서 그 재림에 적합한 위치를 통고하도록 구도하고, 적기에 '재림'에 더 관심을 두고, 우리가 과거에는 재림에 소홀했던 것을 수정해 다른 입장을 취하려 한다. 우리는 이 '재림' 주제에 연속적인 논고들을 구상하고, 우리의 가장 사랑받고 노력에서 풍성한 「첫 크리스천 솔져」의 편집자인 엘 피켓 형제와 더불어 시작된다.[66]

냅은 이 임박한 전천년재림을 받아들이면서, 국내와 세계 성결 전도를 위해 죄악이 만연하고, 연합적인 복음화의 잠재력이 있는 복합 도시 모델 신시내티로 본부를 이사하였다.[67] 그는 여기서 재림 사상으로 신앙지「부흥자」, 성결구제소, 출판사, 성결 오순절 연맹들 본부를 가동하며, 성경학교, 구령회와 성별회, 순회 부흥회와 연합수양대회를 주도하며 선교를 자극하였다.[68]

3) 체계적인 성결 연합을 위한 재림 사상

냅은 신시내티에서 지역과 세계 차원 부흥연맹, 기도연맹, 성결연맹 등을 조직하며 연합체들을 창립하였다. 그의 재림 사상은 성결연합운동들과 함께 하며 형성된 초교파적인 복음주의 사상이 된다. 냅의 전천년재림 사상은 1897년 만국성결연합의 헌법,「부흥자」,『눈물과 승리가』,『성경구원승리가』, 책과 논고들,『하나님의 오순절 번갯불』,『죽음의 강』,『성결 승리』,『오순절 메신저』, 수양대회 중계물인『오순절 바테리에서 온 전기 충격』,『오순절 서신들』Pentecostal Letters에 나타난다.[69] 냅의 전천년재림이 체계적으로 나타난 글은 그의 실천신학서인『하나님의 오순절 번갯불』(LBPS, 1898)로 1897년 재림 도해를 중심으로 하여, 재림 징조들, 환란, 공중재림, 재림, 천년왕국, 심판, 영원한 천국의 종말 서정으로 전개된다. 냅이 1897년 탈고한『하나님의 오순절 번갯불』제 10장은 '오순절 재림 대망'을 주제로 설명하며 초교파인 성결 연합의 전천년재림 신학을 수립하였다.

냅은 그의 요한계시록 주석들과 적용인『죽음의 강』(1898)과『성결 승리』(1901)에서 성경적 전천년재림을 급진적, 주경적, 예증적, 체계적으로 부연하였다.[70] 그는『죽음의 강』에서 요한계시록 묵시를 십계명으로 적용하며, 형식적 신자들의 모독행위를 질타하고, 성경적인 가치와 행동은 재림과 영생으로 연결됨을 강조하였다.[71] 그의『성결 승리』는 미래주의적인 전천년재림과 종말 서정을 현재의 성결 체험과 연관시켜 총체적 '연합의 띠' 즉 성경적, 실천적, 선교적, 예언적 성결 연합체에 적용함으로 전개한다.

4) 총체적인 예언, 예표, 예증적 재림 해석

냅의 재림은 교권적이고 형식적인 신자들을 질타하는 예언적 요소가 강하게 부상된다. 힐스는 냅의 요한계시록 주석에서 성결한 삶에 대한 예언적 해석과 승리하는 삶의 예증적(귀납적) 적용을 이렇게 표현하였다.

> 냅 목사의 마지막 책은 1901년에 출판되기 전에 탈고 되었는데, 이 책은 이렇게 도전을 주고 넉넉히 관심을 받은 삶에서 아주 자극을 주는 사건들로 관이 씌워져 있었다. 냅 목사의 마지막 책 제목은『성결 승리, 즉 밧모에서 얻은 진주들』이다. 냅 목사의 성결승리는 22장으로 되어있는데, 저자는 요한계시록 각 장에 따라 이 땅에서 성결의 통치를 수행하기 위해 그의 나라에서 주님과 그 영광스런 재림의 승리를 사랑스럽게 내재시켰다.[72)]

힐스는 냅의 후천년주의의 타락에 대한 예언적 질타도 이렇게 지적하였다.

> 그(냅)는 이 세계가 점점 성장하고 있다고 긍정적으로 선언하고, 예수께서 **천국의 구름가운데서 다시 오실 때까지는 천년왕국**이 없을 것이라는 속화되고 타락한 신자들의 확신을 보면서 많은 고통을 당하였다. 그러나 냅은 그런 확신에 대해 항상 진실하여서 전혀 흔들림이 없었다. 당신은

냅의 가장 최후 책자『성결 승리』를 읽으므로 이러한 사실을 알 수 있다. 그는 심오한 순복음인 주의 재림에 대한 확신들을 갖고 있었다. 냅은 자신이 그러한 확신들로 용기있게 서있는 것을 하나님께 감사하였다.[73]

냅은 구약성서 지리나 인물과 성막 기물과 예전 서정들은, 형제단 다비와 세이스의 성막 해석법을 따라,[74] 예표적, 영적, 상징적으로 해석하거나 적용하지만, 신약성서의 재림과 천국 서정은 문자적, 세대주의적, 예증적으로 해석하고 현재 성결 체험과 생활로 적용하였다.[75] 그는 제자들에게 이런 해석법을 가르쳤다.[76] 따라서 냅의 재림 해석은 교역과 선교를 위해 성경적이고, 현장 이야기를 귀납적으로 현재 성결 생활에 적용하는 점에서 총체적이었다.

5) 선교 동기를 부여하는 실천적 재림 논거

냅에게 있어서 재림 대망의 장점은 죽음의 들이닥침 보다는 회개와 성결에 대한 면류관을 쓰게 할 동기로 예수의 재림에 영혼의 시야를 고정시키게 함으로써,[77] 그가 이해하는 재림의 선포는 사람들을 구원으로 인도하는 데 있다.[78] 그에게 그리스도의 재림은 성경과 실상들과 조화를 이루게 하는[79] 오순절 백성들 사이에서 연합의 띠이고,[80] 선교 정신을 길러주는 것이다. 따라서 그는 재림 사상을 유지하는 운동과 성결인들은 선교사역에서 가장 진취적인 그룹들이라 본다. 그는 재림복음을 교역과 선교 동참에서 우주적이고, 영원히 이기게 하고, 아버지와 아들과 성령께 모든 영광을 돌린다는 점에서, 새롭고 깊은 영성의 성결 신학으로 급진적이게 수용하여 선교 정신을 고취시키는 일에 적용했다.[81]

1901년 초엽, 냅의 재림과 선교의 연관성에 대한 고백을 보면, 전천년적 동기와 의미부여가 잘 나타난다. 냅은 하나님께서 하성대 교수 비트라이스 피니를 선교지로 부르신 것을 항상 기뻐하였고, 그녀는 임박한 재림 신앙 때문에 선교지 아프리카에서 선교를 시작하고, 정착하며 발전시켰다. 그녀가 아프리카에 가기 전에 영혼들을 구원하는 은사를 받도록 냅이 기도하자, 하나님께서는 그의 기도에 놀랍게 응답하셨다. 냅의 처제인 엘리자벳 펄이 급박한 재림 때문에 아프리카 선교사로 부름 받았을 때도 그는 이를 크게 기뻐하며 하나님을 찬양하면서, 그의 자식들까지 선교지에 보낼 확신을 갖고 있었다.

> 나(냅)는 아프리카 정글로 내 자식들을 … 어떤 지역에 제아무리 어려움이 있더라도, 하나님이 그들을 원하시면 드릴 것이다. 나는 하나님께서 저들에게 주신 영혼들과 공중[천국]에서 다시 저들을 만나리라 확신한다.[82]

6) 성결교회의 은사 훈련과 활용 목적을 가진 재림의 고취

냅의 만국성결교회와 하나님의 성경학교와 그 연계 기관들의 1차적인 과업은 그 성도들이 온전히 성결함을 받게 함으로써 '그리스도의 임박한 재림'을 "준비한 신부 성도들"의 교역 동참을 고취함이었다.[83] 그의 성결연합 재무(성결신학 저자) 시 루스는 구원파크 캠프 수양대회에 이렇게 설교하였다. "성결운동이 하나님의 사람들에게 오직 혼인 예복을 입으라고 요청만 하는 것은 무엇 때문에 그런가?" 사실「부흥자」지는 전천년설 교훈을 성령의 은사 중 예언 직분과 연관시켜 적용할 때 "성결 전파의 위력있는 매력 요소"로 작용함을 상기시켰다.[84] 그는 성도들에게 재림을 고취시키면서, 성령의 은사, 직분, 역사를 훈련시켜, 이들의 자발적 봉사와 증거를 활용하려 하였다. 만국성결연합 하나님의 성경학교의 재림 헌신은 처음부터 그 개교 축하 집회 기간에 셋 리스가 설교한 봉헌 설교에 반영되어 있었다. 재림은 "생명의 모든 말씀들"(행 5:20)에 해당한다.[85] 냅은 교단과 신학교 설립정신에 재림[86] 즉 "소홀히 된 우리 '주님의 재림' 교리를 주장하라"는 내용도 포함시켰다.[87]

냅은 이처럼 미래주의적인 전천년재림을 성경적, 역사 현장 참여적, 체계적, 선교적, 예언적, 은사 활용적인 총체적 띠 차원에서 당시 장점들과 인센티브들을 최대한 활용하였다.

V. 결 론

초대교회는 고난과 박해 가운데서 예수의 재림을 고대하는 종말 신앙으로 승리하며, 복음을 온 족속에게 증거하는 세계관을 갖고 있었다. 신앙의 자유와 복지 혜택을 받은 중세 교회에서는 종말 서정에서 임박한 주의 재림은 사라졌다. 그후 1,000년간은 교권주도의 의전이나 헌금 공적으로 갈 수 있는 연옥 위의 먼 천성만 있었다. 종교개혁기 급진 성령주의자와 재세례파들은 주의 임박한 재림을 강조하였다. 19세기 말 마틴 냅과 그 동료들이 세운 성결교회의 세계관에서는 전천년적 재림사상이 핵심요소로 형성되었다. 이 세계관은 만국성결교회의 카우만, 킬보른, 나까다 쥬지, 왓슨 등을 통해 극동에 전파되었고, 특히 한국에서는 만국성결교회 선교사들과 한국인 전도자들과 학자들의 신앙과 신학 체계속에서 뿌리를 내리며 정착하게 되었다.

오늘날 한국에서는 장례식의 80%가 화장으로 바뀌면서, 성결교회도 화장의 대세를 수용하며, 성경적인 전천년재림보다 경제논리의 무천년내지 후천년설로 회귀한다.[88] 그러나 성경적인 영원한 천국은, 예수 믿는 신자가 죽은 자들 가운데 살아서 가는 아름답고, 기쁘고, 평화롭고, 확실한 낙원이며, 천국은 우리의 목적지가 어디인지를 가르쳐 준다.[89] 냅이 전해준 주의 재림은 이 세상 밖 저 하늘 세계를 보는 최후 승리의 세계관을 갖게 한다. 성결교회의 성경적 종말 세계관은 이 불완전한 땅에서 죄 회개와 예수 신앙으로 구원받은 후 성령 충만하여 이기는 삶을 살 뿐 아니라, 저 완전한 하나님 나라를 사모하며 이 세상에서 죄악으로 죽어가는 영혼들에게 복음을 속히 증거하며, 질병을 고치고, 온전히 이기는 구원의 세계를 소개하는 특징을 갖고 있다. 성경적인 천국은 개인과 조직의 모든 것의 종말에 거룩하고 완전하게 될 생명과 사랑의 회복으로 초대한다.

우리가 추구하고 소망하는 영원한 세계는 이 땅을 넘어 존재하는 천국이다.[90] 그러나 이 땅의 현실 세계는, 자신의 육신적 식구, 물질, 명예, 자랑, 이익, 싸움에 유익이 되는 방편으로 천국을 사모하기 때문에, 점점 암울해져 간다. 우리 성결인들이 성경과 기독교 역사에서 이 세계관을 찾아 우리의 암담한 현실에서 다시 성령의 불이 타오르게 하여 우리 마음에 예수의 재림을 통해 천국 세계관을 심는 것은 기독교 신앙 공동체가 미래에 누릴 천국 소망 뿐 아니라, 불신 공동체들에게 회개와 신앙의 경종을 울리게 하여 삶의 소망을 제시하기 위해서도 중요하다. 성령으로 역사되는 천국이 임하면 죽어가는 인간, 사회, 천지가 순간에 진동하는 변화가 일어난다. 이것은 신자에게 재림을 대비케 하는 동기와 소명과 의미를 부여한다.

따라서 마틴 냅의 귀중한 유산을 물려받은 한국성결교회는 이 역동적인 주의 재림 후에 아름답고 보람찬 순서들로 이어가는 영원한 천국 복음을 성경적, 실천적, 사회복지적, 선교적 입장을 감안하여 더 총체적으로 발전시켜야 한다. 개인과 사회와 세계를 변화시켜 미래에 소망을 제시할 이 일은 성령 하나님 중심의 산 예배와 섬김으로 100년간 세계 수억 명의 사람들을 변화시킨 만국성결교회 및 한국성결교회 성도들이 받은 사명이다.

문제는 '신천지회'와 '안증회'의 오도된 "전천년재림 사상을, 21세기에 불신이 스며든 한국의 교역과 선교 현장에서 어떻게 효과적으로 전하여 소통하고 천국을 침노시킬 것인가?"이다. 예수의 재림과 천국을 미국의 빌리 그레이엄처럼 대전도대회와 방송 설교로,[91] 팀 라헤어처럼 소설과 영화로 대중에게 설득하여 흥행을 성공시키는 것이나, 프랑스 메시앙처럼 음악으로 극적이게 소통하여 성공하는 모델들도 있다. 미 라스 베이거스 윈(Wynn) 호텔에서 "계시적 꿈"(Le Reve The Dream)으로 연휴 고객들에게 수영, 드라마, 묘기, 첨단 기술로 성경적 미국적 천상 세계 비전을 제시하는 종합 흥행 성공 모델도 있다. 성결교회가 신세대들과 다양한 인종들 가운데서 재림복음을 전파할 때, 위와 같은 흥행 성공 모델이나, K-Pop과 드라마, SNS활용 모델로 미션 소통과 성취가 가능하냐 하는 것이다. 이를 위해서는 냅의 초교파적 메시지 소통 기술과 현대 첨단전략 모델을 배워 창조적, 연단적, 예술적 동역이 요구된다.

성결인들이 온누리에 선교하라는 명령을 지키려면, 성경적인 예수 중심 신앙으로 모든 생명의 본질인 영적 힘과 사랑을 회복해야 한다. 주의 죽음과 부활 유업을 받은 성도들의 최종 구원 은총인 주의 재림과 영화로운 천국 복음을 효과적으로 소통하려면, 성령으로 인도받는 신자들의 큰 믿음을 창조적 비전과 동역을 실행하는 데로 인도해야 한다. 개인과 공동체가 사모하는 천국이 속히 임하게 하려면, 세계 사방에 무르익은 추수거리들을 찾아 함께 결실을 거두는 기지를 발휘해야 한다. 말세 징조들이 세계 사방에서 여러 모로 나타나는 이 시기에, 긴박하고 담대히 천국을 전할 이유는, 만인의 창조자요 구원자요 심판자인 예수의 죄된 인간을 향한 대속적 구원 약속과 희생적 사랑의 실천에 있다. 예수의 천국 비전은 그의 변화된 모습처럼, 우리가 분명한 회개, 신실한 신앙, 성결한 인품과 행동으로 겸손하게 준비돼 있어 재림을 대비하고 선교할 때, 성경의 약속대로 아름답고 영원한 종말 세계가 확실히 이뤄질 것이다. 마라나타! 아멘 주여 어서 오시옵소서!(계 22:20).

1) 1905년 만국성결교회 총회의 카우만 한국 총리 임명기사와 총회록 *God's Revivalist and Bible Advocate* (이후 *GR*로 표기) (January 18, 1906):12; GR (Feb 1, 1906):12. 1907년 만국성결교회 총회에서 총회장 조지 컬프는 그 지도력 하에 있는 한국 총리 카우만의 선교에 대한 보고를 받고, 세계 해외 선교관들(missions)에 배치된 선교사들의 자질은 무장, 성령세례, 영성, 재림신앙으로 열성, 교육, 하나님께 영광돌림으로 요약한다. 그는 "내가 누구를 보낼까?"라고 물으며 "나는 해외선교국 체어맨으로 아프리카 퓨지 선교총리, 일본 카우만 총리, 인도 총리의 사역보고를 재가하고, 결론 내리기를, 본국 현장들에서 입증되지 않은 남녀 선교사 후보자들을 보내는 것은 실수이다. 선교지 선교사 후보자들은 선교사역에 분명한 소명을 받아야 하고, 성령의 능력으로 영적 심적으로 무장 교육되어 있어야 한다. 선교지들은 긍정적 회심, 긍정적 성결, 지식에 의거한 열성, 하나님의 말씀연구, 선교현지 필요성, 하나님 영광만 희구함이 필요하다"고 정리하였다 *GR* (November 21, 1907):1.

2) Kulp, "A Holiness Assembly" *GR* (1914.1.15.):1.

3) 같은 책, 존 냅은 복받은 만성 총회("A Blessed Conference" 1913.12.17.-21.) 총평에서 냅의 1897년 만국성결연합회, 1901년 '신약하나님의교회협회,' 1913년 만국사도성결교회의 신학은 순복음 중 재림이 포함되어 있음을 강조한다.

4) 이명직,『성결교회 100년설교』"흰돌"(100주년 기념설교위원회, 2007): 51-52; 같은 책에서 다음의 저자들의 재림에 대한 글을 참조하라. 한성과, "성결과 재림": 69-71. 그는 만성 새뮤얼 킨의 말을 인용해 '성결해야 재림'에 동참함을 말한다. 이건, "열린 문": 85-86; 박현명, "주의 경고"; 김응조, "석중삼언": 108-109; 이낙현도 성결받아야 천국에 감을 말한다. 이낙현, "다시 오시는 예수님": 445.

5) *GR* (Aug. 26, 1915): 9.

6) G. B. Kulp, "IAHC Chairman Missionary Board," GR (June 8, 1916): 16.

7) 김성호, 홍용표,『한국성결교회사』(기독교대한성결교회출판사, 1992), 149. 146, 150, 주일 저녁에는 불신자들을 위한 구령회와 평일 노방 직접 전도와 집회를 실시하였다.

8) 같은 책, 153, 167, 224. 주일 낮 집회는 신자들을 위한 성결예배와 오후 성별예배

를 드린다. 1주간 특별 수양회가 있다.

9) 이는 만국성결교회와 한국성결교회 헌법 총강 목적 항에 나온다.

10) 김성호, 홍용표, 154-155. 171.

11) 같은 책, 170-174.

12) 배종수, "예수님은 재림합니다,"「활천」2004년 6월: 2.

13) 김성호, 홍용표, 182-185.

14) 같은 책, 234-37.

15) 냅의 제자들이 세계적으로 일으킨 성결 오순절 카리스마 신자 가족 수는 2014년 7억명을 넘어선 것으로 통계를 낸다. 티모시 텐넌트, 『세계 선교학개론』홍용표 외 역(서울: 서로사랑, 2013) 서론.

16) Robert G. Clause, Robert N. Hosack and Richard V. Pierard, *The New Millennium Manual* (Baker, 1999), 78-79.

17) McArthur, *The Second Coming* (Crossway, 1999), 27-40, 48.

18) 같은 책, 45-47.

19) William B. Godbey and Seth C. Rees, *The Return of Jesus* (Revivalist Office, 1898) 요약.

20) 플러는 오순절 성령운동에 기초한 성경적 재림, 기도, 자선 실천 선구자이다. Arthur T. Pierson, *George Müller of Bristol* (London: James Nisbet, 1899). 다비는 전천년재림론의 선구자이다. John N. Darby, "The Covenants," *Collected Works,* ed. William Kelley (London: Morrish, 1967), III:75이하; XI:156이하 참조. 1790년대에서 1870년대 중반에 이르기까지는 다니엘서의 사건이나 요한계시록의 사건들이 교회시대에 해당되는 것으로 믿는 역사주의적 해석을 받아들였으나, 나야가라 성경예언대회 시대(1878-1909년) 이후에는 다니엘서 9장 27절에 나타나고 있는 70번째 이레나 요한계시록 6장 이후의 사건이 점점 더 기본 미래관의 경향이 되었다. Brooks 책 참조.

21) 냅 동료 Abbie Morrow, *The Work of Faith through George Muller* (Revivalist, 1898)를 출판.

22) J. H. Brooks, *Premillennialism* (Briggs, 1886). 이 책은 나야가라 대언대회 재림 강좌 모음집이다.

23) Robert Clouse et all, *The New Millennium Manual* (Baker, 1999); D. L. Bock et al ed. *Three Views on the Millennium and Beyond* (Zondervan, OM, 1999).

11-155; Mal Couch ed., *Dictionary of Premillennial Theology* (Kregel, 1997). C. Pate, *What Does the Future Hold?* (Baker, 2010), 32-136. 전천년설, 후천년설, 무천년설의 종말 서정 해석과 적용이 다르다.

24) 바나바스, 폴리캅, 익나티우스, 파피아스(Papias), 저스틴 마터(Justin Martyr), 몬타누스, 이레니우스(Irenaeus), 터툴리안(Tertullian), 락탄티우스 (Lactantius), 히포리터스(Hyporitus), 메토디우스(Methodius), 코모디아누스(Commodinus), 디오니시우스(Dionesius) 등이며, 루터(Luther), 멜키오르 호프만(Hoffmann), 뉴튼(I. Newton), 프리스톨리(Priestley), 알스테드 (Alsted), 메데(Mede), 벵겔(Bengel), 아우벨렌(Auberlen), 랑게(J. P. Lange), 스티어(Stier), 앨포드(Henry Alford), 앤드루스(Andrews), 엘리콧(Ellicott), 잔(Zahn), 트렌취(Trench), 디 엘 무디(Moody), 애도니럼 고든(Gordon), 아서 피어슨(Pier son), 앨벗 심슨(Simpson), 윌리엄 갓비(Godbey), 마틴 냅 (Knapp), 르우벤 에이 토리(Torrey), 후일 조지 래드, "역사적 전천년기설" 클라우스『천년왕국』, 권호덕 역 (성광문화사, 1980)등이다. 고든의 재림서 ECce Venit: *Behold He Lord Cometh* (Boston: A. J. Gordon,1889)의 재림론은 성결교회 창립자 마틴 냅에게 직접 영향을 주었다.『하나님의 오순절 번갯불』참조.

25) John E. Phelman, *Essential Eschatology* (IVP, 2013), 100. 행 1:10-11; 벧후 3:3-4;13.

26) Henry Morrison, *The Second Coming of Christ* (Pentecostal Pub. House, 1914).

27) A. Gordon, *ECce Venit* (Boston, 1989).

28) 냅은 갓비와 리스의『주의 재림』을 수양대회에서 강연하게 하여 출간하였고, 갓비에게 신약성서주석 7권 중 요한계시록 주석을 먼저 쓰게 하여 출간하였다. William Gobey and Seth Rees, *The Return of Jesus* (Revivalist Office, 1898). Godbey, *Second Coming* (Revivalist, 1907); *Signs of His Coming* (NC: AMO, 1905); *Commentary on NT 7 Vols.* (Revivalist, 1898-1902). 제1권.

29) L. L. Pickett, *The Blessed Hope of Glorious Appearance* (Louisville, KY: Pentecostal Publishing House, 1901). 피켓은 이 책에서 냅과 동역한 성경적 오순절 복귀, 부흥, 문서전도, 전천년재림으로의 변동과 복음가인『눈물과 승리가』 1,2 집 내용 등을 간증하면서 말한다.

30) L. Pickett, John Bryant, and M. W. Knapp, *Tears and Triumphs I, II, III*

(Augusta, SC: Pickett, 1893, PPH, 1894, 1897, 1902). 냅은 이 복음가의 재정을 담당하고, 피켓은 50편 이상의 냅 작사에 곡을 붙여 출간하였는데, 재림 찬양이 가장 많다. 이 책은 수 십 만권이 순식간에 판매되어 미 남서부에 큰 영향을 주었다. Pickett, L. L. *The Blessed Hope of Glorious Appearing*. Louisville, KY: Pentecostal Publishing House, 1901.199, 272(냅, 리스 사진 참조). 그는 냅을 시온 재림자로 본다. 이 책 9-11쪽에서 피켓의 9단계 천국 종말과 주의 재림 서정을 보라.

31) 냅은 1894년 심슨의 설교를 작곡해 그의 『눈물과 승리가』 *Tears and Triumphs I* (Agusta, SC: L. Pickett, 1893, Pentecostal Publishing House, 1894)에 넣었고, 심슨의 4가지 책들을 「부흥자」에서 보급하였다. Revivalist 1895년 판 곳곳을 보면, 냅은 심슨의 『사중복음』을 제외한 4권만 보급한다.

32) David B. Updegraff, *Old Corn or Sermons and Addresses on the Spiritual Life* (McDonald and Gill, 1892), Dougan Clark and Joseph H. Smith, *David B. Updegraff and His Work* (Revivalist Office, 1895), 233 이하 '그리스도 재림'을 보면, 성경적 전천년설이다.

33) Paul Rees, *Seth Cook Rees: The Warrior Saint* (Pilgrim Holiness Church, 1934).

34) David Updegraff, *Pentecostal Kernels* (Revivalist Office, 1898). 냅은 업데그래프의 1891년판 Old Corn을 정선, 이름을 바꿔 출간하였다. 냅이 출간한 그의 전기 *David B. Updegraff and His Works* (Revivalist Office, 1895)에는 순복음 즉 사중복음 중 '전천년재림'도 강하게 제시된다.

35) Harry Woods, "A History of the Oriental Missionary Society"(circa 1963):5.

36) 조셉 세이스(Joseph A. Seiss 1823-1904), *The Apocalypse: A Series of Special Lectures on the Revelation of Jesus*(묵시: 예수 그리스도의 계시 특강 시리즈) (Philadelphia: Smith, 1865); *Parables of the Ten Virgins*(10처녀의 비유), 『바벨론에서의 음성들: 예언자 다니엘의 기록들』(Porter, 1876), 『예언소식과 이스라엘 파숫군』 *The Prophetic News and Israel's Watchman*(1883); 『예언 시기와 파수대] *Prophetic Times and Watch Tower*; 『마지막 때』 *The Last Times*, 『거룩한 예표들] *Holy Types*; 『주의 날] *The Day of the Lord*; 『주가 가까워』 *The Lord at Hands*; 『그날과 시간』 *The Day and Hour*을 참조하라.

37) 물론 조셉 세이스의 종말에 대한 예표적 성서해석법은 19세기 존 다비와 안식교

창시자 밀러와 엘렌 지 화이트 또 여호와의 증인 창설자 러셀에게도 영향을 준 것 같다. Lay F. Kibler, *The Lutheran Bible Institute and The Augustana Synod, 1918-1932* (Ann Arbor, MI: Proquest LLC, 2008), 87-89. 그는 문자적, 예표적, 귀납적, 예증적, 윤리적, 상징적, 영적 해석을 활용한다.

38) Knapp, *Out of Egypt into Canaan* (Gill & McDonald, 1888). 성막구조와 지리로 모형적 해석.

39) Benny Hinn, *Blood in the Sand* (Lake Mary, FL: Front Line, 2009), 163-64. 이스라엘은 하나님이 소유하시고 그가 약속한 백성에게 주신다(창 17:8; 26:2-5;28:13; 시 105:6-11).

40) 같은 책, 162.

41) 냅의 신앙지 '하나님의 부흥자,' 교단 '신약 하나님의교회협회' 대성전 '하나님의 성막,' 신학교명 '하나님의 성경학교,' 로고에 나타난 '하나님의 말씀' 성경 등이 그렇다.

42) Milander L. Von Volz and Catherine Von Volz, *The Old Paths* (Revivalist Office, 1898). 냅은 그녀의 예언적 선교운동을 이 책 서문에서 인정할 정도였다.

43) Knapp, *Lightning Bolts from Pentecostal Skies* (Revivalist Office, 1898), 135, W. B. Godbey, "Question Drawer," GR (July 11, 1901), 5. 또 Rees. *Miracles in the Slums; or, Thrilling Stories of Those Rescued From the Cesspools of Iniquity, and Touching Incidents in the Lives of the Unfortunate* (Chicago: Seth C. Rees, 1905), 15. H. C. Morrison, Is the World Growing Better; or, *Is the World Growing Worse?* (Louisville: The Pentecostal Publishing Co., 1932). E. G. Marsh, *Simple A B Z's of the Second Coming* (Revivalist Office, 1929). 마쉬는 헤인스(허인수)의 친척이고 후일 하성대 총장이 되었다.

44) Knapp, "Comfort Ye My People," GR (April 18, 1901): 13.

45) 월리스 손튼,『성령의 불이 임할 때』홍용표 외 역(서울: 오순절출판사, 2014), 185.

46) A. M. Hills, *Hero of Faith and Prayer: M. W. Knapp* (Revivalist Office, 1902), 11장.

47) *Manual of the International Apostolic Holiness Church* (Cincinnati, OH: God's Revivalist Press, 1914), 5-6, 8, 18, 17-18.

48) 같은 책, 17-18.

49) 같은 책, 18-19.

50) 마틴 냅,『오순절성결신학』홍용표 역 (서울: 오순절출판사, 2013), 173-174.

51) 당시 마틴 냅의 전도용 '종말 도표'가 이를 입증해 준다. 냅의『하나님의 오순절 번 갯불』(1898)의 재림 장은 J. H. Brooks, *132 Questions and Answers concerning Pre-Millennialism* (Toronto: S. R. Briggs, Willard Tract Depository, 1886)을 요약한 듯하다. 이 책은 나야가라 예언대회 총집이다.

52) 냅,『오순절성결신학』, 178-183.

53) 같은 책, 183-84.

54) 같은 책, 184.

55) 같은 책, 190.

56) 같은 책, 189.

57) 같은 책, 195.

58) 같은 책, 201. 전천년재림구 살전 4:15; 고전 15:23, 딤전 2:19, 3:13, 4:15, 5:23, 딤후 2:1, 8, 약 5:7, 8, 벧후 1:16, 3:4, 요1 2:28.

59) 같은 책, 197.

60) David Bundy, *From Revival to the Pentecostal Full Gospel: The Populist Practical Theology of Martin Wells Knapp* (Bucheon, Korea: STU lecture, 2014), 11. 서 울신대원 강좌.

61) 홍용표, "냅의 생애와 사상"『19세기 급진적 성결운동 지도자들의 생애와 사상』 (서울: 사랑마루, 2014), 73 신약 32곳 '재림 성구들'이 다 수록되어 있다. 이 논문 80쪽 이하 냅의 "재림" 항을 보라.

62) Robert Black and Keith Drury, *The Story The Wesleyan Church* (Indianapolis, IN: Wesleyan Publishing House, 2013), 94.

63) 같은 책.

64) Paul Westphal and William Thomas, *The Days of Our Pilgrimage: History of the Pilgrim Holiness Church* (Marion, IN: The Wesley Press, 1976), 5-6, 13.

65) Hills, 홍용표 역, 11장.

66) Hills, 홍용표 역 11장; Revivalist (Feb., 1897):1.

67) Black and Drury, 같은 책, 99.

68) 같은 책.

69) 홍용표 "냅의 생애와 사상," 65-83 참조.

70) David Bundy, 'From Revival to the Pentecostal Full Gospel: The Populist

Practical Theology of Martin Wells Knapp" (Bucheon, Korea: STU lecture, 2014), 10. 신대원 영성강좌.

71) 같은 글, 11.

72) Hills, 같은 책, 홍용표 역, 16장.

73) 같은 책, 22장.

74) J. N. Darby, 계 21:2-3,22 "하나님의 성막"은 냅의 신학교 본당명이고, 중앙성결 교회의 원명이다.

75) Knapp, "Jesus Is Coming," *GR* (June 7, 1900), 7; "Poison in the Holiness Pan," *GR* (April 18, 1901),2; "Kinds of Holiness," *GR* (Nov. 14, 1901),2; "Revival War," *GR* (Dec. 13, 1900):1; "Anti-Revival Clubhouses," GR (May 23, 1901), 1; "Fish Bones," *GR* (March 22, 1900), 7; "Substitutes for Scripture," *GR* (Oct. 24, 1901), 7; L. L. Pickett, "Holiness and the Return of Jesus," *GR* (July 20, 1901), 7. 냅과 피켓은 재림복음과 선교를 강조한 복음가를 합작했다.

76) 냅의 비서 F. L. Porter는 『성막론』을 저술했고, 이장하는 이를 『하나님의 장막』 (1912)으로 번안하였고, 만성 교역자들은 이를 그대로 물려받아 사용하였다. C. C. Mourer, Preacher on the Fence (Revivalist, 1924); Twelve Theological Tornadoes (Revivalist and GBS, 1935), 233-50(성막)를 보라. 그의 Lectures on the Book of Revelation (Revivalist, 1943), 20-21장 성막의 해석 참조.

77) 냅, 『오순절 성결신학』 홍용표 역, 204.

78) 같은 책, 201.

79) 같은 책, 197.

80) 같은 책, 198.

81) 같은 책, 205-206.

82) Wallace Thornton, *The Fire Fell: Pentecostal Vision of M. W. Knapp* (Wilmore, KY: Emeth Press, GBSC, 2014), 300.

83) Knapp, *Electric Shocks from Pentecostal Batteries* (Revivalist Office, 1899), 122.

84) Seth Rees, "An Incentive to Holiness" in *GR* (Jan 25, 1900):7.

85) Knapp, *Back to the Bible or Pentecostal Training* (Revivalist Office, 1901), 45쪽 이하.

86) 냅, 『오순절 성결신학』 홍용표 역, 제 6장 147쪽 이하를 보라 (예언, 사도 은사는

현재 가능함).

87) Knapp, *Back to the Bible*, 10.

88) 박아론, 『기독교종말론』(기독교문서선교회, 2004), 245-46.

89) Don Piper, *90 Minutes Heaven: A True History of Death and Life* (Grand Rapids,
    MI: Revell, 2004), 181; E. S. Tood, *The Kingdom of Heaven* (Abingdon Press,
    1923), 68.

90) J. M. Stowell, *Eternity* (MI: Discovery House Publishers, 1995, 2006), 13,
    150.

91) Billy Graham, *The Heaven Answer Book* (Baker, 2012); A. G. Lotz,
    Heaven(Word, 2001).

참고문헌

1. 만국성결교회와 연관된 종말론 문헌

Godbey, William. B. *The Apocalyptic Angels*. Revivalist Office, 1914.

Knapp, M. W. *Holiness Triumphant*. Cincinnati, OH: Revivalist Office, 1901.

_____. *The River of Death*. Cincinnati, OH: Revivalist Office, 1901.

_____. *Lightning Bolts from Pentecostal Skies*. Cincinnati, OH: Revivalist Office, 1898.

_____. *Bible Songs of Salvation and Victory*. Cincinnati, OH: Revivalist Office, 1902.

Knapp, M. W. Pickett, L. L, and John Bryant. *Tears and Triumphs*. Columbia, SC: Pickett, 1893, Louisvile, KY: PPH, 1894.

Rees, S. C. and William Godbey, *The Return of Jesus*. Cincinnati, OH: Revivalist Office, 1898.

Pickett, L. L. *The Blessed Hope of Glorious Appearing*. Louisville, KY: Pentecostal Publishing House, 1901.

_____. W. J. Kirkpatrick, and John Sweeney. *Cheerful Songs*. Columbia, SC: Pickett, 1891.

Watson, G. D. *Who Is His Appearing*. Cincinnati, OH: Revivalist Office, n.d.

Blackstone, William E. *Jesus Is Coming*. New York: Revell, 1908

_____. *The Millennium*. New York: Revell, 1904.

Cox. John. *The Coming and Kingdom of Jesus Christ*. Dorsey, 1842.

Gordon, A. J. *Ecce Venit: Behold He Cometh*. Boston, MA: Clarendon Street Church, 1889.

2. 한국성결교회와 연관된 종말론 문헌

국제신학연구원.『여의도순복음교회의 신앙과 신학』. 서울서적, 1993.

김상준.『묵시록강의』. 서대문 창지사, 1916.

이명직.『재림강화』. 성결교회출판부, 1929.
김응조.『말세와 예수의 재림』. 성결교회출판사, 1954.
목창균.『종말론논쟁』. 두란노, 1998.
박아론.『기독교종말론』. 기독교문서선교회, 2004.
조갑진.『바울의 종말론: 창조의 보존과 회복』. 바울, 2005.
이신건.『종말론의 역사와 주제』. 신앙과지성사, 2011.
미주성결교회 총회장 29인.『사중복음 설교집』. 로스엔젤레스: KECA, 2014.
클라우스 로버트.『천년왕국』. 권호덕 역. 성광문화사, 1980.
헨드릭슨 윌렴.『말세론』. 오성종 역. 새순출판사, 1979.

3. 종말론 참고문헌

Baxter, Mary. K. *A Divine Revelation of Hell*. PA; Whtetaker House, 1993.
Bloomfield, Peter. *What the Bible Teaches About ⋯ The Future*. PA: EP Books, 2009.
Bock, D. L. ed. *Three Views on the Millennium and Beyond*. Grand Rapids, MI: Zondervan, 1999.
Barkun, Michael. *Disaster and the Millennium*. New Haven, CT: Yale University Press, 1974.
Baxter, Mary K. *A Divine Revelation of Hell*. PA: Whitaker House, 1993.
Bradstock, Andrew. "Millenarianism in the Reformation and English Revolution." In *Christian Millenarianism: From the Early Church to Waco*, edited by Stephen Hunt. Indianapolis: Indiana University Press, 2001.
Camping, Harold. *Time Has An End*. NY: Vantage Press, 2005.
Collins, J. B. McGinn and S. Stein. eds. *The Encyclopedia of Apocalypticism*. 3 vols. New York: Continuum, 1999.
Clouse, R. G. ed. *The Meaning of the Millennium*. IVP, 1977.
Clouse, R. G.. Robert N. Hosack and Richard V. Pierard. *The New Millennium Manual*. Grand Rapids, MI: Baker, 1999.
Cohn, Norman. *The Pursuit of the Millennium: Revolutionary Millenarians and Mystical Anarchists of the Middle Ages,* revised and expanded. New York:

Oxford University Press, first published in 1957, 1970.

Couch, Mal ed. *Dictionary of Premillennial Theology.* Grand Rapids, MI: Kregel, 1997.

Daley, Brian E. *The Hope of the Early Church: A Handbook of Patristic Eschatology.* Cambridge: Cambridge University Press, 2003.

Darby, John Nelson. *Commentary on The Book of Revelation.* London: R. Allan, 1869.

_____. *Notes on The Book of Luke.* London: R. Allan, 1869.

_____. *Studies on the Book of Daniel: A Course of Lectures.* J. B. Bateman, 1864.

_____. *Notes on the Gospel of Luke.* R. Allan, 1869.

_____. *9 Lectures on the First John.* Broom, 1882.

_____. *Darby's Writings: New Translation New Testament & Synopsis Books Bible.*

_____. *Dialogues on the Essays and Reviews.* Broom, 1863.

_____. *Dr. Colenso and the Pentateuch.* R. Allan,1862.

_____. *Analysis of Dr. Newman's Apologia pro vit su .* Broom, 1886.

Dark, Dave. *Everyday Apocalypse.* Grand Rapids, MI: Brazos Press, 2002.

Duffield, George. *The Second Coming of Christ.* Duffield, 1842.

Ecob, John Jr. *Did the Premillennial View Originate with Edward Irving?* (n.p.n.d.)

Ellwood, Robert. "Nazism as a Millennialist Movement." In *Millennialism, Persecution, and Violence.* ed. by C. Wessinger. Syracuse: Syracuse University Press, 2000.

Erdmann, Martin. *The Millennial Controversy in the Early Church.* Eugene. OR: Wipf and Stock, 2005.

Erickson, Lillard J. *Contemporary Options in Eschatology.* Baker, 1977.

Feinberg, C. L. *Millennialism.* BMH, 1985.

Fenn, Richard K. *The End of Time: Religion, Ritual, and the Forging of the Soul.* Cleveland: Pilgrim Press, 1997.

Gordon, A. J. *ECCE Vicet: Behold He Cometh.* Boston, Revell, 1889.

Harrison, J. F. *The Second Coming.* Rutgers University Press, 1979.

Hubbard, D. A. *The Second Coming.* IVP, 1984.

Hunt, Stephen. *Christian Millenarianism: From the Early Church to Waco.* Indianapolis:

Indiana University Press, 2001.

_____. "The Revolutionary Dimension of Millenarianism: The Case of the T'aiping Rebellion." In *Christian Millenarianism: From the Early Church to Waco,* edited by Stephen Hunt. Indianapolis: Indiana University Press, 2001.

_____. "The Rise, Fall and Return of Post-Millenarianism." In *Christian Millenarianism: From the Early Church to Waco,* ed. by Stephen Hunt. Indianapolis: Indiana University Press, 2001.

Jeremiah, David. Nashville. TN: *The Prophecy.* Neson, 2010.

Justin Martyr. *Dialogue with Trypho.* Retrieved December 11, 2008.

Kaplan, Jeffrey. *Radical Religion in America: Millenarian Movements from the Far Right to the Children of Noah.* Syracuse, NY: Syracuse University Press, 1997.

Ladd, George Eldon. *The Last Things.* Grand Rapids: Eerdmans, 1988.

LaHaye, Tim and Jerry B. Jenkins. *Left Behind.* Tyndale House. 1995-2007 and Zondervan. *Left Behind series of Apocalyptic Fiction.* 50 books.

Lincoln, Bruce ed. *Religion, Rebellion, & Revolution.* 1981.

Linsey, Hal. *The Late Great Planet Earth.* Zondervan, 1970.

_____. *Apocalypse Code.* Western Font, 1990.

Lucado, Max. *When Christ Comes.* Word, 1999.

MacArthur, John. *The Second Coming.* Crossway, 1999.

MacLaughlin, R. "The Radical Reformation" in *The Cambridge History of Christianity: Reformation and Expansion 1500-1660* ed. by R. Po-Chia Hsia. Cambridge University Press, 2007.

Marrs, Texe. *Millennium.* Austin, TX: LTP, 1990.

Mede, Joseph. *The Key to the Apocalypse.* Retrieved December 16, 2008.

Newport, Kenneth. "The Heavenly Millennium of Seventh-Day Adventism." In *Christian Millenarianism: From the Early Church to Waco.* edited by Stephen Hunt. Indianapolis: Indiana University Press, 2001.

Pahl, Michael. "A Survey of the Major Millennial Positions." *Retrieved December 16, 2008.*

Percy, Martyn. "Whose Time is it Anyway? Evangelicals, the Millennium and Millenarianism." In *Christian Millenarianism: From the Early Church to Waco.* ed.

by Stephen Hunt. Indianapolis: Indiana University Press, 2001.

Piper, Don. *90 Minutes in Heaven.* Grand Rapids, MI: Revell, 2004.

Porter, Stanley E. "Millenarian Thought in the First-Century Church." In *Christian Millenarianism: From the Early Church to Waco,* ed. by Stephen Hunt. Indianapolis: Indiana University Press, 2001.

Rhodes, James M. *The Hitler Movement: A Modern Millenarian Revolution.* Stanford, CA: Hoover Institution Press, 1980.

Rhodes, Ron. *The 8 Great Debates of Bible Prophecy.* Eugene, OR: Harvest House, 2014.

Stone, Jon R., ed. *Expecting Armageddon.* London: Routledge, 2000.

Travis, Stephen. *I Believe in the Second Coming of Christ of Jesus.* Eerdmans, 1982.

Thrupp, Sylvia L. ed. *Millennial Dreams in Action.* 1962.

Weber, T. P. *Living in the Shadow of The Second Coming.* University of Chicago, 1987.

_____. *On the Road to Armageddon: How Evangelicals Became Israel's Best Friend.* Grand Rapids: Baker Academic, 2004.

West, Nanthaniel. *The Thousand Year Reign of Christ.* Grand Rapids, MI: Kregel, 1993.

Wistrich, Robert. *Hitler's Apocalypse: Jews and the Nazi Legacy.* New York: Martin's, 1985.

York, Michael. "New Age Millenarianism and its Christian Influences." In Stephen Hunt. ed. *Christian Millenarianism: From the Early Church to Waco.* Indianapolis: Indiana University Press, 2001.

Scofield, C. I. *Rightly Dividing The Word of Truth.* C. I. Scofield, 1886.

_____. *Scofield Reference Bible.* NY: Oxford University Press, 1908, 1917.

_____. *The New Life in Christ Jesus.* Moody Press, 1915.

_____. *Plain Papers on the Holy Spirit.* Moody Press, 1915.

_____. *Prophecy Made Plain.* Moody Press, 1915.

마틴 냅의 전천년재림 사상에 관한 연구

성결함 받은 신자들은 영광스런 주의 재림과 영원한 천국을 사모한다. 20세기 직전 미국의 만국성결교회를 창립한 마틴 냅은 오순절적 세계관 틀에서 사중복음을 강조하면서 종말적 징조, 비전, 서정을 활용한 신앙, 헌신, 선교 의식과 참여를 고취시켰다. 그는 성경적인 전천년재림을 내적으로는 개인적 치유, 구원, 성결과 연관시키고, 외적으로는 빈약자들을 위한 사회봉사 및 온 누리 선교 동참과 연관시켰다. 냅이 가르친 이 성경적 전천년재림 복음은 그와 그 동료들이 한국에 파송한 카우만, 킬보른, 토마스, 헤슬롭, 헤인스 같은 선교사들과 김상준, 정빈, 이장하, 정남수, 김응조, 이성봉, 이만신 같은 한국 목사들에게 영향을 주었다. 이들은 한국 목회와 선교 현장 입장에서 종말론적 동기, 서정, 결과를 생생하게 재해석하고 적용하였다. 21세기 불신 사회를 맞은 한국 교회 신자들은 이 성경적 종말 세계관을 배워 밝은 천국에 대한 소망을 제시할 수 있을 뿐 아니라 희망을 상실한 불신자들의 구원, 전도, 목양에 대한 동기를 부여하고, 성결한 삶을 살고 선교에 동참하도록 도움을 줄 수 있다. 비성경적인 문화, 정보, 기술, 소통, 화장 사상이 주 추세인 오늘의 세계에서, 이 희망의 복음을 소통하려면, 성경적 오순절적, 신앙적, 전략적 차원에서 첨단 소통 기법을 활용하는 종합 팀 사역이 요구된다. 종말적 징조들이 만연한 지금은 기독교 기신자들이 이 성경적 천국 서정과 비전을 재발견하여, 하나님의 사랑의 복음을 필요로 하는 불신자들에게 뿐 아니라 3/4 세계 족속들에게 마라나타 서정과 아름다운 영원 세계를 효과적으로 제시할 수 있는 호기인 것이다.

| 주제어 |

전천년 예수재림, 천국 서정, 마틴 냅, 성결교회, 종말론

Abstract

A Study of the Premillennial Second Coming of Jesus Established by Martin W. Knapp

Hong, Yong-Pyo

Researcher, Global Institute of the Four-fold Gospel Theology

The promise of "eternal life in Jesus Christ" produces the waiting faith of sanctified believers in the life of sins and tears. They are yearning for the triumphant Kingdom of God. The heavenly kingdom, the beautiful and joyful paradise, is the desired human destiny. The distinctive worldview of the International Holiness Church(IHC) and its daughter the Korea Holiness Church(KHC) is the four-fold gospel: Bible Regeneration, Spirit-baptism, Divine Healing and the Second coming of Christ; a theology that urges inviting more souls to salvation before the last hour.

Before Martin Wells Knapp, founder of the IHC, the heavenly world and expectation of the return of Christ as presented in the Bible were discussed by many persons throughout church history. In the scriptures, the sanctified believed, accepted

Jesus as personal savior, awaited His return, and attributed to Him also their victories when they received the heaven-oriented revelation and eschatological hope by the help of His messengers. Especially the primitive church had the worldview that under the enemy's persecution, Jesus's followers engaged the suffering and obtained their ultimate victories with the forbearing faith in His second coming and worked to share the gospel with all nations.

The medieval church paid increasingly less attention to the eschatological return of Christ. The radical reformers, spiritual writers, Anabaptists and Pietists re-emphasized the imminent coming of the Lord. There were revival movements in the spiritually lost communities in Europe and America in which the second coming of Christ and the millennium with the eternal world received emphasis, with increased evangelicalism as one of the results. This was especially the case with Knapp and his colleagues as expressed in their Holiness-Pentecostal thought and premillennial worldview.

C. E. Cowman, E. A. Kilbourne, Juji Nakada, supported by Knapp and IHC, spread the message of His quick return in the Far East. The missionaries of IHC and Korean national workers accepted these insights and developed the Holiness-Pentecostal eschatological worldview of the OMS Korea Holiness Church.

In the 21st century, the world, the flesh and the evil war in this prideful life have produced a dark and melancholic situation, though we yearn for the heavenly Kingdom as our hope. The primitive "Kingdom vision" of the Holiness people contributes not only to the faithful witness and triumphant heavenly hope of the believers but also to the transformation and hope of the unbelievers and nominal Christians by their repentance of sins and belief in Him.

The second coming of Christ the Holiness Church as understood in the Full Gospel worldview can make the believers look to the heaven in this life and be quickly awakened, faithfully prepared, and creatively built for that eternal world. Therefore, the KHC leaders as Knapp's descendants, must develop the dynamic premillennial vision and its application biblically, practically and holistically in order that they may hopefully transform the person, the society and the world that are against it, preferring cremation.

The contemporary issue and task is: how to effectively communicate the pre-millennial worldview in the fields of ministries and missions in the 21stcentury. There are some effective eschatological worldview communication models. The K-Pop, Korean drama and SNS models are available to communicate it throughout the world.

What will be the communication or performance of the

Holiness People in the 21st Information technology-oriented century? To do it we need the creative, exercising and artistic integration by using tailor-made strategy, teamwork, IT skill, and communication. Now we have the opportunity to employ the wisdom harmonized with new information, skill and strategies in order that we may effectively share the full gospel and biblical, pentecostal, and religious return of Christ locally and globally and help the Kingdom of God to come in this generation.

| Keywords |

Dispensational Premillennialism, The second coming of Christ, Martin W. Knapp, Korea Holiness Church, pre-millennial worldview, eschatology, rapture, Watson, Blackstone, E. A. Kilbourne

셋 리스의 종말론
- 급진적 성결운동의 재림론의 형성과 그 특징

박 문 수
(글로벌사중복음연구소)

셋 리스의 종말론
– 급진적 성결운동의 재림론의 형성과 그 특징

I. 서론

19세기의 급진적 성결운동(Radical Holiness Movement)은 전통적인 메소디스트의 강조점인 중생과 성결, 그리고 19세기 미국 성결운동을 통해 형성된 신유와 재림을 포함한 사중복음 신앙을 강조하였다. 특히, 만국성결연맹의 공동 창립자이며 급진적 성결운동의 한 지도자인 셋 리스(Seth C. Rees, 1854-1933)는 세대주의 전천년설에 입각하여 임박한 재림론[1]을 전개하였다. 그의 세대주의 전천년설은 "예수가 오신다"(Jesus is coming)라는 설교를 통해 잘 드러나고 있는데, 성서에 언급된 재림의 징조들이 자신의 시대에 현실로 나타나고 있다고 보면서 임박한 재림의 징조들(signs)을 제시하였다.

첫째, 모든 교파을 넘어서 구원 받은 백성들에게 다가오는 점증하는 확신은 종말이 가깝다는 것이다(the end draws nigh). 둘째, 기계의 발명이나 상업적 활동이나 지성적 활동에 있어서 진보적인 세대의 '진보'(progression)란 다니엘서 24장 4절의 성취를 의미한다. 셋째, 그리스도의 초림 이전에도 그의 오심에 대한 징조로서 적그리스도가 등장했던 것처럼 주의 재림 이전에도 적그리스도(anti-Christ)가 나타날 것이다. 넷째, 야고보서 5장 1-8절처럼 부의 증가가 있다. 다섯째, 교회의 배교(apostasy)가 있게 되는데 현재 지상의 모든 교회는 영적으로 하락하고 있다. 즉 경건의 모양은 있지만 그 능력을 부인하는 모습이다.[2]

셋 리스는 종말에 대한 확신의 증가, 과학적 상업적 지성적 진보는 구약 예언의 성취, 재림 이전에 적그리스도의 등장, 부의 증가, 그리고 교회의 배교현상 등을 성경의 근거에 따른 전천년설 재림론의 징조들로 보았다. 말하자면, 그는 세대주의 전천년설의 주요 특징들이 현실로 실현되고 있다는 '임박한 재림론'을 주장하였다.

그는 1904년 6월 샐베이션 파크(Salvation Park)에서 가졌던 캠프집회에서 "마지막 기도집회"(The Last Prayermeeting)라는 제목의 설교를 통해 계시록 6장 12-17절에 나오는 주의 재림의 징조를 강조하였다. 이때에 주께서 여섯 번째 인을 개봉하자 온 세상에서 악한 자들이 하나님의 자비를 구하는 시대 말의 '마지막 큰 기도모임'이 있을 것이라고 예고하였다.[3] 그 날에는 하나님이 없다고 하는 자들도 하나님의 이름을 부르게 될 것이다.[4] 그리고 불신자들에게는 무시무시한 실재인 지옥이 기다린다. 그런데 예수의 보혈과 성령의 불이 지옥에서 그들을 구출할 수 있다고 그는 설교했다. 다시 말하면, 오직 예수의 보혈만이 지옥의 저주에서 사람들을 구원할 수 있으므로 바로 지금 결단해야 한다고 주장했던 것이다.[5] 성결운동에 있어서 캠프집회를 통한 순간의 결단은 부흥운동으로서의 중요한 특징이었다.

셋 리스의 메시지의 핵심은 그리스도의 재림으로 귀착되었다. 우선, 그의 전천년설 재림론이 어떻게 발전되었는지를 살피기 위해서 우리는 셋 리스가 기초한 만국성결연맹의 최초의 헌법인 Constitution and By-Laws of the International Holiness Union and Prayer League (1897)을 살펴보아야 한다. 그 내용 가운데 회원의 자격으로서 제시된 신앙고백을 주목해 보자.

> 나는 하나님의 말씀에서 가르친 대로 우리 주의 재림을 믿으며, 신유를 믿으며, 그리고 이 진리들을 적절히 강조하는 것이 참된 성결을 촉진하는 데 도움이 된다고 믿는다. "I Believe in the return of our Lord, and Divine Healing as taught in the Word of God, and that the proper emphasis of these truths, serves to assist in promotion true holiness."[6)]

즉, 만국성결연맹은 주의 재림을 신유보다도 먼저 강조하였고, 재림과 신유를 함께 강조하는 일이 결국 성결의 촉진에 도움이 되는 것으로 보았던 단체였다. 역시 1902년에 조직된 만국사도성결연맹의 헌법에서도 동일한 입장이 들어 있다. 그 '기원과 명칭'이란 항목에서도 주의 재림을 다른 어떤 교리보다도 우선적으로 강조하고 있음을 볼 수 있다. 이때 셋 리스는 총회장이었다.

> 우리는 모든 가능한 방법으로 영혼들이 주의 재림을 준비하게 한다. 죄인들의 회심과 신자들의 성화가 우리에게는 크고 우선적인 관심이며 마땅히 그래야 할 것인데 우리는 신유, 그리스도의 전천년기 재림, 세계 복

음화, 그리고 배교한 교회들이 슬프게도 소홀히 한 이런 주제들에 대해 적절하고 합당한 강조점으로 자리잡도록 하는 것이 우리의 목적이다.[6]

이와 같은 사실에 비추어보면, 만국성결연맹의 지도자들은 설립 초기부터 천년왕국의 완성 이전에 주의 재림이 있을 것을 진지하게 기대하고 있음을 발견하게 된다. 그래서 주의 재림에 대한 준비를 소홀히 하였던 교회와 성도들에게 진지하게 각성할 것을 촉구하였던 것이다.

따라서, 본 연구는 1897년 만국성결연맹을 설립한 마틴 냅과 동료였던 셋 리스의 재림론에 대한 연구로서 우선 19세기 재림론의 변화과정을 살피고, 세대주의적 전천년기 재림설을 주장한 셋 리스의 재림론 형성의 배경과 그 특징들을 정리하고, 한국성결교회에 미칠 영향을 살펴보고자 한다.

II. 19세기 재림론의 형성 배경

세대주의 전천년설은 성서의 묵시문학에 근거를 두고, 역사적으로는 근대의 전천년설에 뿌리를 두고 있는데, 특히 종교개혁자들은 종말론을 매우 조심스럽게 다루었다. 그 이유는 토마스 뮌쩌와 재세례파와 같은 과격파들이 임박한 종말을 내세우며 종교개혁자들이 세워놓은 교회를 부정하고 공격했기 때문이다. 종교개혁 이후 세대에서 다시 전천년설이 인기 있는 종말론으로 등장하게 되었는데 그것은 17세기 영국의 청교도들에게서 나타난다. 그들은 당시의 영국교회가 종교개혁의 원칙에 충실하지 못하고 세상과 타협하고 있어서 온전히 순수한 천

년왕국이 지상에 설립되기를 갈망했다. 이것이 1640년대에 일어난 영국 청교도 혁명의 배경이었다.[8]

미국으로 이주한 청교도들의 비전은 교황권의 붕괴와 유대인의 회심, 그리고 천년왕국의 특징인 선교의 성공시대를 절실하게 기대했었다. 이런 경향으로 인해 결국 미국교회가 후천년설로 기울어지고, 지상의 이상국가를 계시록 20장에 나타난 천년왕국과 동일시했던 것이다. 이 견해는 그리스도의 재림을 기대하기는 했지만 임박한 것으로 말하지 않았다. 그 이유는 주의 재림 이전에 마지막 날의 영광의 기간이 있을 것으로 기대했기 때문이다. 그 당시는 바로 부흥의 시기로서 그 시대가 천년왕국이 싹트는 여명기로 생각했던 것이다.[9]

18세기에는 과격한 전천년설이 힘을 잃고 비교적 온건한 후천년설이 등장했다. 대표적인 학자가 휫비(Daniel Whitby)인데, 그에 따르면 세계는 그리스도에게 돌아와 개종할 것이며 유대인은 자신의 땅으로 돌아가고 교황과 이슬람은 멸망할 것이다. 그 후에 천년왕국이 이루어지고 그리스도가 재림할 것이라고 주장하였다. 그의 역사관은 의의 세력은 승리하고 악의 세력은 멸망할 것이라는 낙관적 견해이었다. 이런 견해는 18세기 계몽주의 세계관과 일치하여 대중적인 환영을 받았다.[10]

이때, 개인의 중생과 성결에 관심을 둔 경건주의자들의 경향이 나타났다. 경건주의자 슈페너는 로마의 멸망과 유대인의 회심을 바라면서 재림 이전에 있을 더 좋은 기간을 말했는데, 청교도들보다는 후천년설에 덜 치우쳐 있었다. 한편, 성서학자 벵겔은 경건주의의 등장과 성서적인 사회의 건설 그리고 선교의 확장과 조화시킨 연대기적 체제를 설정하는 데 관심을 기울였다. 그는 이 시기를 1617-1863년으로 추정하였으며, 이 마지막 날은 아마도 환란기의 절정으로서 머지않아 그리스도의 재림으로 짐승이 무저갱으로 쫓겨나고 천년왕국이 시작될 것이라고 주장하였다. 이런 주장은 그의 저서인 『신약성서주석』에 반영되고 있으며, 존 웨슬리에게도 영향을 주었다.[11]

그러나 존 웨슬리는 구원론적 관점에서 벵겔의 종말론을 소개하였다. 그는 벵겔이 주장한 1863년에 그리스도의 천년통치가 실현될 것이라는 주장에는 동의하지 않았다. 도날드 데이튼도 웨슬리는 현재적 구원에 관심을 두었지 종말론적이고 묵시적인 사색에는 별로 흥미가 없었다고 평가한다.[12] 그래서 웨슬리는 전천년설보다 후천년설에 가깝다고 주장하기도 한다.[13] 어떻든 분명한 사실은 웨슬리의 추종자들 중에 조지 벨(Goerge Bell)은 개종한 후 세계의 종말을 1763년 2월 23일로 발표했던 일이 있었다.[14]

그리고, 웨슬리의 후계자로 지목되었던 세대주의자인 플레처는 사후에 출판된 『바울의 생애』Portrait of St. Paul에서 각 세대마다 각기 다른 약속이 있다고 주장했다. "성부의 세대에 성자가 가시적으로 나타나게 될 것이라는 위대한 약속이 주어졌고, 성자의 세대에는 또 다른 약속이 주어졌는데 곧 믿음의 역사와 성령이 충만하게 나타나실 것에 대한 소망이다. 물론 이것은 오순절에 성취되었다. 마침내 지금 성령의 세대에는 알곡은 곳간에 채우고 가라지는 꺼지지 않는 불에 태워 버리기 위한 그리스도의 재림에 대한 약속을 가지고 있다"[15]고 강조했다. 그리스도의 재림을 기다리던 그는 1750년-1770년 사이에 재림이 있을 것이라고 예언하기도 했다. 웨슬리는 3세기 이전 초기교회의 입장에 동조하고 벵겔의 신약주석을 중시하였으며 경건주의자인 부모와 동역자인 존 플레처의 견해였던 전천년설을 주장했다.[16] 다시 말하면, 웨슬리는 전천년설 재림론자로서 주님이 천년 동안 통치하시기 위해 영광 중에

가시적으로 재림하실 것이라고 굳게 믿고 있었다.[17]

18세기 대각성운동 기간에 조나단 에드워즈는 부흥이 곧 청교도들이 갈망하던 교회의 마지막 날의 영광을 드러내실 천년왕국의 시작이 아닌가 생각했다.[18] 특히 영국의 휘트비나 로우만의 주석을 의지하여 후천년설을 개진하기 시작했다. 이것이 미국에서의 종말론의 새로운 분기점이 되었다고 할 수 있다.[19] 그는 문자적 천년왕국에 대한 기대와 그런 사고의 전통을 산출하는 데 공헌했다고 볼 수 있다. 메소디스트가 미국의 토착적 부흥운동과 서로 만나면서 천년왕국 교리는 발전하기 시작했다. 메소디스트의 완전주의적 경향과 새롭고 낙관적인 자유로운 사고가 혼합되면서 후천년적 기대를 가속화시켰던 것이다. 이런 후천년설에 따르면 천년왕국의 시작이란 인간이 노력하기에 달려있다고 본 것이며, 대각성운동을 통해서 완전, 개혁, 그리고 천년왕국의 주제들이 강조되었던 것이다.[20]

부흥운동가인 찰스 피니도 천년왕국의 기대를 사회개혁 추구와 연결시켰다. 그는 "교회의 위대한 사업은 세계를 개혁하는 일이다. 즉 모든 종류의 죄를 제거하는 것이다. 교회는 본래 개혁자들의 모임이 되도록 조직된 것이다. … 따라서 교회는 모든 하늘 아래에서 그 나라와 그 나라의 위대함이 가장 높으신 하나님의 성도들에게 주어질 때까지 즉 모든 형태의 죄를 이 땅에서 몰아낼 때까지 결코 쉬어서는 안 된다"[21]고 주장하였다. 교회가 사명을 다하면 천년왕국은 6개월, 혹은 3년, 혹은 그 사건을 임박하게 하는 그 어떤 때에 오게 될 것이라고 말하는 경향이었다.

이런 경향은 「오벌린 전도자」라는 기관지의 목표로 제시되었다. 즉 "기독교인의 천년왕국이 교회의 온전한 성화에 달려 있다는 사실에 관심을 기울이도록 하는 데 있다"[22] 고 하였다. 편집자인 카울스(Henry Cowles)는 1841년 이 기관지에 천년왕국에 관한 23편의 논문들을 게재하였다. 그는 주요 논지를 밝히기를 "임박한 천년왕국이 그들의 소망에 대한 명백한 답변"이라고 말하였다. "그리스도의 나라가 세상제국을 대체할 것이고, 전쟁과 억압적 통치와 노예제도가 멸절될 것이며, 하나님에 대한 올바른 지식이 널리 보급될 것이고, 유대인과 이방인들이 회심하여 기독교인이 될 것이다." 그는 교회가 천년왕국을 안내하는 역할을 해야 한다고 보았다. 그래서 그는 하나님이 일종의 기적에 의해서 무엇보다도 인간의 역할이 없이 천년왕국을 임하게 하실 것이라는 생각에 강력하게 반대했다.[23] 이런 후천년설의 비전은 희망을 불러일으켰고 임박한 천년왕국을 기대하라고 가르쳤지만 그 어느 것도 실현되지 않았다. 따라서 천년왕국에 대한 희망을 유지하는 방법은 전천년설의 노선을 따라 연대표를 재구성하는 방법 밖에는 없었다. 이때 핸슨은 예언자적 종말론에서 묵시적 종말론으로의 전환이라는 초점의 전환을 시사했다.[24]

1840-50년대를 지나면서 오벌린의 후천년설적 비전은 균열을 보이기 시작했다. 즉 오벌린이 노예제도 폐지론에 참여한 것이 후천년설의 비폭력적 주장과 갈등을 일으킨 것이다. 이 선택이 천년왕국을 지연시키는 것처럼 보였다. 삶은 더욱 복잡해졌고 악은 처음보다 더 극심해졌다. 더구나 1840년대 후반기에 거대한 이민물결로 인해 가톨릭교도들이 유입되면서 이것은 적그리스도의 기반을 확장하는 것으로 생각하게 되었다. 동시에 성서비평과 새로운 과학의 등장으로 성서와 인간의 기원에 대한 전통적 견해들을 흔들어 놓았다. 이런 상황에서 후천년설적인 비전은 관심에서 멀어지게 되었다. 세상은 점점 더 좋아지기보다

점차로 쇠퇴하고 더 악화되어 가고 있었던 것이다.[25]

후천년주의자들과 자유주의 옹호자들은 선교의 진보나 과학과 상업의 성장을 들어 호소하였지만 전천년설주의자들은 이런 후천년설적 비전에 대해 의심하기 시작했다. 드디어 1878년 뉴욕에서는 전천년설을 옹호하는 일련의 예언자들의 대회가 열리기 시작했다. 후천년설주의자였던 무디 신학교의 포프(Howard W. Pope)는 전천년설을 받아들였다. 그는 예일신학교 강의실에서 교수들이 전천년재림설은 속임수라고 무시하였던 일과 뉴잉글랜드에서 회중교회 목회를 할 때 후천년설로는 아무도 회심케 할 수 없었다며 자신의 경험을 토로하였다.[26] 무디(D. L. Moody)의 선언을 보자. "전천년재림이란 말은 그리스도가 천년왕국 이전에 재림하신다는 것이다. 그가 오시기까지는 천년왕국은 없을 것이다. 그것은 성서에 분명하게 기록되어 있다."[27]

전천년설의 옹호자인 피어슨(A. T. Pierson)도 1886년 제2차 예언자 대회에서 "발명, 발견, 그리고 기업이 성취에 있어서는 엄청나다. 그러나 그것은 엄청나게 세상적이다. 다시 말해 언제 어디서나 가공할만큼 하나님을 부정하고 하나님을 도전하고 있다. … 철학은 지금 세련되고 시적인 범신론 혹은 거대하고 텅빈 물질주의 혹은 교묘한 합리주의 혹은 불합리한 불가지론의 꽃을 피우고 있다. 과학은 진화론의 체계를 만들고 인격적인 하나님을 몰아낸다"[28]라고 밝히고 있다. 즉 다가오는 종말은 진보가 아니라 퇴보라는 것이 분명하게 되었다.[29]

그런데, 19세기 성결운동 안에서 전천년설은 치유론과 함께 전국성결연합회가 반대하던 주제이었다. 칼빈주의자들이 주로 세대주의적 전천년설을 지지한 것도 반대하는 이유이기도 했다. 윌슨(George W. Wilson)과 스틸(Daniel Steel)과 같은 성결운동 지도자들이 비판적 입장에 서 있었다. 스틸은 "알미니안이 어떻게 우리들의 지혜를 초월하고 있는 그리스도의 우주적 승리에서 오는 천년왕국 사상을 받아들일 수 있는지 알 수 없다"[30]고 하였다.

후천년설이 온전한 성결과 사회적 상관관계가 있음을 강조하면서 인간의 역할 또는 점진적 변화를 통해 역사 안에 있는 죄와 악을 몰아내는 데까지 이를 수 있음을 강조했다면, 전천년설은 성령세례론과 사회적 상관관계를 이루고 있다. 즉 하나님의 역사의 순간성을 강조하면서도 복된 소망과 축복을 기다리라는 인간의 역할을 강조한다는 측면에서 양자가 모두 사회적 연관성을 지니고 있었다.

이전의 종말론이 천년왕국의 도래에 강조점을 두었다면 19세기의 종말론은 그리스도의 인격적 재림을 강조하였다. 또한 17-18세기의 종말론이 기존체제에 도전하는 것이었다면 19세기는 인격적 요소에 강조점을 두고 있다. 따라서 전천년설이 대부분의 보수적인 교회에서 받아들여질 수 있는 근거를 제공한 셈이 되었다.[31]

III. 셋 리스의 재림이해

1. 세대주의 전천년설로의 전환

본래 세대주의 전천년설은 주로 다비(John N. Darby)에 의해서 발전되었다. 성공회 목사인 그가 교회의 제도에 깊숙이 들어갈수록 교회에 대한 회의를 갖게 되었다. 교회의 머리는 그리스도가 아니라 국왕이었다. 여기에서 다비는 기존의 교회론에 심각한 회의를 품고 실제의 교회를 적그리스도로 생각하였다. 따라서 참 교회는 외형적 제도가 아니라 그리스도와 참으로 연합한 신자들의 모임이라고 생각했다. 다비는 그리스도의 공중재림과 성도의 휴거 후에 7년 대환란이 있고, 그 후에야 그리스도의 지상재림이 있다고 가르쳤다. 또한 소위 휴거를 강조했는데 그리스도의 공중재림과 지상재림을 구분하는 교리가 되었다. 이 휴거 이론은 열광주의 은사운동의 지도자인 어빙(Edward Irving)의 집회에서 유래되었다고 알려진다. 그러나 최근 이론에는 1830년 10대 소녀인 맥도널드가 그리스도의 재림에 대한 환상을 보고 교회의 환란 전 휴거를 주장하게 되었다는 것이다.[32]

셋 리스는 1884년 4월 오하이오 주 스미스필드에서 일어난 부흥 이후로 형제단 모임의 목회자로 청빙을 받아 4년간 봉사하였다. 그는 1886년 연례모임이 끝난 직후 주일에 다른 한 목회자와 함께 목회를 위임하는 물세례를 받았는데 그때 안수위원이 저명한 설교자였던 허시(A. H. Hussy)와 업데그래프(David B. Updegraff)이었다.[33] 퀘이커 형제단은 양심의 자유와 전통적인 안수를 고집하지 않았던 자발적인 신앙단체였다.

이런 배경에서 셋 리스는 본래 퀘이커 목사로서 당시의 미국사회가 그랬던 것처럼 후천년설에 기울어져 있었다.[34] 그의 영적 멘토였던 데이빗 업데그래프의 전기 *David B. Updegraff and His Work*(1895)에서 후천년설의 입장을 살펴볼 수 있는데 "주의 재림은 오순절 날에 이미 성취되었는데 구체적이고 인격적인 현존이 이루어졌다"[35] 고 믿고 있었다. 그런데 리스 부부는 1888년 스미스필드에서의 목회활동 중에 미시건 주 레이진 밸리의 형제단 모임(Portsmouth Friends Meeting)의 지도자 역할을 포기하고, 신생과 성령세례, 몸의 치료와 외국인 선교, 그리고 주님의 전천년기 재림을 강조하며 독특한 전도 프로그램을 가지고 영역을 확장하던 앨버트 심슨(Albert B. Simpson)과 동역하게 되었다. 이 과정을 통해서 리스는 19세기 말 성결운동의 핵심주제였던 전천년설과 신유를 받아들이게 되었다.[36] 그는 심슨 박사의 목회에 강한 인상을 받았으며 선교와 주의 재림에 관한 그의 견해에 심정적으로 공감하였던 것이다.

한편, 1897년 셋 리스는 단순한 비분파적 조직으로서 알려진 만국성결연맹을 설립하는 일에 마틴 냅과 함께 연합하였다. 특별히 만국성결연맹의 회원이 되기 위한 교리적 기초로서 구주요 성화케 하시는 이인 그리스도를 중심으로 한 사중복음 교리를 제시하였고, 무엇보다도 두 가지의 서약 즉 급진적인 전천년설적 그리스도의 재림과 신유에 대해 동의할 것을 요구하고 도장을 찍도록 하였다.[37] 셋 리스와 마틴 냅은 적어도 이 두 가지의 교리에 대해 일치된 견해를 가졌다. 만국성결연맹은 임박한 그리스도의 재림을 진지하게 기다리며 복음전도하는 선교단체였던 것이다.

성결운동가였던 아론 힐스(A. M. Hills)도 예일과 오벌린에서 교육받은 회중교회 신자였는데 철저히 후천년주의자였다. 그러나 새로 형성된 나사렛 교회에서 전천년설에 대해 고민하게 되었으며, 자신의 조직신학 책에서는 양자를 모두 소화하고 있다고 평가할 수 있다.[38] 윌리엄 갓비(William B. Godbey)도 후천년설주의자였으나 1868년에 성령과 불의 세례를 경험한 후 전천년설로 돌아섰음을 밝힌 적이 있다.[39] 그리고 남부의 성결운동 지도자인 조지 왓슨은 1896년 경에야 후천년설에서 전천년설로 사상전환을 했다고 밝히고 있다. "대부분의 개신교도들이 받아들이는 옛 로마 가톨릭의 입장, 즉 그리스도의 재림이 천년왕국

이후 모든 심판의 때에 있을 것이라는 생각을 받아들였다. 그런데 수년 동안 나의 입장이 흔들렸다. 성서의 많은 부분에서 그 옛 이론과 조화되는 어떤 합리적 설명도 찾을 수 없다는 것을 발견했기 때문이다."[40] 『하나님의 부흥자』God's Revivalist라는 책의 편집자인 마틴 냅도 이 시기에 전천년설로 전환한 것으로 알려진다.[41]

어떻든, 셋 리스가 세대주의 전천년설을 받아들이게 된 사상적 배경에는 당시에 전천년설을 주도적으로 전파하던 월리엄 블랙스톤, 드와이트 무디, 앨버트 심슨의 영향을 언급하지 않을 수 없을 것이다. 이들 중에서 셋 리스의 재림론에 영향을 주었을 것으로 보이는 블랙스톤과 심슨의 전천년설을 소개하고자 한다.

2. 세대주의 전천년설의 형성 배경

1) 블랙스톤

19세기에 영국과 미국의 복음주의자들 가운데 성경에 나타난 종말에 관련된 구절들을 연구하는 사람들이 많이 생겼다. 특히 예수님의 재림에 관한 체계적인 연구들이 등장했다. 그런 인물들 가운데 하나님의 성서학원(God's Bible School)의 교수요 장로였던 월리엄 블랙스톤(William E. Blackstone)은 『예수는 오신다』Jesus is Coming(1878)를 출판하여 세계 42개 언어로 번역되었을 만큼 수많은 사람들에게 사랑을 받았다.[42] 급진적 성결운동가인 셋 리스를 비롯한 만국성결연맹의 마틴 냅, 조지 왓슨 등의 주요 지도자들에게서 나타나는 세대주의 전천년설에 간접적인 영향을 미쳤다고 할 수 있다.[43] 블랙스톤의 이 저서가 급진적 성결운동 계열의 신학교 교재로 사용되거나 번역되어 읽혀졌다는 사실로도 그 영향을 가히 짐작할 수 있을 것이다.

블랙스톤은 1841년 10월 6일 뉴욕의 제퍼슨 카운티에 속한 아담스라는 마을에서 태어났다. 이곳은 19세기 위대한 부흥사인 챨스 피니가 태어난 곳이기도 하였다. 그가 열 살쯤 되었을 때 동네 감리교회에서 부흥회가 열렸으며 이때 거듭남을 체험했다. 당시 부흥회의 주요 목적은 마음을 돌이켜 죄를 회개하고 예수를 주로 영접하여 새 사람이 되게 하는 데 있었다. 특히 술과 오락 그리고 도박으로 세월을 보내던 사람들의 거친 마음이 크게 변화되었다. 블랙스톤은 부흥회를 통해서 어머니의 지갑에서 돈을 훔친 것이 큰 죄악이라 생각하고 그 죄를 어머니에게 고백하고 용서를 구했던 일이 있었다.[44]

블랙스톤은 비록 학교에 다닌 적은 없었지만 지적인 호기심으로 가득한 사람이었고, 광범위한 영역의 지식을 습득했던 사람이다. 그의 남다른 장점은 자신이 읽은 지식을 평범한 사람들에게 쉽게 접근할 수 있도록 평범한 언어로 설명하는 데 뛰어난 능력을 가지고 있었다. 이것이 바로 『예수는 오신다』로 표현되었으며, 그런 이유로 수많은 전문가들의 저술보다 더 많이 읽혀졌던 것이다.

블랙스톤은 평생 감리교도였으며 복음주의자였고 동시에 전천년설을 믿었다. 그러나 19세기 말 미국 감리교회는 자유주의의 등장으로 그리스도의 재림에 대한 기대보다는 사회복음의 실현에 더 관심을 가졌다. 그렇지만 그는 자기가 믿는 신앙을 감리교회 내에서 확장시키기를 원했다. 1870년 블랙스톤은 시카고의 서부 오크 파크(Oak Park)로 이사하여 남은 생애를 그곳에서 살았다. 그는 시카고에서 부동산 사업을 시작하여 번창하였다. 그는 사업가로 성공하고 싶었지만 하나님은 그를 전도자로 불렀다. 전도자로 부르심 받은 블랙스톤의 설교는 주로 그리스도의 재림에 관한 것이었다. 어릴 적 고향교회에서 어떤 장로교 목사가 그리스도의 재림에 관해 설교하는 것을 듣고 매우 흥미를 느꼈던 그가 재림에 관해 보다 구체적인 지식을 갖게 된 것은 시카고에서 사업을 할 때였다. 그의 주변에 있던 많은 사람들이 세대주의적 전천년설을 믿고 있었다. 우선, 세대주의란 인류역사가 하나님의 특별한 시대적 경륜에 의해 진행된다는 사상이다. 즉 말세에 수많은 재난이 발생하고 이스라엘은 회복되며, 성도들의 공중휴거와 7년 대환란이 있은 후에 그리스도가 지상재림하여 천년왕국을 건설한다는 것이다. 또한, 전천년설은 하나님께서 지상에 천년왕국을 건설하기 전 그리스도께서 재림하신다는 믿음에서 나온 것이었다. 이런 세대주의 전천년설은 19세기 후반 미국에 널리 퍼졌고, 드와이트 무디(Dwight L. Moody) 같은 대표적인 복음전도자들을 통해 전파되었다.[45]

블랙스톤은 이 전천년설이 성서의 종말론을 가장 잘 설명한다고 생각하여 강력한 옹호자가 되었다. 그는 수많은 교회와 YMCA 같은 신앙단체들을 다니면서 그리스도의 재림을 설교했다. 그런데 그의 관심은 재림 자체가 아니라 재림을 맞이하기 위한 준비에 있었다. 블랙스톤은 그리스도의 재림이 불신자들을 신앙으로 이끌고 신자들을 더욱 깨어나게 하며 교회로 하여금 더욱 열심히 선교하게 한다고 믿었다. 다시말하면, 그리스도의 임박한 재림이 교회를 새롭게 한다는 것이다. 그리고 자신의 종말론 연구를 통해 가장 중요한 일이 있다면 유대인 선교라고 생각했다. 블랙스톤을 비롯한 전천년설주의자들은 구약의 이스라엘의 회복에 대한 하나님의 약속은 여전히 유효하며 그리스도의 재림이 가까워질수록 흩어진 유대인들이 다시금 모여들어 이스라엘을 회복할 것이라고 믿었던 것이다. 문자주의 관점에서 이스라엘의 회복이 주의 재림의 징조로 받아들였던 것이다. 그래서 19세기 말 미국에 유대인 이민자들이 몰려오자 이들을 돕고 이들에게 복음을 전하고자 1887년 시카고 히브리선교회(Chicago Hebrew Mission)를 만들고 「이스라엘을 위한 기독교 매거진」 *Christian Magazine on Behalf of Israel*이라는 선교잡지를 창간하여 평생 유대인 선교에 종사하였다.[46] 블랙스톤의 진정한 관심은 하나님은 유대인들을 버리신 것이 아니라 유대인들이 돌아오기를 바라시며 그 후에 그리스도의 지상재림과 천년왕국이 이루어질 것이라고 믿었던 것이다.

2) 앨버트 B. 심슨

앨버트 심슨(Albert B. Simpson)의 종말관은 낙스대학의 가르침에 따라 후천년설을 따르고 있었다. 이런 재림신앙은 18세기 이후에 나타난 계몽주의와 이성주의를 통한 인간이해의 결과였다. 당시의 사람들의 마음속에는 과학의 발전과 이성의 계발로 말미암아 인류사회는 진보되어 지상낙원이 형성될 것으로 보았다. 이런 가치관이 교회에 스며들어 자리잡게 되었는데 복음전파와 교회사역의 결과, 악의 세력을 멸망시킨 결과로 천년왕국이 도래하고 이어서 주님이 재림하실 것으로 기대했던 것이다.

후천년설 재림론은 미국에서 에드워즈를 필두로 일어났던 제1차, 제2차 대각성운동이 도화선이 되었다. 이 운동을 통해 하나님의 진노를 사랑으로 바꿀 수 있다는 확신이 생겨 세상을 낙관적으로 보기 시작했다. 또한 1784년 미국의 독립과 더불어 새로운 국가건설이라는 지상과제를 갖게 된 미국에서 복음전파와 사회개혁으로 말미암은 천년왕국 건설에 대한 확신이 자라기 시작했던 것이다.[47] 그러나 세상의 현실은 사람들의 기대와는 달랐다.

심슨은 루이빌 채스넛 장로교회 목회시절, 심신이 지쳐있던 중, 1875년 나이아가라 성서대회를 개최하기 위한 준비기도회를 인도했는데 그때 성령충만의 경험을 하게 되었다. 심슨은 세상이 낙관적 요소들 가운데 종말로 향해 가는 것이 아니라 비관적인 상황들로 점점 나아가는 것을 깨달았다. 진정한 하나님 나라는 인간의 노력이 아니라 주의 재림으로 말미암아 성취될 것이라는 확신을 얻었다. 그래서 그는 온전한 하나님 나라의 완성을 위해 주님의 재림이 간절했으며, 주님의 재림을 재촉하기 위해서 복음을 땅끝까지 어서 속히 증거해야 한다는 선교에의 열망을 갖게 되었다. 즉, 이땅에 충만한 구원의 숫자를 채우는 것이 주님의 재림을 앞당기는 것이라고 생각했던 것이다.[48] 심슨은 이때 후천년설이 비성경적인 진리라고 깨닫게 되었다. "나는 점진적인 영적 천년시대가 온다는 이론은 비성경적이라는 것을 알았다. 이 세상은 점점 사악해져 가기 때문이다."[49]

심슨이 재림론의 변화를 가져온 것은 당시 교분을 나눈 기독교 지도자들 때문이었다. 무디의 영향으로 전천년설주의자들인 횟틀, 부룩스, 고든, 블랙스톤, 피어슨 등이 재림을 선교에 연결시켰다.[50] 이들은 모두 세계선교를 향한 뜨거운 마음의 소유자들이었다. 특히, 블랙스톤의 신학중심에는 재림 자체보다는 재림을 맞이할 준비단계로서의 선교였다. 블랙스톤은 당시에 무관심하던 유대인 선교를 강조했던 전천년설주의자였다. 그는 그리스도의 재림이 불신자들을 신앙으로 이끌고, 신자들을 깨어나게 하며, 교회로 하여금 더욱 열심히 선교하게 한다고 강조하였다.[51] 성결운동 부흥사들은 주의 재림의 긴박성을 강조하므로 헌신을 강하게 요구하고 재림을 선교와 연결시켰던 것이다.

3. 세대주의 전천년설과 재림의 징조

1) 전천년설의 기본 이해

셋 리스의 세대주의 전천년설을 이해하기 위해서는 19세기 전천년설의 두 가지 흐름을 알아야 한다. 첫째는 역사주의 전천년설인데 그 전제는 다니엘서와 계시록에 나타난 사건들은 상징적인 형태로서 교회의 과거와 현재의 모습을 보여주고 있다는 것이다. 묵시문학의 날(day)은 보통 해(year)로 계산된다. 학자들은 정교한 계산 끝에 19세기의 3분의 2가 지난 후인 1868년 이후에 그리스도의 재림이 이루어진다고 보았다. 다수의 전천년설자들은 역사주의 입장을 따른다. 둘째는 미래주의 전천년설인데 그 전제는 계시록의 종말론에 관한 예언은 근본적으로 이루어지지 않았고 그리스도의 재림 이전의 짧은 기간에 이루어진다는 것이다. 미래주의자는 세상은 점점 더 악해져 결국 사단이 지배할 것이고 그때 갑자기 그리스도의 공중재림과 성도들의 휴거가 일어나고 지상에서 7년 대환란이 발생하고 대환란 후에 그리스도의 지상재림과 천년왕국이 이루어질 것이라는 주장이다.[52] 미래주의 전천년설은 유대인의 회복, 휴거, 재림의 징조들, 역사 비관주의, 그리고 그리스도의 재림 등의 주제들을 강조하고 있다.

셋 리스는 1925년 6월에 발표한 *The Premillenial Coming of Jesus*에서 후천년설과 전천년설을 대조하여 다음과 같이 설명하고 있다.

첫째, 후천년설은 다수입장(Majority)인데, 소위 그리스도인 교사들과 설교자들인 대다수가 믿는 바는 이 옛 세상이 점차 더 나아지고 있다는 것이다. 즉 의로움과 우주적 평화의 천년기에 다가가고 있다는 것이다. 그들이 믿고 가르칠 것을 주장하는 것은 교회가 다니엘의 예언에서 돌을 의미한다는 것이다. 즉 교회가 온 세상을 가득 채우고, 교회가 모든 악에 대해 승리하고 선으로 세상을 모든 모퉁이를 채우는데 그것은 예수께서 이 세상에 재림(return)하시기 전 적어도 1천년의 기간이다. 그들이 믿고 가르치는 것은 이 장에서 언급된 누룩이란 선을 의미하고, 그것은 지상의 만민에게 의로움과 참된 성결로 다스리도록 영향을 미칠 때까지 역사하고 감화하는 것을 의미한다.[53]

후천년설은 세상에 대한 낙관론에 기초하며 이 세상에 의로움과 평화의 천년기가 도래하게 된다는 사상이다. 당시의 미국사회는 진보적인 견해들이 지배하고 있었기 때문에 성경의 예언들과 이상에 합치하는 것으로 낙관적인 생각을 했던 것이다. 그래서 교회는 세상에 대해 승리할 것이라고 믿었다. 그러나 현실은 낙관적 이상과 같지 않았다. 따라서 리스는 다음과 같이 전천년설을 진지하게 고려하였음을 밝히고 있다.

둘째, 소수의 입장(Minority)인데, 가장 깊이 있고 영적인 설교자들과 교사들은 이 옛 세상은 점점 나빠지고 있는데 사악한 사람들과 미혹자들은 증가되어 점점 나빠질 것이라고 강조한다. 그들은 다니엘이 말한 돌을 그리스도라고 말한다. 그리스도는 어느 날 왕으로 오셔서 주권을 행사하시기 위하여 세상의 이방나라들의 보좌를 조각내고 폐지할 것이다. 그들이 믿고 가르칠 것을 주장하는 것은 누룩이란 악을 대표하고 단지 악이란 모든 장소에서 역사하는 것인데, 반면에 거룩한 사람들은 천국과 어린양의 혼인잔치의 도래를 위하여 짙어지고 무르익고 있다.[54]

대부분 성경 교사들과 해석자들인 다수의 입장은 필연적으로 왕이 없는 왕국-왕이 없이도 천년 동안 존립할 의로움과 성결의 왕국-을 기대하게 된다. 그러나 소수의 입장은 권위를 강탈당한 다윗의 보좌에 대한 유일하게 살아 있는 참된 왕을 기대하며 기대한다. 그들은 왕을 기대하도록 주장하고, 그가 다시 오실 것이라고 믿는다. [55]

셋 리스는 세상 역사에 대한 낙관론을 버리고 세상이 악해질 것이라는 전망을 갖게 되었다. 그것은 주의 재림으로 세상의 악한 보좌는 허물어지고 누룩은 악을 대표하는 것으로서 세상을 말한다면 거룩한 사람들은 천국과 혼인잔치의 도래를 기대하는 자들이라고 설명했다. 그래서 성도라면 왕이신 그리스도의 재림을 기대하며 믿어야 한다고 주장하였다.

2) 임박한 주의 재림

셋 리스는 철저히 세대주의 전천년설에 따라 임박한 주의 재림을 주장한다. 이 세상은 악하고 교회는 배교의 시대이며[56] 지금(now)은 예수님이 왕으로 오셔서 심판하실 때라고 전제한다. 더구나 세상의 배후에는 영적 실체인 사단이 있으며 성도는 영적 전쟁에 나서야 할 십자가 군사라는 것이다.[57] 그는 신자라면 임박한 주의 재림을 깨달아야 하는데 다음의 징조들이 나타나고 있다고 주장한다. 그는 윌리엄 갓비와 공저한 『예수의 재림』 *The Return of Jesus*에서 몇 가지 중요한 재림의 징조들을 제시하고 있다.

첫째로, 거룩한 땅(holy land)이 모슬렘으로부터 회복되는 것이 재림의 징조이다. 그런데 모슬렘의 지배가 끝나면 즉시 하늘에서 인자가 나타나실 것이다.[58] 그는 모슬렘의 권력이 성지를 장악하는 기간을 예언하였는데 42개월 혹은 1,260일이며(계 12:5-6), 성경에서 한 날이 예언적인 1년을 의미한다면(겔 4:6; 민 14:34) 그들의 권력이 유지될 기간은 1,260년이라고 해석했다. 모슬렘이 예루살렘을 침략한 것은 주후 637년이고, 성지에서 떠난 때가 1897년이므로 1,260년을 성취했다는 것이다. 이런 언급은 계시록의 여러 구절들에서 볼 수 있다.[59] 이런 연대기적 해석은 완벽하게 정확한 것은 아니다.[60] 따라서 재림에 관해 예수님은 그 시대가 황폐해지면 즉시로 하늘에서 인자의 징조가 나타날 것이며 모슬렘 권력은 성지에서 멸망할 것이라고 말씀하셨다는 것이다.

또한, 그는 모하메드가 봉기한 것이 주후 607년이고, 1대 로마교황이 606년에 즉위했던 사실을 들어 마귀는 통제하기 위해서 모하메드가 동반구(eastern hemisphere)를 지배하게 하고 교황은 서반구(western hemisphere)를 지배하게 했는데, 결국 성서의 예언들은 이 두 사람을 주목하였다는 것이다.[61] 다시 말해, 606년이란 기간에 1,260년을 더하면 1866년이 되는데 그때는 교황 비오 9세가 교황무오설(Pope infallibiblity)과 마리아 무흠수태설을 승인하였던 해였다는 것이다. 이로써 마귀의 통치기간에 대한 성서 예언들이 모두 성취되었다고 본 것이다.

더 나아가, 계시록 13장에서 7개의 머리와 10개의 뿔을 가진 짐승이 등장하는데 교황이 바로 7번째 머리라는 것이다.[62] 또한, 17장에서는 자주 빛 옷으로 치장하고 값비싼 돌로 장식한 여성을 동반하는 짐승에 대한 요한의 비전이 나온다. 결국 그 짐승은 세상이며, 세상정부는 로마교회를 수행하였고 짐승은 세상정부를 수행했다는 것이다.[63] 이처럼 셋 리스의 글에서는 교황제도(Popacy)와 모슬렘 세계(Moslem world)에 관련한 종말의식을 엿볼 수 있다.

둘째로, 유대인들의 회복이 주의 재림의 징조라는 것이다. 셋 리스는 유대인들이 하나님의 아들을 십자가에 못박았기 때문에 정착지를 얻지 못하고 흩어져 살고 있음을 깨달았다.[64] 성경에 따르면, 이방인들이 복음을 받아들인 후에야 유대인들이 받아들이고 회심하게 되어 있다. 리스는 당시에 이방인 전도가 막바지에 도달한 시기이며 유대인 선교가 이방인 선교처럼 고무되고 있음을 강조했다.[65] 예를 들어, 한 러시아 출신의 신실한 유대인이 예루살렘에 이주하였다. 그는 처음에 예수를 믿지 않았으나 예수님이 그를 찾아오셨고 그는 놀랍게도 회심하였다. 하나님께서는 그의 사업에 복을 주셨고 유대인들 가운데 새 언약의 이스라엘인이라 불렸다. 그런데 그가 유대교의 중심지인 예루살렘에 "새 언약의 교회"를 세웠고, 5만명의 유대인들이 그의 설교를 듣고자 몰려왔다. 그래서 셋 리스는 이것은 유대인들의 회심을 의미하며 주의 재림이 가까운 명백한 징조라고 이해했다. 또한, 유대인들이 세계 각처에서 돌아오고 있는데 1895년에 121,000명으로서 그 이전 10년간 총 10,000명이었음에 비교하면 놀라운 일이었다.[66] 당시에 유대인들이 모리아 산에 서 있는 솔로몬 성전 서벽에 모여 울부짖어 기도하는데, 셋 리스는 하나님은 아브라함의 후손들의 울부짖음을 들으실 것이라고 믿었다.[67]

셋째로, 개신교회의 배교가 주의 재림의 징조라는 것이다. 셋 리스는 데살로니가 후서 2장 2절에 주가 오시기 전에는 큰 배교가 있어야 한다는 말씀을 강조했다. 그리고 주의 초림 때에도 무서운 배교가 있었는데 오늘의 교회도 추락하고 있다고 진단하였다. 옛날에는 신자가 속회 모임에 불참하면 그를 쫓아냈는데, 지금은 그렇게 할 수 없다고 안타까워했다.[68] 더 나아가 현대 사상, 철학, 그리고 과학은 우리 어머니의 성경을, 조상의 거룩한 종교를 빼앗았다. 그것은 자연에서 하나님을, 종교에서 그리스도를, 생활에서 기적적인 것과 초자연적인 것을 제거했다. 보다 결정적인 일은 성경에서 초인간적인 것을 제거하고 기독교에서 합리주의로 변경시킨 것이라고 주장했다.[69]

교회의 배교에 대해서 셋 리스는 이 시대에 교회의 자녀들은 온갖 종류의 배교에 영향을 받는다고 말했다. 예를 들어, 미국 대학의 유력한 교수들이 "주의 오심을 기대하는 것은 정신이상"이라고 했으며, 다른 사람들은 "초기 기독교회의 실패는 그들이 예수의 오심을 믿었던" 것이라고 말했다. 어떤 유명한 저술가는 "이것은 광기로 가는 길이다"라고 비판하였음을 말한다. 세상 사람들은 주의 재림을 환영하지 않는다는 것이다. 셋 리스는 세상은 미쳤으며, 예수님께서 "추수 때까지 가만히 두어라"하신 말씀을 기억하라고 권면한다. "가라지는 묶어서 불에 태울 것이다. 당신이 배교와 타락에서 벗어나지 못하면 그렇게 될 것이다." 유일한 도피방법이 있다면 참된 구원을 받는 것이다. 그리고 성령과 불로 온전히 성화되는 것이다. 그래서 리스는 "순간적으로 그의 임재-그의 아들 예수 그리스도의 보혈-아래에서 살아야 한다"고 강조했다.

넷째로, 성결운동이 바로 주의 재림의 징조라는 것이다. 셋 리스는 종말의 때에 성도라면 예언의 성취를 기다리면서 주의 재림을 준비하도록 외칠 것을 하나님이 지금 계시하신다고 주장한다.[70] 다니엘서 12장 7절에서 거룩한 백성의 권세가 다 깨어지면 모든 것의 종말이라고 계시하였으며,[71] 또한 세계만민에게 복음을 전하도록 전능하신 하나님은 거룩한 백성들의 불을 흩으셔서 하나님의 아들의 재림을 준비하게 하신다는 것이다.[72] 바로 이 부분에서 리스는 독특한 은유를 사용하여 지금이 종말의 때임을 극적으로 강조하였다. 다시 말하면, 결정적인 재림의 징조는 바로 '성결운동'이라는 것이다. 이런 사실을 다음과 같이 묘사하였다.

> 이 시대의 계명성(the Morning Star)은 성결운동이다. 세례 요한이 주의 초림 이전에 있었던 계명성이었다면, 성결운동은 재림에 선행하는 세례 요한이고, [성결운동은] 주의 오심과 그것이 가까움을 암시하는 분명한 징조이다.[73]

리스는 등불을 준비한 다섯 처녀들처럼 우리도 등에 밝은 불을 켜는 것뿐만 아니라 성령으로 충만해야 하며, 사람들을 제단에 오르도록 참사랑의 초대를 해야 한다고 말한다.[74] 그는 성령과 불의 세례를 받는 것이 재림에 대한 준비라고 강조하였다.

한편, 그는 예수님이 오시면 의로우신 재판이 있음을 강조한다.[75] 곧 오실 그는 세상의 잘못을 바로 잡으며 굽어진 것을 바르게 할 것이다. 이런 관점에서 리스는 세상의 잘못되고 굽어진 것의 원인이 죄라는 엄연한 사실을 밝히고자 다음과 같이 강한 어조로 묘사하고 있다. "지상의 모든 슬픔은 죄의 결과이다. 사회적이고 정치적인 개혁에 대한 우리의 모든 시도에 있어서 우리가 실패하는 비밀은 죄 때문이다. 마음속에 있는 아간이 모든 것을 상하게 만드는 것이다."[76]

그런데, 리스는 이런 죄의 현실에 대해 매우 비관주의적인 태도를 보인다. 즉 성령이 오시면 성령을 받아들인 마음에서 죄가 파괴된다고 하지만, 예수님이 다시 오시기까지는 타락한 세상에서 결코 죄는 파괴되지 않는다는 것이다.[77] 따라서 예수 그리스도가 오시는 결정적인 이유는 하루속히 이런 죄악의 무서운 비극을 종결짓고, 구원 받아야 할 영혼들을 지옥에서 건지려는 것이다.[78] 그리고 왕이신 예수 그리스도가 세상에 오시면 영원한 평화의 나라를 세우실 것이다.[79] 그래서 성화된 성도들은 주의 오심을 기다리고 있다는 것이다. 리스는 다음과 같이 기술하고 있다.

> 그래서 교회 가운데서 영적인 사람들은 주의 오심을 고대한다. 그들은 모든 교파들 속에서 극소수의 사람들인데 하늘을 향해 눈을 들고 서서 '하늘 소풍'(picnic in the sky)을 기대하고 있다.[80] 퀘이커도 성화되어 하늘을 바라본다. 고교회 사람들도 구원 받아 퀘이커들처럼 하늘을 바라보고, 장로교인들도 이런 희망으로 가득하여 퀘이커나 감독교인이나 회중교인이나 개혁주의 루터파나 모든 교회들의 성도들도 주의 오심을 기다린다.[81]

주의 재림에 대한 또 다른 징조가 있는데 그것은 신부가 단장하는 것이다. 신부라면 신랑이 가까운 것을 안다. 리스는 신부가 단장하는 것을 바로 성결운동에 연결하였다.[82] 성결운동은 모든 교회들 가운데 준비된 사람을 얻고 있다. 약 200년 전에 퀘이커 교회가 찾아보기 힘든 성결한 사람들이었지만, 지금의 성결운동은 초교파로 전개되고 있다는 것이다.[83] 리스는 세계만민에게 복음을 전하도록 전능하신 하나님은 거룩한 백성들의 불을 흩으셔서 하나님의 아들의 재림을 준비하게 하신다는 것이다.[84]

주의 재림에 대한 준비는 무엇보다도 정결함이다. "우리가 즐거워하고 크게 기뻐하며 그에게 영광을 돌리세 어린 양의 혼인 기약이 이르렀고 그의 아내가 자신을 준비하였으므로 그에게 빛나고 깨끗한 세마포 옷을 입도록 허락하셨으니 이 세마포 옷은 성도들의 옳은 행실이로다 하더라"(계 19:7-8). 사람은 성결함이 없이는 주를 볼 수 없다(히 12:14). 사람들은 주의 재림을 꿈꾸지만 정말 주님이 오시면 [세상에] 남겨질 자들이 많다. 그래서 우리는 "허리에 띠를 띠고 등불을 켜고 서 있으라 너희는 너희 주님을 기다리는 사람들과 같이 준비"(눅 12:35-36) 해야 한다. 리스는 우리에게 권면하기를 "일어나 세속의 먼지와 불신앙의 재를 털어버리고 흠없는 세마포를 입고 '보라 신앙이 오신다'는 외침을 기다리고 주의하여 일해야 한다."[85] 또한 천국에 입성할 자격도 깨끗한 손과 순결한 마음이 있어야 한다. 예수의 피로 말미암아 자기 손을 씻고 자기 마음을 정화해야 한다. 곧 성결이 천국의 티켓이다.[86]

다섯째로, 마지막 징조는 성결의 이상으로 연결된 위대한 선교사 운동이다. 만민에게 복음이 다 전하여지면 그때가 주의 재림의 때라는 것이다. 리스는 18세기, 곧 위대한 선교의 세기를 재림의 징조로 보았다. 약 180년 전 윌리엄 캐리는 목사들의 모임에서 일어나 이방인에 대한 책임을 고려해야 한다는 당돌한 제안을 하였고, 자신을 이방인의 회심을 위한 사역에 헌신하였다. 그러나 당시의 목사들은 "젊은이, 자리에 앉아!"라고 반응했다. 캐리는 "하나님께서 이방인을 회심시키기 원하시면 여러분이나 내가 없이는 일하시지 않을 것이다"라고 말했다. 결국 선교의 동기가 실현되었는데, 1791년 10월 3일 선교회가 조직되었음을 강조했다.[87]

그는 "선교를 위한 돈이 준비되지 않았다는 것은 사람들이 성령을 받지 못한 까닭이다. 우리에게는 선교지에 가려는 불타는 심정을 가진 사람들이 많고 모든 땅이 다음 10년 안에 예수의 이름을 듣게 될 것이다. 하나님의 아들은 이 일이 다 끝날 때에 오실 것으로 확신한다. 나는 이방인을 구원하려고 돈을 보내지 않을 인색한 종교로부터 우리를 구출하시도록 기도한다"[88]라고 강조했다. 리스는 영혼구원을 위한 주의 재림이 임박했음을 주장한 것이다.

IV. 셋 리스의 재림론의 특징

셋 리스의 세대주의 전천년설은 다음의 특징을 가진다. 첫째, 세상역사에 대한 비관론에서 주의 재림을 이해하고 있다. 세상에 복음의 영향력이 증가하고 교회가 세상을 변화시키는 주체가 될 것을 전망하는 후천년설과는 달리 세대주의 전천년설은 세상의 흐름을 비관적으로 보고 있다. 셋 리스는 이 세상이 진보를 추구하면서[89] 인간의 생명의 존엄성을 무시하고, 각종 범죄가 증가하여 지옥으로 달려가고 있으며,[90] 교회마저도 성령을 거부하고 거룩함을 상실한 상태로 보았다.[91] 그는 지금 세상이 악한 시대라는 것이다. 즉 "무서운 배교의 날이요 형용할 수 없는 사악함의 날이며 모든 사람들이 빛을 거부하는 시대이다"[92]라고 묘사하였다. 더 나아가 "이 시대는 1년에 800명의 설교자들이 강단을 떠나 법으로 의학으로 상업으로 그리고 마귀에게로 간다. … 그리스도인 10명 중의 1명은 경건에 대해 무지하다"[93]라며 극단적인 비관론을 전개하였다. 그러면서도 주의 재림이 지연된 것은 마지막 부흥의 때를 기다리는 것이라고 강조하였다. 따라서 셋 리스는 주가 다시 오시기 전에 오순절적인 진정한 부흥이 올 것이라고 믿었다.[94]

둘째, 성경에 대한 문자주의 태도로 주의 재림을 해석하고 있다. 셋 리스는 철저하게 성경본문이 그대로 성취될 것을 믿었다. 그래서 다음과 같이 말했다. "나는 성서를 읽고서 유대인들이 하나님의 아들을 십자가에 못박았기 때문에 정착지를 얻지 못하고 흩어졌고 나뉘었으며 쫓겨났다는 것을 깨달았다. 성서가 문자대로 성취되었음을 모르는 사람이 어디 있겠습니까? 성경의 같은 장에 나오는 예언들은 유대인들이 다시 모여들 것이라는 것이다. 성경에 따르면 유대인들은 다시 귀환할 것이다. 만일 첫 번째 예언구절들이 정확히 성취되었다면 왜 우리는 유대인의 귀환이 이루어질 것이라고 기대하지 않는가? 나는 성서가 성취될 것으로 믿는다."[95] 세대주의 전천년설이 강조하는 주제어인, 유대인의 회심, 새 이스라엘로서의 교회, 휴거, 혼인잔치, 재림의 징조, 교회의 배교 등은 모두 성경본문에서 나온 직접적 용어들이다. 또한, 셋 리스는 수많은 성경구절에서 예수님이 자신의 제자들에게 재림을 약속하고 있음을 강조한다(눅 21:28; 살전 4:18; 마 24:42,44,46; 요 14:3; 요일 3:3; 계 22:17-21).[96] 셋 리스는 주의 재림이 구체적인 성경의 약속이라고 믿었다.

셋째, 성결운동을 재림론에 연결하여 해석하고 있다. 셋 리스는 성결운동이 주의 재림을 암시하는 결정적인 징조라고 강조했다. 즉 "이 시대의 계명성은 성결운동이다. … 주의 재림이 가까움을 암시하는 분명한 징조이다"[97]라는 것이다. 또한 주님이 다시 오시는 이유는 죄악의 무서운 비극을 종결짓고 영혼들을 지옥에서 건지시기 위함이라고 해석했다.[98] 그래서 그는 무엇보다도 주의 재림을 준비하는 신부로서 성도들은 신랑을 맞을 준비로 정결하고 흰 세마포를 입어야 한다고 강조했다.[99] 리스는 성도들이 의로움이라는 예복을 준비해야 한다고 말했다. 그리고 주님이 다시 오실 때 휴거되지 않고 남겨질 자는 분노, 자랑, 이기심, 세상 사랑에 여전히 붙들려 사는 사람이라고 하였다.[100] 예수님이 하늘 구름 가운데 지상에 나타나실 때가 다가오고 있는데 주를 맞이한 사람은 그와 함께 다스릴 것이라고 하였다.[101] 또한 천국에 들어

갈 수 있는 자격은 예수의 피로 말미암아 자기 손을 씻고 자기 마음을 정화하는 것이라고 강조했다.[102] 그러므로 성결운동이 주의 재림을 준비하는 것이라고 해석하였다. 이런 성결운동은 성령과 동행하는 삶을 유지함이다. 사람의 육적 성질(carnality)은 인간의 영혼을 속박하는 것인데, 성령과 불의 세례는 온전한 성화를 이루어 준다고 주장했다.[103]

넷째, 주의 재림을 앞당기기 위해 선교에의 헌신을 요구하고 있다. 셋 리스는 주의 재림을 위한 징조로 유대인 선교를 강조했다. 그리고 우리가 복음의 영을 받으면 전도하지 않을 수 없게 된다고 보았다.[104] 기쁜 소식을 전해야 할 의무 아래에 우리가 있음을 깨달으려면 주의 영을 받아야 한다.[105] 우리는 '주의 영이 임하여'라는 복음을 전하는 것이다.[106] 셋 리스는 타락한 여성들, 감옥에 있는 사람들, 신문팔이와 노숙자들에게 희망의 빛이 있음을 전하는 것이다. 왜냐하면 죄가 깊이 자리한 사람들에게 복음은 유일한 희망이기 때문이다.[107] 하나님은 자신의 영을 모든 육체에 부어주시는 날이 올 것이라고 약속하셨다. 그러므로 주의 선하신 영이 도래하시면 마음의 죄를 파괴하고 완전한 사랑으로 채우실 것이다.[108] 또한, 셋 리스는 영적 전쟁을 위해 우리를 십자가 군사로 부르셨다고 강조한다. 그리스도의 재림은 최후승리를 의미한다. 따라서 그날이 오면 영광의 복음이 영원한 승리를 거두고 악의 능력과 권세는 묶여서 다시는 하나님의 성도를 방해하거나 취하지 못할 것이다.[109] 그리스도의 재림은 성령이 주신 약속이므로 이 말씀에 대한 우리의 태도가 중요하다고 강조한다. "우리의 마음은 그의 약속에 반응하여 그를 정말 믿어야 한다. '보라 내가 속히 오리라' 하셨으니 우리는 '그렇습니다, 주 예수여 속히 오소서'라고 답변해야 한다."[110]

V. 결론

셋 리스는 19세기 급진적 성결운동가로서 윌리엄 블랙스톤과 앨버트 심슨의 임박한 재림론에 영향을 받아 세대주의 전천년설을 주장했다. 그는 천년왕국이 건설되기 전에 그리스도의 재림이 이루어질 것으로 성경에 근거하여 믿었다. 세상역사에 대한 낙관론이 비성경적인 것임을 깨달았기 때문이다. 또한, 세대주의 전천년설의 견해는 성서가 말씀하는 그대로 실현될 것을 믿는 성서 문자주의의 태도에서 나온 것이다. 그의 글들을 보면, 다음의 순서로 이해하는 것처럼 보인다. 각종 재림의 징조들이 목격되고, 예상하지 않은 때에 휴거 사건이 발생하여 공중으로 들려지며, 신랑이신 주님과 함께 하는 혼인잔치가 배설되고, 때가 되면 주님이 하늘 구름 가운데 옛 성도들과 함께 지상에 내려오신 후, 성도들에게 권세를 주셔서 의의 통치를 실현하시는 천년왕국을 건설하신다고 믿는다. 무엇보다도 셋 리스는 주의 재림을 준비하는 성도의 자격은 정결하고 흰 세마포를 입는 성결이라고 주장하였다. 따라서 그는 재림에 대한 기대를 곧 성결의 준비로 이해하였다. 마지막으로 리스는 주의 재림을 복음전파의 완성으로 주어지는 하나님의 약속이요 복음의 은총으로 생각했다.

이와 같이 만국성결교회 지도자들에게는 임박한 재림론이 복음의 메시지로서 단순한 사중복음의 교리 차원을 넘어서 설교의 주요 메시지로 자리매김하였으며, 동양선교회(OMS)의 카우만과 길보른에게는 선교적 사명의 동기로 작용하였다. 더 나아가 한국성결교회의 초기 지도자들인 김상준, 이명직, 김응조, 이성봉 등에게 영향을 주어 그 시대의 흐름을 해석하는 재림의 복음으로 선포되도록 이끌어 주었다고 할 것이다.

1) 당시 전천년설에 입각한 재림론을 전개한 인기있던 책들을 「부흥자」*The Revialist*는 다음과 같이 소개한다: *Lectures on the Apocalypse* (J. A, Seiss), *Holiness Triumphant or Pearls from Patmos* (Martin W. Knapp), *Lightning Bolts from Pentecostal Skies or The Divices of the Devil Unmasked* (Martin W. Knapp), *The Blessed Hope* (L. L. Pickett), *Christ Returneth* (D. D. Watson), *Our King Cometh* (W. E. Blackstone), *The Return of Jesus* (W. Godbey and Seth C. Rees), *Heaven Opened* (A. B. Simpson).

2) Seth C. Rees, "Jesus is Coming," *The Pilgrim Holiness Advocate*, Jun. 17, 1925. 4.

3) Seth C. Rees, E. A. Ferferson & C. F. Weigle, *The Last Praymeeting or Eternal Realities* (Cincinnati, OH: Office of God's Revivalist, 1904), 5.

4) 같은 책, 8.

5) 같은 책, 12.

6) *Constitution and By-Laws of the International Holiness Union and Prayer League* (1897), 1-2.

7) 같은 책, 2-3.

8) 박명수, "근대복음주의 종말론의 역사와 신학,"『근대복음주의의 주요 흐름』(서울: 대한기독교서회, 1998), 176.

9) 도날드 데이튼,『오순절운동의 신학적 뿌리』. 조종남역 (서울: 대한기독교서회, 1993), 161.

10) 박명수, "근대복음주의 종말론의 역사와 신학," 177.

11) 데이튼, 같은 책, 161-62.

12) 같은 책, 163-64.

13) 그러나 목창균 박사는 웨슬리가 전천년설과 후천년설 양자의 입장을 보여준다고 전제하고 여러 가지의 근거에서 각각 설명하였다. 사실 전천년설은 웨슬리안 신학에 있어서 가장 비판 받는 문제 가운데 하나였다. 왜냐하면 전천년설이 칼빈주의 전통에서 발전된 것으로 이해되었기 때문이다. 19세기 후반 후천년설에서 전천년설에로의 전환이 남부 감리교에서 발생했다. 감리교 성결운동가인 피켓, 갓비, 냅, 왓슨 등의 급진적 성결운동가들은 전천년설을 자신들의 신학체계에 받아들이고, 웨슬리가 전천년설주의자라는 새로운 해석을 통해 자신들의 입장을 정당

화하려고 하였다는 것이다. 목창균,『현대복음주의』, 348.

14) 데이튼,『오순절 운동의 신학적 뿌리』, 165.

15) Joseph Fletcher, *The Portrait of St. Paul* (New York: Phillips and Hunt, n.d.), 168-69.

16) 박문수,『존 웨슬리의 삶과 신학』, 서울신학대학교강의록, 2006, 249.

17) Luke Tyerman, *The Life and Times of John Wesley* (London: Hodder & Stoughton, 1890), 2:19-23.

18) Jonathan Edwards, *The Great Awakening, Works of Jonathan Edwards, ed. C. C. Goen* (New Haven: Yale University Press, 1972), 4:560; 데이튼, 169.

19) C. C. Goen, "Jonathan Edwards: A New Departure in Eschatology," *Church History* 28 (March 1959), 25-40; 데이튼, 169.

20) 데이튼, 170.

21) Charles G. Finney, *Reflectiona on Revival*, comp. Donald W. Dayton (Minneapolis: Bethany Fellowship, 1979); 데이튼, 171.

22) 데이튼, 171.

23) 같은 책, 172-73.

24) Paul D. Hanson, *The Dawn of Apocalyptic* (Philadelphia: Fortress Press, 1975), 11-12; 데이튼, 176.

25) 데이튼, 177-78.

26) Howard W. Pope, *The Coming and Kingdom of Christ* (Chicago: Bible Institute College Colportage Association, 1914), 75-76.

27) Dwight L. Moody, *D. L. Moody at Home* (London: Morgan and Scott, 1910), 163; 데이튼, 180.

28) A.T. Pierson, "World Wide Evangelism," *Prophetic Studies of the International Prophecy Conference, Chicago, 1886* (Chicago: Fleming H. Revell, 1886), 31.

29) 데이튼은 전천년설을 옹호한 영향력이 있는 저술들을 예로 들었다. W. E. Blackstone, *Jesus is Coming* (New York: Fleming H. Revell, 1898); Henry Clay Morrison, *Is the World Growing Better, or Is the World Growing Worse?* (Louisbille: Pentecostal Publishing, 1932).

30) Daniel Steele, *Steele's Answers: A Substitute for Holiness, or Antinomainism Revival* (Salem, Ohio: Schmul Publishers, n.d.), 91-92.

31) 박명수, "근대복음주의 종말론의 역사와 신학," 179.

32) 같은 책, 181-83.

33) Paul Rees, *Seth Cook Rees-The Warrior Saint* (Salem, Ohio: Schmul Publishing Co., 1987), 22.

34) 셋 리스가 영향을 받은 후천년설의 배경인 퀘이커주의(Quarkerism)에 대해서는 본 논문에서 다루는 세대주의 전천년설과는 다른 입장이므로 간략히 소개하고자 한다. 업데그래프는 퀘이커 신앙고백에 있어서 몇 가지 중요한 특징들을 정리해 주었다. ① 이들은 그 시대의 시민적이고 종교적인 운동이었다. ② 그들은 그리스도의 교회를 회복하려고 하였다. ③ 그들이 설교한 구원에 대한 개인적 경험이 원초적이고 근본적인 것이다. ④ 성경이 그들의 신조이고 신학이며 규율이었다. ⑤ 변함없이 지칠줄 모르는 사역이 초기교회를 지향하는 이들의 특징이었다. 그리고 퀘이커 신자들은 비분파주의, 조직교회보다는 신도회(society), 경험의 강조, 유일한 신조로서의 성경, 성령충만한 사역자와 그리스도의 복음의 선포를 강조하였다. Dougan Clark and Joseph H. Smith, *David B. Updegraff and His Work* (Cicinnati, Ohio: Revivalist Office, 1895), 239-53.

35) 같은 책, 235.

36) Paul Rees, *Warrior Saint*, 23-24.

37) 같은 책, 54.

38) 데이튼, 179.

39) Wiliam B. Godbey, *An Appeal to Postmillennialists* (Nashville: Pentecostal Mission Publishing,n.d.), 5-6.

40) George D. Watson, *Steps to the God's Throne* (Cincinnati: God's Revivalist, 1898), 5.

41) 목창균, 『종말론 논쟁』, 173-174.

42) 박명수, "블랙스톤의 생애와 종말론적인 선교," 『재림: 사중복음시리즈4』 *Jesus is Coming*, 박명수·박도술 공역(서울: 도서출판 은성, 1999), 12; 초판은 96페이지로 작은 팜플렛 형식이었으나 1888년의 재판은 160페이지로, 1908년의 3판은 256페이지로 확장되었다. 또한, 1904년에 블랙스톤은 *The Millennium: A Discussion of the Question "Do the Scriptures teach that there is to be a Millennium?"* 이란 64쪽 분량의 책자를 플레밍 H. 레벨 출판사를 통해 발행하여 전천년설에 해당하는 다양한 주제들을 성경본문들을 열거해 가면서 친절하게 설명해 주었다.

43) 목창균,『종말론 논쟁』, 149-50; 블랙스톤의『예수는 오신다』가『예수의 재림』
이란 제목으로 1913년 게일(James S. Gale) 선교사에 의해서 한국어로 번역출
판되었다. 한국에서 세대주의 전천년설의 영향을 받은 이로는 길선주, 이명직,
김응조 목사 등을 들 수 있을 것이다. 참고: Loraine Boettner, *The Millennium*
(Philadelphia: The Presbyterian and Reformed Publishing Co., 1958), 368;
조귀삼,『A. B. 심슨의 선교신학』(서울: 도서출판 예닮마을, 2004), 228.

44) 박명수, "블랙스톤의 생애와 종말론적인 선교," 13-14.

45) 같은 글, 16-17.

46) 같은 글, 18-20.

47) 박명수,『근대복음주의의 주요 흐름』, 183-85.

48) Albert B. Simpson, *The Four-fold Gospel*, 92; 조귀삼,『A. B. 심슨의 선교신학』,
224-25.

49) Albert B. Simpson, "The Second Coming of Christ," *The Word, the Work, and
the World* (Nov. 1885), 315.

50) Kee Ho Sung, "The Doctrine of the Second Advent of Jesus Christ
in the Writings of Albert B. Simpson with Special Reference to his
Premillennialism," 50-61.

51) W. E. Blackstone,『재림』, 17.

52) 박명수, "근대복음주의 종말론의 역사와 신학," 179-80.

53) Seth C. Rees, "The Premillenial Coming of Jesus," *The Pilgrim Holiness
Advocate*, June 17, 1925, 4.

54) 같은 글, 4.

55) 같은 곳.

56) *The Holy War*, 14.

57) 같은 책.

58) *The Return of Jesus*, 58-66.

59) 계 11:2, 마흔 두달; 11:3, 1260일; 12:6, 1260일; 12:14, 한 때 두 때와 반 때;
13:5, 마흔 두 달; 단 7:25, 한 때 두 때와 반 때; 12:11, 1290일; 12:12, 1335일; 눅
4:25, 세 해 여섯 달.

60) *Signs of His return*, 65.

61) 같은 곳.

62) 같은 책, 67.

63) 같은 책, 67-68.

64) Seth C. Rees, "He is Soon Coming," *God's Revivalist and Bible Advocate*, Aug. 22 (1901), 12.

65) *The Return of Jesus,* 69.

66) 같은 책, 70.

67) 같은 책, 72.

68) 같은 책, 75.

69) "Jesus is coming," *The Pilgrim Holiness Advocate,* June 17 (1925), 4.

70) *The Return of Jesus,* 77.

71) 같은 책, 78.

72) 같은 곳.

73) 같은 곳.

74) 같은 책, 80.

75) 같은 책, 86.

76) 같은 책, 87.

77) *The Return of Jesus,* 88.

78) 같은 책, 89.

79) 같은 책, 89-90.

80) 같은 책, 96.

81) 같은 책, 97.

82) 같은 책, 101.

83) 같은 책, 102.

84) 같은 곳.

85) Seth C. Rees, "The Preparation of His Coming," *The Revivalist,* Jan. 8 (1899), 6.

86) Seth C. Rees, *Fire From Heaven*, 296.

87) *The Return of Jesus*, 102; Seth C. Rees, "He is Soon Coming," *God's Revivalist and Bible Advocate*, Aug. 22 (1901), 12.

88) 같은 글, 103.

89) "The Premillenial Coming of Jesus," *The Pilgrim Holiness Advocate*, June 17

(1925), 4.

90) Seth C. Rees, "A Good Time Coming," *The Revivalist*, Dec. 6 (1900).

91) 같은 글.

92) *Fire From Heaven*, 14.

93) 같은 책, 15.

94) 같은 책, 204.

95) Seth C. Rees, "He is Soon Coming," *God's Revivalist and Bible Advocate*, Aug. 22 (1901), 12.

96) "The Coming of Christ," *The Revivalist*, Jan. 22 (1899), 6.

97) *The Return of Jesus*, 78.

98) 같은 책, 89.

99) *The Preparation of His Coming*, 6.

100) 같은 책.

101) *Fire From Heaven*, 158.

102) 같은 책, 296.

103) *Holy War*, 71-72.

104) 같은 책, 21, 23.

105) 같은 책, 24.

106) 같은 책, 39.

107) 같은 책, 40.

108) 같은 책, 203.

109) 같은 책, 12.

110) *The Coming of Christ*, 6.

참고문헌

1. 셋 리스의 책들

Rees, Seth C. "A Good Time Coming," *The Revivalist*. December 6 (1900).

_____. "Address Delivered by Seth C. Rees To the General Assembly," *The Pilgrim Holiness Advocate*. October 7 (1926).

_____. *Burning Coals, Advance Chapter s out of Fire From Heaven*. Cincinnati. OH: The Publisher of Pentecostal Literatures, Revivalists Office, 1898.

_____. *Constitution and By-Laws of the International Apostolic Holiness Union, General Superintendent*. Chicago: General Superintendent, 1902.

_____. *Fire from Heaven*. Cincinnati, OH: God's Revivalists Office, 1899.

_____. "Jesus is coming," *The Pilgrim Holiness Advocate*. June 17 (1925), 4-5.

_____. "He is Soon Coming," *God's Revivalist and Bible Advocate*. August 22 (1901), 6, 12.

_____. Ferferson, E. A. & Weigle, C. F. *The Last Praymeeting or Eternal Realities*. Cincinnati, OH: Office of God's Revivalist, 1904,

_____. *Miracles in the Slums*. New York & London: Garland Publishing Inc., 1905.

_____. *Pentecostal Messenger.* Cincinnati, OH: God's Revivalists Office, 1898,

_____. "Preparation for the Coming of the Lord," *The Revivalist*. June 8 (1899), 6.

_____. "Selections from the Sermons and Sayings of Our Special Contributing Editor," *The Pilgrim Holiness Advocate*. March 5 (1925), 1.

_____. "The Coming of Christ," *The Revivalist*. January 22 (1899), 6.

_____. *The Holy War*. Cincinnati, OH: God's Revivalist Office, 1899.

_____. *The Ideal Pentecostal Church*. Shoals, ID: Old Paths Tract Society, 1896.

_____. "The Premillenial Coming of Jesus," *The Pilgrim Holiness Advocate*, June 17 (1925), 4-6.

_____. & Paul S. Rees. *Wings of the Morning: A Record of Recent Travel*. Greensboro, NC: Golden Rule Press, 1926.

2. 그 외 저서 및 논문들

Pierson, A.T. "World Wide Evangelism," *Prophetic Studies of the International Prophecy Conference. Chicago, 1886.* Chicago: Fleming H. Revell, 1886.

Clark, Dougan. & Smith, Joseph H. *David B. Updegraff and His Work.* Cincinnati: Published for Joseph H. Smith, 1895.

Updegraf, David B. "The Parousia," *The Revivalist.* May 4 (1899), 6.

Morrison, Henry Clay. *Is the World Growing Better, or Is the World Growing Worse?.* Louisbille: Pentecostal Publishing, 1932.

Pope, Howard W. *The Coming and Kingdom of Christ.* Chicago: Bible Institute College Colportage Association, 1914.

Rees, Paul S. *The Warrior Saint.* Shoals, Indiana: Old Paths Tract Society, 1934.

Sunday School and Youth Department. *Life of Seth Cook Rees; A Pen Portrait Series.* Pilgrim Press, 1964.

Blackstone, William E. *Jesus is Coming.* New York: Fleming H. Revell, 1898.

_____. *The Millennium: A Discussion of The Question, Do the Scriptures teach that there is to be a Millennium?.* Chicago: Flemins H. Revell, 1904.

Godbey, William B. & Rees, Seth C. *The Return of Jesus.* Cincinnati, OH: God's Revivalists Office, 1899.

도날드 데이튼.『오순절운동의 신학적 뿌리』*Theological Roots of Pentecostalism.* 조종남 역. 서울: 대한기독교서회, 1993.

목창균.『현대복음주의』. 서울: 황금부엉이, 2005.

_____.『종말론 논쟁』. 서울: 도서출판 두란노, 1998.

박명수.『근대복음주의 종말론의 역사와 신학』. 서울: 대한기독교서회, 1999.

_____. "블랙스톤의 생애와 종말론적인 선교,"『재림: 사중복음시리즈4』. 박명수·박도술 공역. 서울: 도서출판 은성, 1999.

박문수.『존 웨슬리의 삶과 신학』. 서울신학대학교강의록, 2006.

조귀삼.『A. B. 심슨의 선교신학』. 서울: 도서출판 예닮마을, 2004.

국문초록

셋 리스의 종말론

셋 리스(Seth C. Rees, 1854-1933)는 19세기 급진적 성결운동가로서 세대주의 전천년설에 입각한 임박한 재림론을 주장하였다. 그는 자신의 시대에 눈앞에 벌어지는 사건들을 주의 재림이 다가온 것을 암시하는 성경의 증거들로 해석하였다. 그는 재림의 징조로서 종말에 대한 확신의 증가, 성서의 예언에 따른 과학적 상업적 지성적 진보, 적그리스도의 등장, 부의 증가, 교회의 배교 등을 주목하였다. 그는 주의 재림의 긴박감 속에서 재림의 복음을 선포하는 데 주력하였다. 즉, 예수의 보혈만이 지옥의 저주에서 사람들을 구원할 수 있으므로 지금 결단해야 한다고 외쳤다.

이런 임박한 재림론은 세상이 점점 좋아지는 것이 아니라 점차로 쇠퇴하고 더 악화되고 있다는 비관적 세계관으로 전환한 결과이다. 퀘이커 목사였던 셋 리스도 이런 비관론의 영양을 받아 후천년설에서 전천년설을 수용하게 되었다. 그 결정적인 계기는 1888년 앨버트 심슨(Albert B. Simpson)과 동역하면서 전천년설과 신유의 복음을 받아들인 것이다. 그것은 다른 급진적 성결운동가들의 태도처럼 전천년설이 더 성서에 부합되는 교리라는 확신이 있었기 때문이라고 생각한다. 또한, 1897년 만국성결연맹을 마틴 냅과 함께 창설할 때 그리스도의 재림과 신유에 대한 명백한 동의가 있어야만 했었던 사실에서도 확증된다.

셋 리스의 재림론의 배경은 19세기 재림론 교재인 윌리엄 블랙스톤의『예수는 오신다』를 통해 세대주의 전천년설을 소개받은 것과, 앨버트 심슨의 진정한 하나님 나라는 인간의 노력이 아닌 주의 재림으로 성취될 것이라는 전천년설의 영향으로 주의 재림을 재촉하는 선교사역에 헌신해야 한다는 비전을 받아들인 것이라고 볼 수 있다.

셋 리스는 임박한 재림론을 전개하면서 다섯 가지의 재림의 징조를 강조하였다. 첫째, 성지의 회복이다. 그는 모슬렘이 예루살렘을 침략하였다가 떠난 것과 로마교황 제도가 시작되고 비성경적 이단교리를 세운 것이 사단의 통치를 의미하며, 그것은 계시록 12:5-6의 1,260일을 다 채운 것이라는 연대기적 해석을 하였다. 둘째, 유대인들의 회복이다. 그는 유대인들이 하나님의 아들을 십자가에 못박았기 때문에 세계에 흩어져 살게 되었으나 유대인들 가운데 기독교로 회심하는 이들이 있고 아브라함의 후손들의 울부짖음을 들어주시므로 유대인들이 예루살렘으로 돌아오고 있다는 사실이 주의 재림의 징조라는 것이다. 셋째, 개신교회의 배교이다. 그는 살후 2:2에 주의 재림 전 큰 배교가 있을 것이라는 말씀에 근거하여 그 시대를 해석하였다. 특히, 교회가 자유주의의 영향을 받아 성경에서 초인간적인 것을 제거하고 기독교를 합리주의로 변경시켰다고 비판하였다. 따라서 배교와 타락에서 벗어나는 길은 성령과 불의 세례를 받아서 온전히 성화되어야 한다고 강조하였다. 넷째, 성결운동의 발생이다. 그는 하나님께서 주의 재림이 있기 전에 초교파적으로 거룩한 백성들을 모으시고 재림을 준비하게 하시는데 그것이 성결운동이라고 보았다. 그것은 등불을 준비한 다섯 처녀와 같이 성령과 불의 세례를 받는 것인데 신부가 다가오는 어린양의 혼인예식을 위해 정결하고 흰 세마포를 입는 것이다. 그리고 천국에 들어갈

티켓은 바로 성결인데 깨끗한 손과 순결한 마음을 준비하는 것이라고 강조하였다. 다섯째, 이방인을 향한 선교사 파송운동이다. 선교사들이 하나님의 부르심을 받는 구체적인 일들이 임박한 재림의 징조라고 보았다. 그는 온 땅의 이방인에게 구원의 복음이 전하여지면 주의 재림이 속히 이루어질 것으로 믿었다.

셋 리스가 강조한 세대주의적 전천년설은 몇 가지 특징을 가진다. 첫째, 그의 임박한 재림론은 세상에 대한 비관론에서 출발했다. 지금은 주의 재림을 재촉하는 악한 세대라는 것이다. 그러면서도 재림이 지연되는 것은 마지막 부흥의 때가 있음을 암시한다고 주장했다. 둘째, 그의 임박한 재림론은 성경의 약속이 그대로 성취될 것을 믿는 성경 문자주의의 태도를 보인다. 그는 주의 재림이 성도에게 소망이요 성경의 약속으로 굳게 믿었다. 셋째, 임박한 재림론을 성결운동에 연결하여 독특하게 해석하였다. 주의 재림을 기다리는 신부로서의 성도들은 임박한 재림에 대한 준비를 해야하며 신부는 깨끗한 손과 순결한 마음이라는 의로움의 예복을 입어야 한다. 리스는 19세기 성결운동이 바로 임박한 재림의 준비라고 해석하였다. 넷째, 임박한 재림은 이방인 선교에 대한 헌신을 요구한다고 보았다. 그는 재림의 징조로 우선 유대인 선교를 강조하였다. 그리고 약속된 주의 영이 부어지는 날이 도래하였다고 믿었다. 주의 재림의 날은 최후승리의 날이므로 우리들은 그 날을 위해 영적전쟁을 치룰 십자가 군사로 부르심 받았다고 강조하였다.

셋 리스는 19세기 급진적 성결운동가로서 세대주의 전천년설을 주장하고 임박한 재림을 선포하였던 복음전도자이다. 그의 재림론은 만국성결연맹을 통해 동양선교회를 설립한 카우만과 길보른에게 영향을 주었고, 더 나아가 한국성결교회 초기 지도자들에게도 그대로 반영되었다고 본다.

| 주제어 |

세대주의, 전천년설, 주의 재림, 만국성결연맹, 천년왕국, 급진적 성결운동

Abstract

Eschatology of Seth Rees

Park, Moon-Soo

Researcher, Global Institute of the Four-fold Gospel Theology

Seth C. Rees (1854-1933), as one of the radical holiness movement campaigners in 19 century, argued an imminent second coming of Christ, based on Dispensational Premillennialism. He interpreted historical events in his age as Biblical evidence for the imminent second coming of Christ. As for eschatological evidences, Rees paid attention to the increasing assurance of the second coming of Christ, appearance of anti-Christ, increasement of wealth, apostasy of the Church and so on. Rees strove to preach the gospel of the second coming of Christ in the midst of imminent disaster of an eschatological catastrophe. Because the blood of Jesus Christ can save human beings from the curse of hell, Rees shouted out that all human beings should make up their mind right now.

This kind of imminent eschatology was resulted from the

negative world view in which human beings believed the world is gradually deteriorating and decaying. Seth Rees, a Quakerian pastor, was influenced by this negative world view, and changed his mind from postmillennialism to premillennialism. After Rees met and co-worked with Albert B. Simpson in 1888, he was determined to resolvedly accept the premillennalism and the Gospel of the divine healing. It seems to me that the reason why Rees accepted premillennialism is that in Rees' belief, premillennialism is the most appropriate to the Bible, as many premillennialist believed so.

Putting more detail, the eschatological background of Seth Rees was closely connected to *Jesus is Coming* (1878), written by William Blackstone. Blackstone's book played a role of introductory text to dispensational premillennialism. Moreover, through Albert Simpson, Rees realized that the Kingdom of God will be brought not by the effort of human beings but by the second coming of Jesus Christ.

Seth Rees emphasized five evidences of the imminent second coming of Christ as follows: ① restoration of the Holy Land, ② restoration of Jews, ③ apostasy of the protestant church, ④ appearance of holiness movement, ⑤ world mission movement to the gentile; In addition, characteristics of Rees' imminent eschatology are as follows: ① pessimistic view, ② biblical literalism, ③ connection between holiness movement and eschatology, and ④ devotion to the gentile mission,

| Keywords |

dispensationalism, premillennialism, second coming of the Lord, mission to Jews, International Holiness Union and prayer league, Millenarianism, Radical Holiness Movement, Quaker